应用型人才培养教材

交通运输类专业教材

城市轨道交通站务管理

第二版

刘小俊 黄体允 主编

姜 军 主审

化学工业出版社
·北京·

内容简介

本书以党的二十大精神为指引，落实立德树人根本任务。本书系统地介绍了城市轨道交通站务管理的相关知识和技能，具体内容包括七个项目：城市轨道交通车站认知、城市轨道交通车站设备管理、城市轨道交通车站行车组织、城市轨道交通车站票务管理、城市轨道交通车站客运服务、城市轨道交通车站运作与管理、城市轨道交通车站安全管理。本书采用大量的图片、表格、视频等资源帮助学生直观理解站务管理相关知识与操作流程，是一本真正实现"项目引领、任务驱动"的高等职业示范性教材。另外，本书配有丰富的数字资源，读者可通过扫描书中的二维码进行学习。

本书可作为高等职业院校和应用型本科院校城市轨道交通运营管理、城市轨道交通智能运营、交通运营管理等专业的教学用书，同时也可作为城市轨道交通类、铁道运输类、道路运输类及轨道装备类等相关专业的教材或参考书，还可以作为城市轨道交通企业客运服务或站务岗位的职业培训教材及从事城市轨道交通运营管理人员的参考用书。

图书在版编目（CIP）数据

城市轨道交通站务管理 / 刘小俊，黄体允主编 . — 2 版 . — 北京：化学工业出版社，2024.8
ISBN 978-7-122-45726-4

Ⅰ.①城… Ⅱ.①刘… ②黄… Ⅲ.①城市铁路 - 轨道交通 - 车站作业 - 高等职业教育 - 教材 Ⅳ.① U239.5

中国国家版本馆 CIP 数据核字（2024）第 107646 号

责任编辑：李仙华　旷英姿　　　　　　　　装帧设计：王晓宇
责任校对：李露洁

出版发行：化学工业出版社（北京市东城区青年湖南街13号　邮政编码100011）
印　　装：三河市航远印刷有限公司
787mm×1092mm　1/16　印张16¼　字数428千字　2025年1月北京第2版第1次印刷

购书咨询：010-64518888　　　　　　　　　　售后服务：010-64518899
网　　址：http://www.cip.com.cn
凡购买本书，如有缺损质量问题，本社销售中心负责调换。

定　　价：48.00元　　　　　　　　　　　　　　　　　　版权所有　违者必究

前言

《城市轨道交通分类》（T/CAMET 00001—2020）对城市轨道交通（urban rail transit）定义为"采用专业轨道导向运行以服务通勤为主要目标的集约化城市公共客运交通系统。"城市轨道交通具有快捷、安全、准时、容量大、能耗低、污染少的特点，在城市公共交通体系中的地位不断提升，特别是在长距离出行或在道路交通始终处于比较拥挤的城市中心区具有明显的优势。截至2023年12月31日，31个省（自治区、直辖市）和新疆生产建设兵团共有55个城市开通运营城市轨道交通线路306条，运营里程10165.7公里，车站5897座。2023年全年，新增城市轨道交通运营线路16条，新增运营里程581.7公里。同时全国还有多个大中城市已经开展或计划开展城市轨道交通建设。因此，越来越多的高等职业院校开设了城市轨道交通相关专业，以满足社会对城市轨道交通专业人才的需求。

在保持第一版编写体系和特色的基础上，根据全国职业教育最新精神和要求及当前城市轨道交通迅猛发展的新形势和新技术，在对相关地铁公司进一步调研的基础上，我们对本书进行了修订，修订内容主要包括以下几点：

（1）根据最新国家标准，对相关概念作了更新，如环境与设备监控系统、火灾自动报警系统等。

（2）根据城市轨道交通新技术的发展，对教材中部分内容和配图作了修订，删除了部分陈旧内容。如增加了智慧车站、便携式验票机的使用、智慧客服设备的运用；替换了陈旧图片，如便携式验票机、车站环控界面等。

（3）增加思政元素。每一个任务中增加了"素质目标"，同时利用"小资料"增加了课程思政材料。

（4）"任务操作"增加了"实训工单"，以提升教材的实用性，更便于加强对学生实践技能的培养。

（5）"任务考核"增加了题型，在原综合训练题的基础上，增加了单选题、多选题和判断题，更加方便师生考核和训练。

（6）进一步充实数字资源。在第一版教材资源的基础上，本次修订大幅增加了数字资源，如PSL开关站台门、站台折返、更换TVM票箱、IBP盘的组成等。尤其是通过实拍视频的方式，使得教材更加生动化、直观化。

本次修订融入了党的二十大精神，充分体现加快建设交通强国；优化基础设施布局、结构、功能和系统集成，构建现代化基础设施体系；着力培养担当民族复兴大任的时代新人等理念，对城市轨道交通的良性发展和技术技能人才的培养具有一定的积极意义。

本次修订主要由南京交通职业技术学院刘小俊和黄体允牵头负责并担任主编，南京交通职业技术学院崔嘉和黄婧担任副主编，徐州地铁运营有限公司蒋宋承、湖南都市职业学院赵林、江苏省无锡汽车工程中等专业学校朱贵钦参编。具体编写分工如下：崔嘉编写项目1，黄体允编写项目2、项目3，刘小俊编写项目4、项目5，蒋宋承、赵林编写项目6，黄婧、朱贵钦编写项目7。全书由刘小俊负责统稿与定稿，南京交通职业技术学院副校长、三级教授姜军担任主审。

本次修订得到了化学工业出版社的大力支持，学习借鉴了国内众多专家学者的先进理念和研究成果，参考了大量城市轨道交通企业的资料、相关著作、文献等，在此谨向这些企业、专家、学者表示衷心的感谢。

由于编者水平所限，书中不足之处在所难免，敬请广大读者批评指正。

编 者
2024年6月

第一版前言

《城市公共交通常用名词术语》(GB 5655) 将城市轨道交通定义为"通常以电能为动力,采取轮轨运转方式的快速大运量公共交通的总称",包括地铁系统、轻轨系统、单轨系统、有轨电车、磁浮系统、自动导向轨道系统、市域快速轨道系统。城市轨道交通具有快捷、安全、准时、容量大、能耗低、污染少的特点,在城市公共交通体系中的地位不断提升,特别是在长距离出行或在道路交通始终处于比较拥挤的城市中心区具有明显的优势。截至 2016 年 2 月,全国已有上海、北京、广州、南京、重庆、深圳等 24 个城市建有轨道交通 (地铁)(不包括港、澳、台),运营线路达 95 条,运营里程达 3137.2 千米,同时全国还有多个大中城市已经开展或计划开展城市轨道交通建设。因此,越来越多的高等职业院校开设了城市轨道交通相关专业,以满足社会对城市轨道交通专业人才的需求。

为适应当前城市轨道交通迅猛发展的形势及满足职业教育"校企合作,工学结合"的人才培养模式的要求,本教材专业知识以应用为目的,以必需、够用为度,突出实际操作能力的培养。具体有以下几点明显的特征:①充分体现车站站务岗位所需的知识和能力,表达简明扼要、通俗易懂,既有基础理论的一般表述,又有实际操作的说明;②体例新颖、完整,以项目为载体,通过任务驱动,强化学生实践技能的培养,对每个项目任务都是通过任务引入、任务分析、任务拓展、任务操作及任务考核来实施的,使学生真正做到学、思、练、做相结合,提高教与学的综合效果;③力求实用,教材编写采用了大量的实际图片与表格,以帮助学生直观理解,体现学习内容与岗位内容的一致,从而培养学生的实践技能。④针对不同的知识点,采用 Flash 形式、三维模型形式、人机互动模式等多种学习方式进行演示和讲解,使教学更加生动化、直观化。

本教材是在调研南京地铁、无锡地铁、苏州地铁、上海地铁等城市轨道交通企业的基础上,由南京交通职业技术学院张洪满和黄体允任主编,江苏省无锡汽车工程中等专业学校朱贵钦任副主编,湖南都市职业学院赵林和南京交通职业技术学院崔嘉参编。具体编写分工如下：崔嘉编写项目1，黄体允编写项目2、项目3，张洪满编写项目4、项目5，赵林编写项目6，朱贵钦编写项目7。全书由张洪满负责统稿与定稿，南京地铁运营有限责任公司徐树亮担任主审。微课教学资源库由北京恒诺文化传媒有限公司提供。

本教材在编写过程中引用了国内众多专家学者的先进理念和研究成果，参考了大量城市轨道交通企业的资料、相关著作、文献、教材和地铁微博、网络资料、图片等，在此谨向这些企业、专家、学者、作者表示衷心的感谢。

由于编者水平有限，时间仓促，书中难免有不足之处，敬请广大读者批评指正。

编　者

2016年3月

目录

项目1　城市轨道交通车站认知　　001

　任务1.1　认知车站类型　　001
　任务1.2　分析车站组成　　006
　任务1.3　认知乘客导向标识　　011
　任务1.4　认知车站岗位　　015

项目2　城市轨道交通车站设备管理　　021

　任务2.1　运用车站机电设备　　021
　任务2.2　运用通信系统　　033
　任务2.3　运用线路设备　　037
　任务2.4　运用信号设备　　044

项目3　城市轨道交通车站行车组织　　055

　任务3.1　认知行车组织　　055
　任务3.2　使用车站控制室设备　　064
　任务3.3　正常情况下行车组织　　077
　任务3.4　非正常情况下行车组织　　085

项目4　城市轨道交通车站票务管理　　094

　任务4.1　认知票务组织　　094
　任务4.2　操作与维护自动检票机　　099
　任务4.3　操作与维护自动售票机　　106
　任务4.4　操作与维护半自动售票机　　112

任务 4.5	使用与管理车站现金	127
任务 4.6	使用与管理车站车票	138
任务 4.7	应急处理车站票务	146
任务 4.8	处理乘客票务事务	153

项目 5　城市轨道交通车站客运服务　160

任务 5.1	认知客运服务	160
任务 5.2	车站客流组织	165
任务 5.3	车站乘客服务	173
任务 5.4	认识车站智慧客服	185

项目 6　城市轨道交通车站运作与管理　193

任务 6.1	车站开关站作业	193
任务 6.2	车站岗位作业	198
任务 6.3	管理车站员工	208

项目 7　城市轨道交通车站安全管理　216

任务 7.1	认知安全管理	216
任务 7.2	事故预防及处理	222
任务 7.3	车站突发事件应急处置	228

附表　地铁行业常用术语缩写与中英文对照　244

参考文献　249

二维码资源目录

编号	资源名称	资源类型	页码
1.1	车站分类	视频	003
2.1	消防系统功能及系统构成	视频	024
2.2	智慧站台门	PDF	030
2.3	站台门系统组成	视频	030
2.4	站台门控制	视频	031
2.5	PSL 开关站台门	视频	031
2.6	就地控制盒开关站台门	视频	032
2.7	广播控制盒操作	视频	036
2.8	手摇道岔	PPT	041
2.9	地铁线路综合详图	PDF	042
3.1	站台折返	视频	059
3.2	LOW 操作指南	PDF	065
3.3	IBP 盘的组成	视频	066
3.4	IBP 开关站台门	视频	070
3.5	IBP 盘紧停	视频	074
3.6	电话闭塞	视频	086
3.7	电话闭塞动画版	PPT	087
4.1	AFC 系统概述	视频	095
4.2	城市轨道交通 AFC 车站设备	视频	098
4.3	便携式验票机的使用	PDF	098
4.4	自动检票机更换票箱	视频	102
4.5	自动检票机操作	PDF	105
4.6	自动售票机购票操作	PDF	107
4.7	TVM 机介绍	视频	108
4.8	更换 TVM 票箱	视频	108

续表

编号	资源名称	资源类型	页码
4.9	更换 TVM 零钱箱	视频	108
4.10	TVM 操作	PDF	111
4.11	更换 BOM 机票箱	视频	114
5.1	建立良好的第一印象	视频	174
5.2	智慧客服介绍	视频	191
6.1	女卫爆管处理流程	视频	206
7.1	消火栓和灭火器使用方法	视频	218
7.2	应急预案概述	视频	228

项目 1
城市轨道交通车站认知

任务 1.1 认知车站类型

 知识目标

1. 掌握车站的概念;
2. 掌握车站的类型。

 能力目标

能区分不同类型的车站。

 素质目标

培养学生观察、全面区分城市轨道交通车站类型的能力,引导学生树立资源节约型、环境友好型的可持续发展理念。

 ◀ **任务引入**

乘坐城市轨道交通(地铁、轻轨等)出行,了解不同的车站类型及其功能。

任务分析

《城市轨道交通分类》（T/CAMET 00001—2020）对城市轨道交通定义为"采用专业轨道导向运行以服务通勤为主要目标的集约化城市公共客运交通系统。"包括地铁系统、轻轨系统、单轨系统、有轨电车、磁浮系统、自动导向轨道系统、市域快速轨道系统。地铁和轻轨都属于城市快速轨道交通的一部分，因其运量大、快速、正点、低能耗、少污染、乘坐舒适方便等优点，常被称为"绿色交通"。城市轨道交通在现今城市公共交通体系中的地位不断提升，特别是在长距离出行或在道路交通始终处于比较拥挤的城市中心区具有明显的优势。

地铁路网中的每一条地铁线路都是由区间隧道（地面上为地面线路或高架线路）、车站及附属建筑物组成。

一、车站的界定及配置

车站在城市轨道交通运输生产活动中有着重要的功能，是城市轨道交通的重要组成部分。

1. 车站的界定

车站是指在城市轨道交通运输生产活动中客流集散的场所及乘客出行乘坐列车始发、终到与换乘的地点，是运营企业与服务对象的主要联系环节。车站是线路上供列车到达、出发和通过的分界点，某些车站还具有折返、停车检修、临时待避的功能。因此，要求车站能安全、迅速、方便地组织乘客进出，能全面、可靠、机动地满足运营要求。

2. 车站的配置

城市轨道交通车站是客流集散的重要场所，因此，车站站点的设置需要兼顾多方的需求。

（1）最大限度服务乘客　城市轨道交通车站的位置设置需合适，设备需完善，能为乘客提供较好的服务，同时也能最大限度地吸引乘客。

地铁的乘客要靠车站吸引，为最大限度地吸引乘客和方便乘客，地铁车站通常应设置在客流量大的地方，如商业中心、文化娱乐中心、大的居住区及地面交通枢纽等处，同时为便利不同线路间的乘客换乘，在地铁不同线路间及与其他轨道交通交会处也应设置站点。

车站之间的距离选定应根据具体情况确定。站间距离太短虽然方便步行到站的乘客，但会降低运营速度，增加乘客旅行时耗，并增大车辆能耗及配车数量，同时，由于多设车站也增加了工程投资和运营成本；站间距离太大，会使乘客感到不便，对步行到站的乘客尤其如此，而且也会增大车站负荷。一般说来，市区范围内和居民稠密的地区，人口密集，大集散点多，车站布置应该密一些；郊区建筑稀疏，人口较少，车站间距可以大一些。

小资料

截至2023年7月，南京地铁已开通运营线路共有12条，包括1、2、3、4、7、10、S1、S3、S6、S7、S8及S9号线，均采用地铁系统，共208座车站（换乘站重复计算），车站间距悬殊（最小间距只有745m，为2号线的上海路站到新街口站，间距最大的则达到7926m，为机场线的禄口机场站到翔宇路南站）；线路总长449km，构成覆盖南京全市11个市辖区及句容市的地铁网络。南京是中国第一个区县全部开通地铁的城市，也是继广州、上海、武汉后中国第四个开通跨市地铁线路的城市。

南京地铁部分线路车站间距见表1.1.1。

表1.1.1　南京地铁部分线路车站间距　　　（单位：m）

1号线	南京站—新模范马路	鼓楼—珠江路	珠江路—新街口	张府园—三山街	南京南站—双龙大道	胜太路—百家湖	南京交院—中国药科大学
间距	1691	862	1147	909	2276	1332	1964
机场线（S1线）	禄口机场—翔宇路南	翔宇路南—翔宇路北	翔宇路北—正方中路	正方中路—吉印大道	吉印大道—河海大学·佛城西路	河海大学·佛城西路—翠屏山	翠屏山—南京南站
间距	7926	4234	7283	4723	3242	3252	4077

（2）满足远期运量需求　远期运量需求一般指通车后10～15年的高峰小时客流量，以此客运需求量作设计。个别车站可按极限运量需求（如体育馆、火车站、广场等可能产生突发性密集到发客流）来设计。

（3）预留适当的能力余地　城市轨道交通车站能力需求能满足高峰时段密集到达（出发）需要，即超高峰时段的需要，并能满足远期运量波动的需要。

（4）尽可能降低投资费用　车站建设能选地面，则不选地下；车站设施以实用高效为主，装饰功能为辅等。因此，原则上在城市中心区采用地下站设计形式，在郊区或城市边缘区域则采用地面或高架形式。

二、车站的分类

城市轨道交通车站根据其用途的不同，发挥着不同的运营功能，因此也有着不同的分类。

1. 根据信号系统功能划分

根据信号系统功能划分，车站可分为联锁站和非联锁站。

（1）联锁站　是指具有信号联锁设备，一般可以监控列车运行、排列列车进路以及对列车运行控制的车站。联锁站通常有道岔。

（2）非联锁站　是指没有联锁设备，一般不能监控列车运行以及不能排列列车进路的车站。非联锁站通常无道岔。

二维码1.1

小资料

南京地铁1号线新街口站、鼓楼站、竹山路站等为联锁站，张府园站、珠江路站、南京交院站等为非联锁站。

2. 按线路敷设方式划分

城市轨道交通车站按其所属线路的敷设方式划分，可分为地面车站、地下车站和高架车站。

（1）地面车站　设置在地面层。地面车站造价低，但占用地面空间大，对线路经过区域

造成地面的人为分割。

（2）地下车站　一般为地面出入口、中间站厅和地下站台的 2 层或 3 层结构形式，出入口通道总数不得少于 2 个。由于建在地下，其造价比地面站、高架站要高得多。

（3）高架车站　一般为地面出入口、地面或高架站厅、高架站台的 2 层或 3 层结构，如图 1.1.1 所示。高架车站占用地面空间较大，对城市街道景观影响较大。

图 1.1.1　重庆轻轨高架车站

3. 按运营功能划分

城市轨道交通车站按其运营功能不同，可分为终点站、中间站、换乘站和区间站。

（1）终点站　即线路两端端点车站，具有乘坐（乘客上下车）、客运服务、列车折返及少量检修作业等功能。

（2）中间站　中间站是线路中数量最多的基本站型，具有乘降、客运服务等功能。

（3）换乘站　换乘站是两条或两条以上轨道交通线路交叉设置的车站，如图 1.1.2 所示，具有乘降、客运服务和旅客换乘等功能。

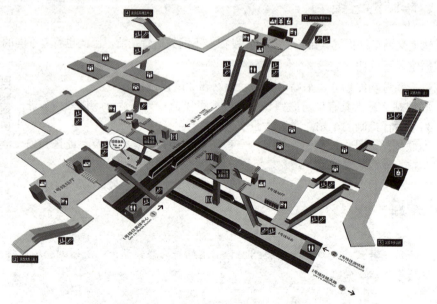

图 1.1.2　南京地铁新街口站换乘示意图

（4）区间站　或称为折返站或区域站，设置在线路中间，是可供列车折返和开行区间列车的车站，具有乘降、客运服务和部分列车折返等功能。

小资料

河定桥站是南京地铁1号线的车站,为地下二层岛式车站,南段设有存车线,存车线上方为商业开发空间,车站总长为492.4m,标准段宽19m,建筑面积为21082m²。2014年6月1日起成为1号线小交路终点站。

 想一想

中间站与区间站有何异同?

 任务拓展

区间隧道

区间隧道有单线、双线之分,如图1.1.3所示,用明挖或暗挖等方法施工。隧道内铺设轨道,设有排水沟,有为电动列车提供动力的电力架空线或接触轨,还铺设了为消防、生产生活用水及通信、信号、照明等各类管线。

区间隧道结构的净空尺寸必须满足建筑限界的规定,当为双线隧道设计时,还必须要满足两列车运行交会时安全间隔的要求。

图1.1.3 地铁区间隧道

任务操作

完成表1.1.2车站分类的实训工单。

表1.1.2 实训工单 车站分类

车站类型 某线路车站	根据信号系统功能划分		按线路敷设方式不同划分			按运营功能划分			
	联锁站	非联锁站	地面车站	地下车站	高架车站	终点站	中间站	换乘站	区间站
车站1									
车站2									
车站3									
车站4									
...									

 任务考核

一、单选题

1. 具有信号联锁设备,一般可以监控列车运行、排列列车进路以及对列车运行控制的车站是（　　）。

A. 联锁站　　　　B. 非联锁站　　　　C. 地面车站　　　　D. 高架车站

2. （　　）是两条或两条以上轨道交通线路交叉设置的车站,具有乘降、客运服务和旅客换乘等功能。

A. 中间站　　　　B. 终点站　　　　C. 换乘站　　　　D. 区间站

二、多选题

1. 下列选项中,属于城市轨道交通优势的是（　　）。

A. 运量大　　　　B. 快速　　　　C. 低能耗　　　　D. 少污染

2. 车站站点的设置需要兼顾（　　）几方面的需求。

A. 最大程度服务乘客　　　　　　B. 满足远期运量需求

C. 预留适当的能力余地　　　　　D. 尽可能降低投资费用

三、判断题

1. 城市轨道交通车站的位置设置需合适、设备完善,能为乘客提供较好的服务,同时也能最大程度吸引客流。（　　）

2. 车站之间的距离选定应根据具体情况确定,站间距离太长虽然方便步行到站的乘客,但会降低运营速度,增加乘客旅行时耗,并增大能耗及配车数量。（　　）

四、思考题

1. 车站的功能有哪些?
2. 车站的分类有哪些?

任务1.2　分析车站组成

 知识目标

1. 掌握车站的组成;
2. 掌握车站站台的类型。

 能力目标

1. 能识别车站的组成部分;
2. 能区分不同的车站站台类型。

 素质目标

树立服务意识,增强社会责任感和使命感,成为社会有用之才。

任务引入

乘坐城市轨道交通（地铁、轻轨等）出行，了解不同的车站组成及站台类型。

任务分析

城市轨道交通车站平面布置应遵循紧凑、合理、适用的原则。作为客流的集散地，城市轨道交通车站一般由地面出入口及通道、站厅、站台、商铺及生产用房组成。

一、地面出入口及通道

1. 出入口

地面出入口是乘客由地面进入车站或由车站上到地面的通道。出入口位置应满足城市规划及交通的要求，选择人流集中的地点。出入口应尽量与城市过街地道相结合，与地下商场、公共建筑楼群相连通，以方便乘客和疏散客流。

一个车站可以有多个出口，一般不少于 2 个，同时为方便乘客识别，车站出入口一般都采用编号进行区分，如图 1.2.1 所示。出入口按照平面布置形式可分为"一"形、"T"形、"L"形等形式，地下车站的出入口通道可以兼作人行过街设施。

图 1.2.1 地铁出入口

为减轻乘客疲劳，增强车站的吸引力，在条件许可的情况下，在地面出入口与站厅、站厅与地下站台之间均应设置自动扶梯，并统筹考虑为残疾人服务的设施。

2. 通道

车站内乘客为到达目的地所必须途经的区域称为通道。一般较常见的有出入口通道和站厅层通道，其中站厅层通道又可依据其所在区域分为收费区内通道和非收费区通道。

二、站厅

乘客问询、购票和进站检票、出站验票设备的布置区域称为站厅层。站厅层是换乘列车的中转层，其主要功能为集散客流，为乘客提供售票、检票等服务，如图 1.2.2 所示。站厅层一般分为收费区和非收费区，在其两端一般设有管理与设备用房。部分车站设置有商铺。地下车站一般地下一层为站厅层，高架站、地面站一般地上一层为站厅层。

图 1.2.2　地铁站厅层

三、站台

站台是最直接体现车站功能的层面，其主要作用是供列车停靠、乘客上下车，集散客流，作短暂的停留候车的功能。在站台层也设有设备用房及管理用房，一般不设生活用房，因站台直接与轨行区相连，如无站台门，安全性较差。车站站台形式有岛式、侧式和混合式 3 种。

1. 岛式站台

岛式站台位于上、下行线路之间，可供上、下行线路同时使用。站台两端有供乘客上下的楼梯通至地面。具有岛式站台的车站称为岛式车站。岛式车站具有站台面积利用率高、能灵活调剂客流、方便乘客中途改变乘车方向、集中车站管理、站台空间宽阔等优点，因此，一般常用于客流量较大的车站，如图 1.2.3 所示。

图 1.2.3　岛式站台

2. 侧式站台

位于上、下行行车线路的两侧,这种站台布置形式称为侧式站台。具有侧式站台的车站称为侧式车站。侧式站台上、下行乘客可避免相互干扰,正线和站线间不设喇叭口,造价低,改建容易,但是站台面积利用率低,不可调剂客流,中途改变乘车方向须经地道或天桥,车站管理分散,站台空间不及岛式宽阔。因此,侧式站台多用于两个方向客流量较均匀(或客流量不大)的车站及高架车站,如图 1.2.4 所示。

图 1.2.4 侧式站台

3. 混合式站台

这是将岛式站台及侧式站台同设在一个车站内,具有这种站台形式的车站称为岛、侧混合式车站,如图 1.2.5 所示。岛、侧混合式车站主要用于两侧站台换乘或列车折返。该种形式的站台可设置为一岛一侧式或一岛两侧式。

岛式站台和侧式站台的优缺点比较见表 1.2.1。

图 1.2.5 混合式站台

表 1.2.1 岛式站台和侧式站台的优缺点比较

项目	岛式站台	侧式站台
站台利用	站台利用率高,起分散人流的作用。在相反方向列车不同时到达时,可相互调节;但同时到达时,容易交错混乱,甚至坐错方向	两站台分别利用,利用率低,但相对方向的人流不交叉,不至坐错车,对客流不起调节作用
站台管理	管理集中方便,便于旅客中途折返	工作人员增加,管理分散、不方便,旅客中途折返不方便,须经天桥、地道或地面才能折返
站台结构	须设中间站厅,结构较复杂,建筑费用大	可不设中间站厅,结构较简单,建筑费用少
站台建筑	建筑艺术管理较好,空间完整,气魄大,站台延长工程困难	在建筑艺术处理上空间较分散,站台延长工程较容易

? 想一想

你所在城市的地铁有哪些类型的站台?概括其优缺点。

> 小资料
>
> 南京地铁 1 号线南京站为地下两层岛式站台，车站建筑总面积 12930m², 总长度 282.86m，总宽度 24m，站台长 142m，站台宽 14m。

四、车站辅助用房

1. 设备用房

车站设备用房主要是安置各类设备，进行日常维修及保养设备的场所，如图 1.2.6 所示。主要分为环境控制机房、事故风机房、通信机械室、通信测试室、环控电控室、消防泵房等。车站强弱电设备应分开控制，有噪声源的设备用房应远离乘客活动区。

图 1.2.6　车站设备用房

2. 管理用房

车站管理用房是车站工作人员的办公用房，主要包括车站控制室、站长室、票务室、售票厅等。车站控制室是车站运营与管理的中心，一般应设在便于对售票、检票、楼梯和自动扶梯口等部位进行监视的地方。

3. 生活用房

车站工作人员的日常生活用房主要包括更衣室、工作人员休息室、茶炉间、厕所等。一般在设计生活用房时，只考虑给工作人员使用，容量较小，故不对外开放。

> 任务拓展
>
> **高考期间地铁车站的暖心服务**
>
> 在高考期间，为了体现地铁车站的人文关怀，部分城市的地铁车站会设置方便考生和家长的设施，同时，发布一些与考生相关的便捷服务措施。如 2023 年宁波市轨道交通在高考期间考生可免费坐地铁，凭准考证或准考证复印件从绿色通道直接进站。同时在考试期间为考生乘车提供定制的"暖心助考卡片""高考加油书签"。
>
> 此外，高考期间宁波地铁全线网车站均备有防暑降温用品，3 号线全线车站免费提供准考

证打印服务,部分车站准备了一定的文具,供有需要的考生领取,部分车站还设立考生家长等候区,供家长等候休息。

 任务操作

完成表 1.2.2 车站组成实训工单。

表 1.2.2　实训工单　车站组成

车站组成	出入口	通道	站厅	站台			车站辅助用房		
				岛式	侧式	混合式	设备用房	管理用房	生活用房
设施照片									

 # 任务考核

一、单选题

1. 乘客问询、购票和进站检票、出站验票设备的布置区域称为（　　）。
   A. 生产用房　　　B. 站台层　　　C. 站厅层　　　D. 通道
2. （　　）位于上下行线路之间,可供上、下行线路同时使用。
   A. 混合式站台　　B. 侧式站台　　C. 岛式站台　　D. 高架站台

二、多选题

1. 城市轨道交通车站平面布置应遵循紧凑、合理、适用的原则,作为客流的集散地,一般由（　　）组成。
   A. 地面出入口及通道　　B. 站厅　　　C. 站台　　　D. 商铺及生产用房
2. 站台是最直接体现车站功能的层面,其主要作用是（　　）。
   A. 供列车停靠　　B. 乘客上下车　　C. 预集散客流　　D. 短暂地停留候车

三、判断题

1. 一个车站可以有多个出口,一般不少于 1 个。（　　）
2. 车站管理用房是车站工作人员的办公用房,不包括车站控制室。（　　）
3. 站厅层通道可依据其所在区域分为收费区内通道和非收费区通道。（　　）

四、思考题

1. 侧式站台的优缺点有哪些？
2. 车站辅助用房主要由哪些部分组成？分别有什么功能？

任务1.3　认知乘客导向标识

 知识目标

1. 掌握车站内乘客导向标识的类型及其功能；
2. 掌握车站外乘客导向标识的类型及其功能。

能力目标

1. 能区分车站内外乘客导向标识的类型；
2. 能选取某城市地铁的导向标识分析其优缺点。

素质目标

筑牢安全意识，增强服务乘客理念。

任务引入

乘坐城市轨道交通（地铁、轻轨等）出行，了解不同的车站内外导向标识。

任务分析

一、车站内乘客导向系统

乘客导向系统由设置在车站外、出入口、通道、站厅、站台和车辆等处，包括图形、文字、符号和数字在内的各种静态导向标志，以及实时发布的视觉和听觉导向信息组成。具体可分为静态导向标志和动态导向信息，如图 1.3.1、图 1.3.2 所示。动态导向信息，即实时发布的导向信息，是静态导向标志的补充。按基本功能和媒介形式的不同，它们又可分为若干类型，具体见表 1.3.1。

图 1.3.1　静态导向标志

图 1.3.2　动态导向标志

表 1.3.1　车站内乘客导向系统

导向系统组成		内涵	举例
静态导向标志	方向性标志	为乘客提供引路信息和定位信息	出入口方向、售检票区域方向、换乘方向、列车运行方向、紧急出口
	示警性标志	一般危险或警告标志，指示乘客注意安全或不能进入	注意碰头、禁止吸烟、乘客止步、严禁跳下站台、高电压危险
	服务性标志	为乘客提供公共服务信息	线路和车站分布图、列车运行时刻表、票价信息、卫生间、车站周边公交线路与公共设施指南

续表

导向系统组成		内涵	举例
动态导向信息	站台上的电子视觉信息	为乘客提供列车到站时刻及目的地、列车到站预告及安全提示、末班车离开后本站运营结束以及发生紧急情况等信息	地铁站台电子显示屏上显示本次列车到达剩余时间
	车站内的广播信息	为乘客提供列车到站时间、候车安全提示、紧急情况时的安抚乘客和撤离通知等信息	列车广播到达车站名称

二、车站内设备与设施标志

车站设备与设施标志包括服务于普通乘客的自动扶梯标志；为盲人提供方便的盲道及供残疾人专用的无障碍通道与垂直电梯的标志、公用电话、厕所等设施的标志，如图1.3.3所示。

1. 安全指引标志

在楼梯及站台、站厅上设置荧光导向箭头，在停电时指引乘客如何出站。另外，乘客在乘车过程中如遇到紧急情况或突发事件时，可以使用城市轨道交通的紧急设施，帮助自己脱离危险。

图1.3.3 地铁出入口轮椅牵引机标志

2. 紧急停车按钮

紧急停车按钮是一个红色塑料盒子，上面标示有"紧急停车按钮""非紧急情况下禁止使用"，一般被安置在站台上对着地铁屏蔽门的柱子或墙壁上，如图1.3.4所示。

地铁紧急停车按钮一般出现下列两种情况才能按下：一是当车站内发生火灾、卧轨、乘客不慎掉入轨道内等紧急情况时，发现这些情况的候车乘客可以按下紧急停车按钮，行车系统及控制中心会阻止列车驶入站内；二是当车站乘客比较多，出现乘客、乘客的东西被屏蔽门卡着的情况时，其他乘客可以按下紧急停车按钮，此时列车会停车。

(a)

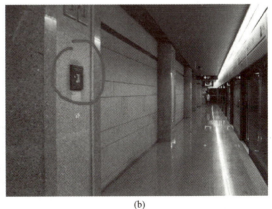
(b)

图1.3.4 站台上的紧急停车按钮

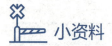 小资料

　　2023年5月5日，上海地铁2号线静安寺站下行列车到站后，一家长怀抱一小朋友准备下车，开门瞬间，该小朋友一只手夹在列车门缝中。车站站务员见有乘客挥手示意，立刻上前查看，当即按压紧急停车按钮并协助，与此同时，地铁站内的热心乘客也齐心协力帮忙，体现了上海温度。新征程新任务，更加需要齐心协力、互帮互助、向上向善，让"人人为我、我为人人"蔚然成风。

 想一想

你知道车站还有哪些安全措施吗？

任务操作

完成表1.3.2的实训工单。

表1.3.2　实训工单　车站内乘客导向系统分类

乘客导向系统组成	静态导向标志			动态导向标志	
	方向性标志	示警性标志	服务性标志	站台上的电子视觉信息	车站内的广播信息
设施照片					（采用文字表述）

 任务考核

一、单选题

1. （　　）是一般危险或警告标志，指标乘客注意安全或不能进入。
A. 方向性标志　　　　　　　　　　B. 示警性标志
C. 服务性标志　　　　　　　　　　D. 站台上的电子视觉信息

2. （　　）是在楼梯及站台、站厅上设置荧光导向箭头，在停电时指引乘客如何出站。
A. 紧急停车按钮　　　　　　　　　B. 站外导引标识
C. 安全指引标志　　　　　　　　　D. 换乘标志

二、多选题

1. 乘客导向系统设置在（　　）等处。
A. 车站外　　　　B. 出入口　　　　C. 通道　　　　D. 站台

2. 车站设备、设施标志包括（　　）。
A. 自动扶梯标志　　　　　　　　　B. 盲道及无障碍通道与垂直电梯的标志
C. 公用电话、厕所等设施的标志　　D. 车站开关站时间标志

三、判断题

1. 注意碰头、禁止吸烟、乘客止步等标志都属于方向性标志。（　　）

2. 乘客在乘车过程中如遇到紧急情况或突发事件时，可以使用城市轨道交通紧急设施，帮助自己脱离危险。（　　）

四、思考题

1. 车站内乘客导向系统有哪些？举例说明。
2. 车站内设备与设施标志有哪些？举例说明。

任务1.4　认知车站岗位

知识目标

1. 了解城市轨道交通车站的层级管理；
2. 掌握城市轨道交通车站的岗位及职责。

能力目标

能区分车站岗位及根据岗位职责要求履行车站岗位的职能。

素质目标

具有敢于负责、尽善尽力的态度，自觉研究新问题，接受新知识，改进工作，并能帮助他人完善工作。

　任务引入

从出行角度出发，通过调研了解你熟悉的城市的地铁车站岗位及其工作职责。

　任务分析

车站是城市轨道交通路网中重要的建筑物，它是供乘客乘降、换乘和候车的场所，所以应保证乘客使用方便、安全、迅速地进出车站，并配有良好的通风、照明、卫生、防火设备等，给乘客提供舒适、清洁的环境。

一、车站层级管理

1. 车站层级管理框架

车站层级管理框架如图1.4.1所示。在正常情况下，车站实行层级负责制，由上至下顺序依次为：站长、值班站长、值班员、站务员（包括票务员，如图1.4.2所示）。信息汇报实行逐级汇报，由下至上顺序依次为：站务员、值班员、值班站长、站长。车站站长/值班站长负责协调驻站人员的工作。

2. 车站层级管理权限

（1）车站各层级人员均有的管理权限、范围　具体包

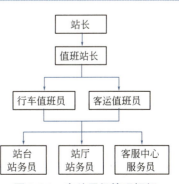

图1.4.1　车站层级管理框架

图 1.4.2　地铁票务中心票务员

括：对车站的保洁员、保安员、商铺人员、施工人员等站内工作人员进行管理；对进入车站的乘客按《轨道交通管理办法》《乘客守则》进行管理；车站管理地域范围包括车站内部、站外风亭、出入口外 5m 范围内。

（2）值班站长管理权限、范围　具体包括：负责本班内各岗位员工的考勤、工作安排和管理；值班站长对本班违章、违纪员工和危及行车安全、设备安全、乘客人身安全的行为有处理和考核权；负责对当班期间的保洁员、保安员、商铺人员、施工人员、设备维修人员等在站内或到站内工作的人员进行管理；站长不在车站时，履行站长的工作职责；对站长负责，主动向站长汇报本班组管理情况，有权向站长、客运中心提出本人的建议和意见；对本班员工有考核权，对岗位调整、晋升有建议权。

（3）值班员管理权限、范围　具体包括：值班员负责对当班站务员、保洁员、保安员、商铺人员、施工人员、设备维修人员等在站内或到站内工作的人员进行管理；对车站现金收益、票务、行车、设备运行安全监控；对本班值班站长负责，值班员须主动向值班站长汇报本班设备、设施运作情况和各岗位工作情况；对车站管理工作有权向值班站长、站长、客运中心提出本人的建议和意见。

（4）站务员管理权限、范围　具体包括：有权对本班车站内的保洁员、保安员、商铺人员、施工人员、设备维修人员等在站内或到站内工作的人员进行管理；主动向值班站长 / 值班员汇报当班工作情况；对车站管理工作有权向值班员、值班站长、站长、客运中心提出本人的建议和意见。

3. 站内各单位的合作关系

（1）车站常驻人员　车站常驻人员有站务员、保洁员、保安员、地铁公安人员、银行人员、商铺人员及设备设施维修人员。

（2）站内各单位间的工作协调　车站是以站长为组长，地铁公安驻站负责人为副组长，各单位驻站（管区）负责人为组员的综治小组。综治小组每月至少组织一次会议，解决、协调车站工作。

（3）站务与各单位人员工作合作　综治小组成员相互通报相关信息，尤其在重大节假日、大型活动前，站务应将有关运营组织方案及应急方案通报各部门；定期组织各部门参加消防检查及应急与紧急疏散演练；特殊情况下，车站站长 / 值班站长可调动地铁公安驻站人员、车站保洁员、保安人员、设备维修部门驻站（管区）人员参与车站的客运组织及应急处理。

二、车站各岗位职责

地铁车站各岗位工作职责以某地铁公司为例,说明如下。

1. 站长岗位职责

站长岗位职责见表1.4.1。

表1.4.1 地铁车站站长岗位职责

工作内容	岗位职责
工作分工	站长负责全站的行车、客运和票务管理,乘客服务,事故处理,员工管理,班组管理,安全管理,员工培训等工作。站长不在车站时,授权当班值班站长管理车站日常工作
行车、客运和票务管理	① 领导监督值班站长的行车、客运和票务工作 ② 组织车站行车、客运和票务工作,编制、执行车站行车、票务和客运组织方案 ③ 定期计划、检查、总结车站行车、客运和票务工作
乘客服务	① 领导监督车站乘客服务工作,为乘客提供优质服务 ② 处理乘客投诉、来信、来访 ③ 汇总服务案例、服务技巧,提高员工服务质量
事故处理	① 车站发生事故时担任事故处理主任工作 ② 组织车站员工处理事故,尽快恢复正常运营 ③ 经常检查车站安全隐患
员工管理	① 监督各层级人员的管理情况,统筹安排并协调各岗位的工作 ② 定期进行员工教育,掌握员工思想状况 ③ 对车站员工进行考核 ④ 每月汇总、公布车站考核情况 ⑤ 对保安人员、保洁人员进行监督检查管理,考核其工作质量
班组管理	① 每月根据上级要求和车站实际情况审核班组工作计划,并对班组工作质量进行考核 ② 监督班组管理成员工作 ③ 每月定期召开班组管理成员会议 ④ 解决车站各班组出现的问题
安全管理	① 组织突发、紧急情况下的车站运作,确保车站行车、客运、票务、消防、治安、人身的安全 ② 进行车站日常安全检查,发现隐患并督促落实整改 ③ 每月进行安全教育、总结
员工培训	① 根据上级的要求和本站培训需求制定车站培训计划 ② 按车站实际情况安排培训工作 ③ 定期检查培训效果,进行培训总结

2. 值班站长岗位职责

值班站长岗位职责见表1.4.2。

表1.4.2 地铁车站值班站长岗位职责

工作内容	岗位职责
工作分工	值班站长负责本班全站日常的行车、客运和票务管理,乘客服务,事故处理,班组管理,安全管理,员工培训等工作。站长不在车站时,值班站长接受站长授权,管理车站日常工作
行车、客运和票务管理	① 服从行车调度指挥,执行行车调度命令 ② 监督值班员接发列车 ③ 监督操作LOW(联锁工作站) ④ 组织乘客购票乘车 ⑤ 在站长的领导下,组织突发、紧急情况下的车站运作

续表

工作内容	岗位职责
行车、客运和票务管理	⑥根据需要巡站检查和指导车站各岗位的工作 ⑦确保车票、现金安全 ⑧监督票务流程的执行，监督车站 AFC（自动售检票系统）设备运作情况
乘客服务	①处理乘客的服务需求 ②处理乘客投诉、来信、来访，乘客纠纷等 ③根据服务标准解决与乘客有关的问题，提供优质服务 ④处理、汇总本班的服务事件、服务问题，并及时向站长汇报 ⑤对站内服务设施、站外导向、告示牌等进行巡视、管理
事故处理	①站长不在车站时，担任"事故处理主任"的工作，按应急方案操作 ②组织相关员工处理事故，尽快恢复正常运营 ③及时向行车调度报告处理情况
班组管理	①每月根据上级要求和车站实际情况制定班组工作计划，并对班组工作进行总结 ②按规定在班前组织召开接班会，在班后组织召开交班会 ③合理安排岗位，协调岗位工作 ④对当班人员劳动作业纪律进行监督、检查、考核 ⑤掌握员工思想状况，对当班员工进行思想教育 ⑥对保安人员、保洁人员进行监督检查管理，考核其工作质量 ⑦每月召开一次班组会议 ⑧解决本班出现的问题
安全管理	①确保行车安全、车站员工及乘客的人身安全 ②确保车站收益安全 ③监督车站治安安全、消防安全工作 ④进行车站日常安全检查 ⑤及时向站长汇报安全情况
员工培训	①组织实施车站本班培训工作 ②定期总结本班培训工作，提出改进意见

3. 值班员岗位职责

值班员岗位职责见表 1.4.3。

表 1.4.3　地铁车站值班员岗位职责

岗位		岗位职责
值班员	行车值班员	①在值班站长的领导下，负责车站行车组织工作 ②负责监控和操作 LOW、各设备系统终端界面、综合后备盘（IBP），通过闭路电视监控系统（CCTV）监视各区域情况 ③LOW 停用时负责组织人工接发列车 ④在线路施工和工程列车开行时安排好安全防护工作，负责车站施工作业登记、销记管理、施工安全监控、施工负责人管理等工作 ⑤按分公司、客运中心应急信息汇报程序及时上报车站各类应急信息 ⑥协助值班站长管理站务员 ⑦做好对乘客的广播
	客运值班员	①在值班站长的领导下，主管车站客运、票务管理，组织站务员从事客运服务工作 ②负责车票、钱款（含备用金）的配发、回收及保管工作 ③负责车站营收统计工作，包括各种票务收益单据的申领、填写及保管 ④负责车站票款解行的实施和安全 ⑤协助值班站长管理站务员，处理乘客事务，提供优质服务 ⑥监督站务员在岗工作情况 ⑦在非运营时间统计汇总当日营收情况 ⑧巡视车站，维护车站安全，防止意外事件发生 ⑨根据车站安排开关出入口

4. 站务员岗位职责

站务员岗位职责见表 1.4.4。

表1.4.4　地铁车站站务员岗位职责

岗位		岗位职责
站务员	客服中心站务员	① 在客运值班员领导下，负责客服中心工作，按规定处理与乘客相关的票务事宜 ② 按规定时间开关售票窗口 ③ 兑零、售票时，严格执行"一收二唱三操作、四找零"的作业程序，准确兑零、售票，按规定提示乘客确认兑（找）零金额、票卡面值 ④ 负责车站客服中心相关的问询工作，热情接待乘客，对乘客提出的问题按规定妥善解决 ⑤ 对无法通过自动检票机的票卡进行分析，并按规定处理 ⑥ 完成相应票务报表的填写，准确填写结算单，向客运值班员交清当班票款，发现问题及时汇报 ⑦ 正确使用票务设备，负责客服中心内设备的管理及卫生清洁，并确保客服中心门随时处于锁闭状态 ⑧ 加强防范，确保票款安全
	站厅站务员	① 注意站厅付费区、非付费区乘客的动态，发现有违反地铁规定的行为要及时制止 ② 帮助乘客，回答乘客询问，特别注意老、弱、病、残、孕等需要帮助的乘客 ③ 协助值班站长、值班员及时更换钱箱、票箱，引导不能正常进出闸的乘客到客服中心处理 ④ 负责站厅边门的管理，对通过边门进出的人员进行严格登记 ⑤ 向客运值班员报告处理不了的问题 ⑥ 留意地面卫生，通知保洁人员对水渍、杂物等及时清理和设置警示牌，防止乘客摔倒 ⑦ 负责检查自动扶梯的状态是否良好 ⑧ 留意进站重点乘客（年老体弱者、小孩、神色异常者、残疾人、携大件物品的乘客等），提供帮助，及时发现隐患并通知其他岗位，必要时通知车控室，以便通知目的地车站接应 ⑨ 多留意扶梯口，发现乘客在徘徊、试探上扶梯时应及时指导或指引其走楼梯、乘坐垂直电梯 ⑩ 注意乘客携带的物品，严禁乘客携带易燃品、易爆品、违禁品进站 ⑪ 发现乘客携带超大、超长、超重物品时禁止其进站乘车，并对乘客耐心解释 ⑫ 当值班站长、客运值班员不在站厅时，负责接受乘客的口头表扬、投诉或建议，做好记录并及时向客运值班员、值班站长汇报 ⑬ 发现精神异常、醉酒的乘客时禁止其进站乘车，及时汇报车控室，必要时请求警务人员或其他同事协助，并注意自我保护 ⑭ 在站厅、出入口范围发生的治安、安全事件，要及时赶到现场，注意保护好现场，寻找两名及以上目击证人，有资格人员可对伤者使用外用药 ⑮ 在站厅、出入口范围发现非地铁宣传品时，及时采取措施并报告车控室 ⑯ 运营时间内每 2 小时巡视一遍出入口并将巡视情况报车控室，车控室做记录。发现有故意损坏或偷窃地铁设备设施行为时及时制止，并及时报告车控室 ⑰ 负责站厅、出入口的客流组织工作，及时疏导乘客，防止乘客过分拥挤，并及时向车控室汇报客流变化情况 ⑱ 负责站厅票务工作的安全保卫
	站台站务员	① 负责维护站台秩序，当客车进站时应尽量于紧急停车按钮附近站岗，发现有危及行车、人身安全行为时及时通知司机或按压紧急停车按钮 ② 向乘客宣传站在安全线内候车，维护站台秩序，组织乘客有序乘降，对车门/安全门关闭时的抢上抢下行为予以制止 ③ 监督车门/安全门关闭情况，发现夹人、夹物时应立即按压紧急停车按钮，并及时汇报车控室 ④ 检查站台乘客候车动态，帮助乘客，回答乘客询问，发现有违反地铁规定的行为时要及时制止 ⑤ 列车到达时间隔巡视整个站台，发现问题及时采取相应处理措施 ⑥ 站台站务员与司机之间有互联互控的责任，发生异常情况时通知司机，司机必须回应；司机要求车站协助时，车站须按规定给予配合（如车门故障协助处理等）

？想一想

在地铁车站，与票务有关的岗位有哪些？

任务拓展

申通地铁女站长高煜风采

33岁的高煜是申通地铁集团运一公司虹桥火车站站长,虹桥火车站客流量较大,日极端客流可以达到53万人次,而在车站有序运营的背后,是高煜和她的团队一次又一次完成大客流挑战和站区改造客运组织工作。

不仅如此,高煜还深耕品牌服务建设。由她创立的"小煜流星轮"工作室成功获批上海市巾帼创新工作室,成为车站响当当的名片,有了"流星轮",服务速度、服务项目以及服务及时性都得到了很大的拓展和提升。而她参与的"盲童领路天使"公益品牌项目,也在她手中传递出别样的温暖。

 任务操作

完成表1.4.5 车站层级的实训工单。

表1.4.5　实训工单　车站层级

车站层级	站长	值班站长	值班员		站务员		
			行车值班员	客运值班员	站台站务员	站厅站务员	客服中心服务员
工作区域照片							

任务考核

一、单选题

1. 车站管理地域范围为车站内部、站外风亭、出入口外（　　）m范围内。
   A. 4　　　　　　　B. 5　　　　　　　C. 10　　　　　　D. 8

2. 注意站厅付费区、非付费区乘客的动态,发现有违反地铁规定的行为要及时制止是（　　）的主要职责。
   A. 客服中心服务员　B. 站厅站务员　　C. 站台站务员　　D. 客运值班员

二、多选题

1. （　　）负责协调驻站人员的工作。
   A. 站长　　　　　B. 值班站长　　　C. 站务员　　　　D. 值班员

2. 站务员有权对本班车站内的（　　）进行管理。
   A. 保洁员　　　　B. 保安员　　　　C. 商铺人员　　　D. 设备维修人员

三、判断题

1. 车站实行层级负责制,由上至下顺序依次为:站长、值班站长、站务员、值班员。（　　）
2. 车站常驻人员有站务、保洁、保安、地铁公安、银行、商铺及设备设施维修人员。（　　）

四、思考题

1. 简要说明站务员的岗位职责。
2. 简要说明行车值班员的岗位职责。

项目 2
城市轨道交通车站设备管理

任务 2.1　运用车站机电设备

知识目标

1. 熟悉 BAS 系统、FAS 系统、电扶梯的使用与维护；
2. 熟悉给排水设备、空调通风系统的使用与维护；
3. 掌握站台门系统的使用与维护。

能力目标

1. 会操作车站 BAS 系统、FAS 系统、电扶梯及站台门设备；
2. 会操作给排水设备及空调通风系统；
3. 能进行车站机电设备的维护。

素质目标

坚持良好的品德修养，培育具有工匠精神的技能型人才，助力建设制造强国。

 **任务引入**

乘坐城市轨道交通（地铁、轻轨等）出行，列举车站的机电设备，并了解其运用。

任务分析

城市轨道交通车站设备包括设置于车站内的车站机电设备（BAS、FAS、给排水、电扶梯、空调通风）、通信系统、线路设备（轨道、道岔）、信号设备、自动售检票系统等众多设施，因此必须加强对车站机电设备的使用和保养，对通信、线路及信号设备的使用及简单故障的排除，这样才能更好地服务乘客和保证行车的安全。

一、环境与设备监控系统

1. 环境与设备监控系统内涵

环境与设备监控系统（BAS）是本着"安全、可靠、节能"的原则进行设计的，目的是以现代计算机技术、网络技术、自动控制技术、软件技术实现对车站各类机电设备的智能化控制，使得系统更安全、可靠，节省人力、物力，降低运营成本。

国家标准《地铁设计规范》（GB 50157—2013）对环境与设备监控系统定义为："对地铁建筑物内的环境与空气调节、通风、给排水、照明、乘客导向、自动扶梯及电梯、站台门、防淹门等建筑设备和系统进行集中监视、控制和管理的系统"。

城市轨道交通的地面及高架车站、车辆基地不设集中空调和送排风设施，支持城市轨道交通运营设置的机电设备均采取地铁行进开、停运时关停的控制管理方式。城市轨道交通地下车站和区间隧道机电设备繁多复杂，设置 BAS 进行自动监控管理，如图 2.1.1 所示。

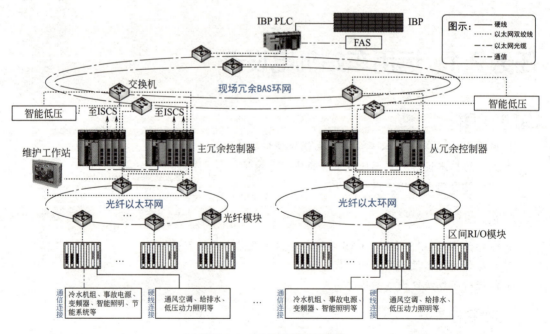

图 2.1.1　BAS 系统网络结构

BAS 监控范围为地下车站和区间隧道的空调通风、给排水、照明、电梯、扶梯等设备的控制管理。BAS 系统对上述设备进行全面系统的自动化监控和管理，确保其发挥最佳作用，维持地下车站和区间隧道适宜的温度、湿度，保证给排水、照明、电梯、扶梯等设备自动、安全运行。在发生火灾、列车阻塞等事故情况下，能够及时迅速地转入灾害运行模式，保护乘客安全，将灾害损失减到最小。

2. BAS 系统的组成和功能

车站 BAS 系统由 OCC（运营控制中心）控制中央级、设置在各地下车站控制室的车站分控级、设置在被控对象附近的就地级监控设备和网络通信系统组成。

BAS 系统主要功能有：①满足车站机电设备智能运行管理需要；② BAS 系统设中央和车站两级管理，构成中央、车站和就地三级控制；③ BAS 系统根据控制类型及信号源的不同，按照命令发出的先后、控制优先权、设备的当前运行状态、设备的状况，自动地对运行模式和命令的冲突进行检测，并确定一种执行方式，以便禁止非法操作，保证系统的安全运行；④ BAS 系统自动检测系统的当前运行模式及各台设备的当前运行状态，并在车站控制工作站上显示出来；⑤ BAS 系统车站级配备设备管理系统，能显示设备的"在修""故障"状态，供机电设备维护与管理人员使用；⑥车站 BAS 系统设置故障检测与专家诊断系统，以便及时发现机电设备、传感器及仪表和控制系统的隐患与故障，及时报警并指导检修人员进行维修作业。

3. 车站级监控系统

（1）车站级监控系统组成　车站设 BAS 系统，如图 2.1.2 所示。车站级监控系统由车站监控工作站、车站监控网络构成，工作站至现场控制机间为避免电磁干扰采用光缆作为传输介质。

车站监控工作站是车站级的主要监控设备，它负责在一切正常及事故情况下，对车站各系统设备的监视、管理、控制指令的发出。将监控工作站接入到车站局域网，同时接收或处理由现场控制机上传的设备状态或资料。

车站监控工作站对设备状态的监视及控制指令传输主要经由地铁通信主网并经

图 2.1.2　车站环控界面

车站控制网上传下达。所有车站设备的状态、模式控制均会显示于设有 HMI（人机界面）的车站监控工作站上，可以在工作站上实现车站所有软件功能的操作、系统的组态、参数的设定、监视数据库的情况和相关设备的运行参数及车站网络设备的工作状态，同时可以实现各类故障的声光报警与各种报表的形成和打印功能。

车站监控工作站应具备设备管理和故障检测与诊断功能，设备档案存于车站监控机的数据库内，供 OCC 设备管理系统调用和维修人员使用。

（2）车站级监控系统主要功能

① 对本车站及所辖区间隧道的空调系统、防排烟系统、冷水机组、给排水系统、空调水系统、自动扶梯、照明系统等设备进行监视和控制，并对状态和故障进行报警。

② 根据中央控制系统下达的总体方案，具体协调冷水机组、空调机组运行，包括确定冷机供水温度设定值、冷机开启台数、空调机组运行模式，确定运行模式后由现场控制器实施。

③ 火灾事故运行。车站的监控工作站中，预先存有 OCC 下达的针对地铁车站不同区域发生火灾时的事故处理模式。当 FAS 系统报告火警时，由 FAS 发出指令，BAS 执行火灾运

行模式。

④ 监视和记录车站典型区域测试点的温度、湿度等环境参数。

⑤ 对于所有的控制设备，可以实现单独控制、联锁控制和各种模式的手动和远程控制及现场控制。

⑥ 具有彩色动态和多级显示功能，如车站综合显示、系统的显示、分类画面的显示、控制模式的显示。

⑦ 将车站被控设备运行状态、报警信号及测试点数据及时送至控制中心，并接收中央级的各种监控指令和运行模式。

⑧ 接收控制中心或 FAS 的指令，控制车站通风空调及相关设备转入灾害模式运行。

⑨ 车站监控工作站上具有声光报警功能，报警界面在画面上弹出，提醒操作员。

⑩ 利用不同的操作密码实现不同级别的操作权限，并实现所有操作的登录，以备检查。

⑪ 在车站控制室的监控站上，所有的报警信息都用声光报警，报警界面弹出，同时要求确认，并有数据、时间、确认和处理等记录。

⑫ 车站工作站可对车站大系统空调设备进行运行模式的最优化控制，自动改变冷水机组的运行台数和冷冻水温度设定值，通过控制空调风机转数来实现变风量控制。

⑬ 车站工作站应具备事故安全设定功能，当动力供电电源中断后，控制器必须根据预先规定的要求停止相关设备操作。当某种事故使控制电源中断后，应立即储存当时状态，停止动力设备运行。当电源恢复供电后，所有设备应及时自动恢复到停电前的状态，然后根据预先规定的要求重新启动。

⑭ 当控制系统设备"冷"开启后，控制器应可收集到相关监控设备的状态。

⑮ 系统自诊断程序可以监视每一个模块、UPS（不间断电源）和网络的运行情况，当出现故障时可以报警，同时将故障的信息传达至车站设备监控系统工作站，显示网络的负荷情况。

⑯ 备有"运行"状态、"在线/备用"状态、"通信失效"报警及其他重要信息报警，显示运行模式。

⑰ 对冷水机组的相关设备进行控制。

⑱ 具有对被控设备的故障检测与诊断功能，以及对设备的管理功能，并在设备发生故障报警时自动切换到备用运行模式。

二、火灾自动报警系统

1. 火灾自动报警系统内涵及组成

火灾自动报警系统（FAS）用于及早发现和通报火灾，以便及时采取措施控制和扑灭火灾，而设置在建筑物中或其他场所的一种自动消防报警设施。如图 2.1.3 所示。

二维码 2.1

地铁 FAS 系统由主控（控制中心）和分控（车站、车场、车辆段）两级管理。控制中心设防灾监控中心，负责监视全线防灾设备运行状态、接收报警信号、发布救灾指令等。车站防灾监控负责接收车站灾害报警，及时与指挥中心联络，并接收中心防灾指令，控制设备。

FAS 系统车站配置设备有主机、中文图形显示、充电机、打印机、光电感烟探测器、感温探测器、线形感温电缆、手动报警按钮、紧急电话和插孔、控制模块、监视模块、警铃、24 伏直流电源箱、消防电话主机、消防电话风机、消防插孔电话及电话插孔，并和自动气体

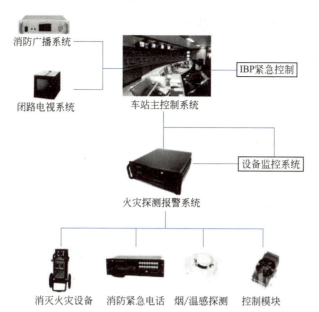

图2.1.3　火灾自动报警系统组成

灭火系统设有接口，接收气体灭火系统的故障信号和每个保护区的预警信号、报警信号、喷放信号、手动/自动信号，同时FAS系统和BAS、通信、给排水、环控设备也设有接口。

2. 地铁FAS系统功能

（1）FAS中央级功能

① FAS中央级监控功能是监视地铁全线各车站、区间隧道、控制中心大楼、车辆段、停车场、主变电站等下属所有区域火灾报警、消防联动和故障情况，火灾发生时承担全线防灾指挥中心功能。

② 自动采集、显示、记录、存储车站内火灾信息，存储操作人员各项记录，并能进行历史档案管理。

③ 根据火灾发生实际情况，可自动或手动选择预定方案，向车站级控制室发出消防救灾指令和安全疏散命令，指挥救灾工作开展。

④ 设置火灾报警外线电话，并与"119"报警台通报有关车站火灾灾情。

⑤ 接收主时钟信息，使FAS时钟与主时钟同步。

⑥ 火灾报警时，中央级图形计算机自动弹出相应报警区域平面图，并发出声光报警。火灾报警具有高优先级，当同时存在火灾和其他报警时，会优先报火警。

（2）FAS车站级功能　FAS车站级功能主要有监视、报警、控制以及与其他系统联动等。如监视功能、报警功能、消防联动功能、防灾通信功能、防灾报警分机集成化功能及防灾报警分机之间网络通信功能。

3. FAS系统车站运行方式

FAS系统要求值班室（车控室）24小时都有人值班，系统在正常情况下处于广播、系统手动联动状态，在人员暂时离开时根据现场情况需要及运营相关要求分别将控制显示联动板上的广播切换和系统切换旋钮切换到自动联动状态。

（1）广播手动联动状态　多线集中控制盘（控制显示面板）上的广播手动/自动切换旋钮在手动位置，系统封锁灯不闪。当FAS系统确认现场有火警后只进行报警，不进行相应的广播联动。如果需要将广播手动联动状态切换到自动状态，首先需人为用钥匙将多线集中控制盘（控制显示面板）上的系统封锁旋钮切换到正常位置，然后在多线集中控制盘（控制显示面板）上人为用钥匙将广播切换旋钮切换到自动状态，系统将会在 FAS 系统确认现场有火警后自动启动消防广播。

（2）系统手动联动状态　多线集中控制盘（控制显示面板）上的系统手动/自动切换旋钮在手动位置，系统封锁灯不闪。当 FAS 系统确认现场有火警后只进行报警，不进行相应的系统设备联动。如果需要将系统手动联动状态切换到自动状态，首先需人为用钥匙将多线集中控制盘（控制显示面板）上的系统封锁旋钮切换到正常位置，然后在多线集中控制盘（控制显示面板）上人为用钥匙将系统封锁切换旋钮切换到自动状态，系统将会在 FAS 系统确认现场有火警后启动系统联动设备。

（3）广播自动联动状态　多线集中控制盘（控制显示面板）上的广播手/自动切换旋钮在自动位置，系统封锁灯不闪。当 FAS 系统确认现场有火警后进行报警并自动进行消防广播。

（4）系统自动联动状态　多线集中控制盘（控制显示面板）上的系统手动/自动切换旋钮在自动位置，系统封锁灯不闪。当 FAS 系统确认现场有火警后进行报警并自动进行相应的系统设备联动。

三、给排水系统

1. 给水系统

给水系统包括消防给水系统和生产生活给水系统。采用城市自来水作为供水水源。城市轨道交通车站一般采用消防用水与生产生活用水分设的给水系统，如图 2.1.4 所示。

消防给水系统分别从城市自来水管网中的两条不同干管引入，进站前分别设置水表箱、室外消火栓、消防水泵接合器。

生产生活给水系统从两根水源引入管中的一根水管的水表前引出，并单独设置水表后进入车站。生产生活给水管进入车站后呈枝状分布，主要供给车站工作人员饮用水、盥洗水、厕所用水及站台站厅层冲洗用水及冷却塔补用水。

车辆基地一般采用消防给水系统与生产生活给水系统共用一个管网的给水系统。水源由城市自来水管网引入后分成两路，一路与基地内供水管网相连接，另一路进入基地生活消防泵房的储水池。在城市自来水供水压力达到基地内用水要求时，由城市自来水直接供水；在城市自来水供水压力达不到用水要求时，由基地生活消防泵房加压供水。

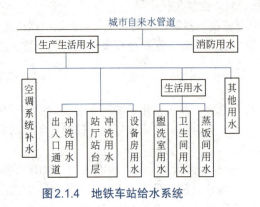

图 2.1.4　地铁车站给水系统

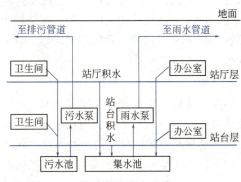

图 2.1.5　地铁车站排水系统

2. 排水系统

城市轨道交通车站排水系统主要由污水排放系统、废水排放系统和雨水排放系统组成，如图 2.1.5 所示。

污水排放系统主要排出车站内厕所、盥洗室、茶水间等生活场所的生活污水。

废水排放系统主要排出车站内冲洗废水、消防废水、结构废水及其他生产废水。

雨水排放系统主要排出车站出入口、风井、隧道洞口等处所汇集的雨水。

3. 给排水主要设备的控制方式

（1）消防水泵及喷淋水泵　消防水泵、喷淋水泵具备控制柜面板的就地手动控制、由稳压装置执行的自动控制、消防控制中心执行的远程控制、消火栓箱按钮执行的远程控制等几种控制方式，同时水泵的运行状态能反馈给消防控制中心。机组具有定期自动巡检功能。车辆基地生活消防泵房内的水泵机组具有变频控制功能。设备按一级负荷供电。

（2）排水泵　排水泵具备控制箱面板的就地手动控制和由液位浮球开关执行的自动控制方式，同一集水井内的排水泵具有自动切换的功能。若工作泵故障，备用泵自动投入运行。BAS 系统能对排水泵启停状态、集水井水位进行集中监视。洞口排雨水泵站、区间主排水泵站、车站废水泵房、露天出入口及敞开风口处排水泵房等按一级负荷供电。污水泵房等其他排水泵房按二级负荷供电。

（3）区间电动蝶阀　区间电动蝶阀具有就地按钮箱手动控制和 FAS 系统执行的远程控制功能。

四、电扶梯

作为车站的机电设备之一，电扶梯是乘客方便快捷且舒适进出车站的代步工具。电扶梯系统包含垂直电梯、自动扶梯及轮椅升降台，如图 2.1.6 所示。

(a) 垂直电梯

(b) 自动扶梯

(c) 轮椅升降台

图 2.1.6　地铁车站电扶梯系统

电扶梯设备主要由驱动装置、传动装置、运行导轨、承载部分、控制系统及安全系统组成,运行时由控制系统控制驱动装置经传动装置带动承载部分在固定导轨上往复运行。

 想一想

不同类型的电扶梯功能有何不同?结合平时乘坐地铁的体会,你是否有改进建议?

五、空调通风系统

城市轨道交通车站的空调通风系统由冷水机组、水泵、冷却塔、组合空调机组、柜式空调机组、风机、组合风阀及风量调节阀、单体风阀、水阀、消音器等部分组成。

冷水机组是环控系统的主要设备,其主要作用是为空调系统提供冷源。地铁用冷水机组安装在地下机房内机组配备电脑控制和相应软件,显示机组运行参数,包括冷水进出水温度、冷却水进出水温度、蒸发压力、冷凝压力等,同时显示故障与诊断信息。冷水机组与空调水泵、冷却塔有联锁控制功能,与车站设备监控系统(BAS)具有接口,且与 BAS 有相一致的通信协议,完成对相关设备的启停控制,并将相关设备的运行状态反馈给 BAS。

水泵主要由叶轮、轴承、电动机等部分组成。在地铁环控系统中,常用的是离心卧式单机泵,具有结构可靠、通用性强、检修方便和耐压能力强等优点。在正常工作条件下,冷冻水泵输送的水温为 7~12℃,该循环为闭式循环。冷却水泵输送的水温为 30~35℃,该循环为开式循环。

冷却塔由风机、电动机、减速器、塔体、布水器、填料、进出水管和支架组成。冷却塔的主要功能是对冷水机组的冷却水进行降温处理,即冷却水在塔内与空气进行热、湿交换而得到降温,从而将冷水机组通过冷冻水循环、机组内部制冷剂循环、冷却水循环而吸收的热量转移至室外空气中。从冷水机组冷凝器出来的冷却水(一般为 35℃)送至冷却塔喷水口,经过布水器流过冷却塔内部的填料层,与室外空气进行热、湿交换(一般降温至 30℃),然后在集水盘中汇集。通过冷却水泵的增压后进入冷水机组内部,对从机组压缩机出来的制冷剂冷却降温,然后重复上述循环。

组合式空调机组是一种组合式空气处理设备,一般由以下功能段组成,即混合风段、初效过滤段、表冷挡水段、风机段、消音段和送风段。组合式空调箱控制接口要求在箱控制柜中实现。车站控制是确保在不同运行工况时,对空调机组和相应风阀的运行状态进行控制和显示。在正常工况下,显示空调机组和相应风阀运行状态;在事故工况下,根据要求对机组进行控制。

六、站台门系统

1. 站台门内涵及优点

站台门(PSD)是设在站台边缘,把站台区域与列车运动区域相互隔开的设备。列车未进站时,站台门处于关闭状态,保证了乘客候车的安全,防止了可能出现的各种意外;当列车进站后,列车车门与站台门严格对准,并使列车车门与站台门联动开启,以供乘客上下车,待乘降结束后,车门与站台门同步关闭。与传统的地下车站相比,采用站台门具有如下优点。

① 设置站台门后,可实现司机一人全程操作,站台上不必再设站务人员接发列车(站台

门的开启由列车司机操纵)。

② 一般在站台门上多装有各类障碍物传感器,一旦有障碍物存在,传感器发出的信息将使站台门再开闭机构动作,避免了车门夹人夹物事故的发生。

③ 由于站台门实现了站台与轨道、列车行进区间的完全隔离,乘客候车时不会与列车进出站发生任何关系,保证了乘客的乘车安全。

④ 设置站台门后,站台空间显得更加舒适。

⑤ 节省了地下车站空调负荷,降低能耗,同时降低了车站噪声以及粉尘污染。

⑥ 站台门可用于平面广告媒介,增加运营部门的广告收益。

2. 站台门的分类

从应用场合封闭形式、具体结构、供电方式、控制方式、门体型材等方面来说,站台门系统的种类可分为以下几种类型。

(1) 从封闭形式上分类 按照站台门系统应用场合的密封形式,可以分为全高封闭式站台门和半高敞开式站台门,如图2.1.7所示。全高站台门门体结构高度为2450mm左右,安装于地下车站;半高站台门门体结构高度为1500mm左右,主要安装在地面车站及高架车站。如果地下车站站台边缘顶部不具备安装全高站台门的条件或者采用车站进风、区间排风的地下车站应安装半高站台门,如南京地铁1号线奥体中心站。

(a) 全高封闭式站台门　　　　　　(b) 半高敞开式站台门

图2.1.7　站台门类型

(2) 从结构上分类 按照站台门的具体结构,可以分为上部悬吊式和下部支撑型。

(3) 从供电方式分类 站台门系统的供电电源方案主要有集中供电和分散供电两种。两种方案各具特色,在地铁站台门项目中均有应用。集中供电的优点是门机的驱动电源直接从设备室内引出,在设备房内即可对电源参数进行监控。但集中式供电变压整流装置体积大,占用设备室的面积大,供电线路的压降和损耗也比较大,一旦发生故障,整侧门将无法动作,影响较分散供电大。分散供电的优点是驱动电源并不设于设备室内,供电线路压降和损耗较小,占用设备室面积小,整体优于集中供电。但在设备室内无法监控电源参数、布线复杂、变压整流装置较多时,分散供电的设备故障率要较集中式高,但故障影响范围小。

3. 站台门系统的组成

站台门系统是机电一体化设备,集成了现代计算机控制、伺服驱动、网络技术、UPS电源技术和精密机械技术,如图2.1.8所示。闭式和开式站台门的组成、结构大致相同,均由机械和电气两部分组成。

(1) 机械部分 机械部分包括门体结构和门机系统。

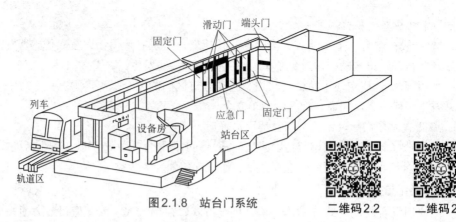

图2.1.8　站台门系统

① 门体结构　站台门的门体结构一般由门体承重结构、顶箱、滑动门、应急门、固定门、端头门等组成。

门体承重结构由底座、门槛、立柱、顶部钢结构及伸缩装置等组成。

顶箱内设有门单元的门机梁（含导轨）、驱动机构、传动机构、门锁装置、门控单元、配电端子、就地控制盒、门状态指示灯等部件。顶箱对上述部件起密封保存作用。

滑动门（ASD）是与列车门对应的滑动开启门，是正常运行时乘客上下车的通道，也是列车在车站隧道内发生火灾或故障时乘客的疏散通道。

应急门（EED）不带动力，是当列车门与滑动门不能对齐时，提供疏散的门，安装在两滑动门之间，向站台侧90°平开。

固定门（FIX）是不能打开的玻璃隔墙，放置在滑动门与滑动门、滑动门与端头门之间，是车站与区间隧道隔离和密封的屏障。

端头门（PED）简称端门，布置于站台两端，与站台边屏蔽门垂直。端头门可向站台侧旋转90°平开，且在打开后能自动复位关闭。

② 门机系统　门机系统由门控单元（DCU）、传动装置、驱动装置和锁紧装置等组成。门机系统的功能是在正常和非正常情况下均能开关、锁定滑动门。

（2）电气部分　电气部分包括控制系统和供电电源。

① 控制系统　屏蔽门控制系统由中央控制盘、就地控制盘、站台远程监视设备门控单元声光报警装置和连接这些装置的通信通道等组成。

② 供电电源　供电电源按一类负荷向屏蔽门系统供电，提供两路独立的三相380伏交流电源。供电电源主要分为门机驱动电源和控制电源两类。

4. 站台门设备的操作

站台门设备由受过正确培训的维修人员或站务人员进行操作，操作时必须严格按照相关规程执行。操作人员必须使用站台门专用钥匙对设备进行操作，操作完毕后应将钥匙交由车站控制室保管，不得留在开关上。专用钥匙除操作人员、维修人员及相关负责人授权人员外，不得借出，司机在工作时，使用的安全门就地控制盘（PSL）操作开关钥匙由其随身携带。站务人员发现不安全因素时，应立即关停设备，并通知维修人员。

操作开关站台门时，应注意观察站台边人群拥挤情况，严禁在没有警告及防护措施不当时开关站台门，防止乘客跌入轨道造成伤害。

（1）正常运行模式　在正常运行模式下，列车到站并停在允许的误差范围内，信号系统向PEDC（逻辑控制单元）发出开门信号，同时撤销关门信号。然后，PEDC通过专用硬线向所有DCU发出"使能"命令和"开门"命令，各种安全因素经过列车司机的人工确认后，按压开关按钮，站台门自动打开；当列车停站时间到，信号系统（SIG）发出"允许关门"命令,各种安全因素经过列车司机的人工确认后,按压关门按钮,站台门自动关闭。门关闭时如撞到障碍物,电动机电流参数(遇到障碍时)过大时,门就停止运动。位置被记录下来后,两扇门会再打开(后退)约50mm的距离。延迟一秒后,门减速再重新关上。如果门通过原先的位置(探测到障碍物已被清除),就会增大到正常速度关门。如果再次探测到该障碍物,门会如常后退。第4次尝试之后,门不会再后退,而是重新全部打开。门将停止运动,DCU将命令电动机停止驱动。"门遇到障碍"的警报将通过CAN(控制器局域网总线)数据总线发送到PEDC。遇此种情况时,站务人员应隔离该门并保修,同时做好站台防护。

(2)站台级控制模式 当信号系统(SIG)故障失效或站台门中央控制盘(PSC)对站台门控制单元(DCU)控制故障时,由司机或被授权操作人员操作安全门就地控制盘(PSL)控制站台门的开关,如图2.1.9所示。操作时信号系统被完全忽略。开门操作,插入钥匙,转动到开门位置,整侧站台门打开完毕。关门操作,转动钥匙到关门位置,整侧站台门关闭完毕。

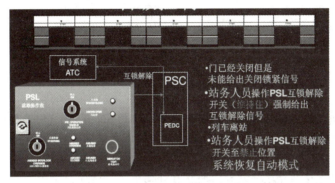

二维码2.4

二维码2.5

图2.1.9 PSL互锁解除操作

(3)模式开关操作步骤 站台门的模式有自动、手动、隔离。全封闭站台门的模式开关在滑动门的门梁上,半高式站台门的模式开关在滑动门的固定侧盒里,将模式开关的专用钥匙插进钥匙孔转至规定位置即可。紧急运行模式优先于站台级控制,站台级控制优先于系统级控制。当某个门道出现故障不能关闭时,插入模式开关钥匙切换到隔离位置,隔离该挡门,使ASD处于隔离模式。在隔离模式下,ASD关到位或开到位后,将不再响应开关门及手动解锁指令,该ASD单元退出服务。排除故障后,将该门道的模式切换到自然位置,将门恢复到自动控制;站台门进行维护和调试时,将门切换到手动位置。

(4)端门(PED)操作 站台门系统正常运行状态下,端头活动门处于关闭和锁紧状态,是公共区和隧道区间的屏障。在正常情况下,端门作为车站工作人员进出隧道的通道,站台工作人员可推压轨道侧的应急推杆解锁,同时推动端门或站台工作人员在站台侧通过专用钥匙解锁,拉动端门可将其向站台侧旋转90°平开,且可设定保持在90°位置。当端门打开角度在0°~90°时,端门可在其上部的闭门器的复位力作用下自动关闭。地铁列车进入或驶离站台时,端门切勿处于打开状态,否则列车运行所引起的风压有可能将端门迅速打开或关闭,从而造成门扇的损坏。

(5)应急门(EED)/司机手推门(DSD) 部分站台的站台门系统需要延长到有效站台以外,延长段中对应司机室位置设置的开门为司机手推门。EED/DSD可向站台侧旋转90°平开,能定位保持在90°开启程度,不能自动复位,利于疏散乘客。EED/DSD设置有门锁装置,站台人员/列车司机可在站台侧使用钥匙开门。在门体轨道侧设有开门金属推杆,与门锁采用联动方式,站台人员/司机推压推杆,在轨道侧可将门打开。EED/DSD锁闭和解锁信号反馈到站台门中央控制盘(PSC)和车控室的远方操作报警盘(PSA)上并进行显示。应急门不设置门状态指示灯,其开关门状态通过邻近的滑动门状态指示灯反映:指示灯常亮,应急门打开/滑动门开到位。

（6）应急情况的操作　单个滑动门故障，导致列车不能正常发车，站台侧工作人员将此门的状态设为隔离，退出服务，不影响整个站台门系统工作。当系统级控制和站台级控制均不能操作站台门时，在站台侧由站台工作人员用钥匙打开滑动门，在轨道侧由司机通过车内广播通知乘客使用滑动门上的手动解锁把手自行开启站台门。

二维码2.6

当列车无法在规定范围内停车，且偏离量较大，而且乘客无法从滑动门进出时，站台工作人员在站台侧用钥匙打开应急门，或由列车司机通过广播指导乘客压推杆锁打开应急门。

当隧道内发生火灾、列车出轨等情况，需要在隧道内停车时，乘客将从车厢疏散到隧道，由隧道进入站台；乘客压推杆锁打开端门，或由站台工作人员在站台侧用钥匙打开端门，乘客通过端门进入站台。

 任务拓展

站台门中的防夹措施

1. 防夹挡板

所谓防夹挡板，就是在站台门内侧下方安装一个约60cm高、15cm宽的挡板。如果有人被夹在站台门与车门之间，那么在站台门关闭时，挡板会被乘客的腿部挡住，无法关闭。

2. 软灯管探测

软灯管探测就是在站台尾部站台门的立柱外侧加装软灯管，用于检测站台门与车门是否夹人。司机在车头位置，只需观察一下这支灯管发出的黄色光芒，就可以监测到站台门与车门之间是否有不明物体。

3. 红外防夹门

部分地铁线路（如北京13号线、八通线等）更换的红外防夹门。安装红外防夹门，一旦有乘客被夹在列车车门和站台门之间，探测装置便能立刻向列车司机发出警报，发车信号会终止，列车会因动力系统被自动切断而无法启动，同时监控中心也会接到报警，采取适当措施以避免人身伤害。

4. 激光站台门

激光探测报警系统主要用于对地铁车辆与站台门的间隙进行实时监视，发现间隙内有障碍物（人体或较大物体）滞留时，实时向控制室发出报警，提示暂缓启动列车；障碍物清除即可停止报警允许启动列车，以保证乘客和车辆运输的安全。

 任务操作

完成表2.1.1的实训工单。

表2.1.1　实训工单　站台门系统的控制

任务描述	以小组为单位进行地铁车站实地调研，根据观察到的情况，小组讨论分析并绘制站台门系统各级控制操作流程图，并利用实训设备进行实际操作
任务训练	1. 正常运行模式操作流程； 2. 站台级控制流程； 3. 应急操作流程

任务考核

一、单选题
1. 环境与设备监控系统的英文简称是（　　）。
A.FAS　　　　　B.BAS　　　　　C.AFC　　　　　D.SCADA
2. （　　）是与列车门对应的滑动开启门,是正常运行时乘客上下车的通道。
A.滑动门　　　B.应急门　　　C.固定门　　　D.端头门

二、多选题
1. BAS监控范围包括地下车站和区间隧道的（　　）。
A.空调通风　　B.给排水设备　　C.照明设备　　D.电扶梯设备
2. 站台门的控制模式有（　　）
A.清客　　　　B.自动　　　　C.手动　　　　D.隔离

三、判断题
1. 地铁FAS系统由主控（控制中心）和分控（车站、车场、车辆段）两级管理。（　　）
2. 给水系统包括消防给水系统和生产生活给水系统,水源采用城市自来水作为供水水源。
（　　）

四、思考题
1. 简要说明车站级监控系统主要功能。
2. 简要说明FAS系统车站运行方式。

任务 2.2　运用通信系统

 知识目标

1. 熟悉通信系统的组成部分；
2. 熟悉通信系统的功能。

 能力目标

1. 能区分通信系统的组成部分；
2. 能简单操作车站通信系统。

 素质目标

培养良好的团队合作和开拓创新的精神,能够推动通信技术的发展和进步。

 任务引入

乘坐城市轨道交通（地铁、轻轨等）出行,了解车站的通信系统及其使用。

任务分析

一、通信系统的内涵

城市轨道交通通信系统是进行轨道交通对外联络、内部工作联系、设备运行状态监控、故障检测与维修、事故抢险与救援、行车组织信息传递、客运组织管理的数据输入、站区视频监督、运营信息播报等的重要通信工具，是轨道交通得以正常运行的重要保障。通信系统是城市轨道交通运营管理的基础，是保证列车及乘客安全、提高运营效率、提升运营服务质量的重要设施。

二、通信系统的组成

为了迅速、准确、可靠地传递和交换语音、图像、数据信息，城市轨道交通的通信系统必须是一条独立完整的指挥行车的内部通信网。通信网由光纤数字传输系统、数字电话交换系统、闭路电视监控系统、无线通信系统、广播系统以及时钟系统等组成。

1. 光纤数字传输系统

光纤数字传输系统主要由光纤线路、光传输终端设备（光端机）和脉冲编码调制（PCM）复接设备3部分组成。PCM复接设备将话音、数据、图像信号等汇集起来，通过光端机将电信号变换成光信号，经光纤将光信号传送到对方车站，该站通过光端机将接收到的光信号变换成电信号，再送到复接设备将各类信号进行分路，以送到本站的各类设备。光纤数字传输系统大量的通道用于传送数字电话交换网的话音信号，还为闭路电视监控系统、车站广播系统、无线通信系统提供通道，同时也为其他部门的控制信号提供通道。

2. 数字电话交换系统

数字电话交换系统是通信网的重要组成部分，一般用程控交换机来组网，其构网方式因交换系统大小而异，根据各车站用户分布情况、用户的接口要求和功能要求、市话网的组成情况以及传输系统的配合等因素来决定。以下以南京地铁为例说明。

（1）专用电话子系统是控制中心调度员和车站（车辆基地）值班员指挥列车运行和指导设备操作的重要通信工具，是为列车运营、电力供应、日常维修、防灾救护提供指挥手段的专用通信系统。

（2）公务电话子系统在控制中心和车辆基地各设1台交换机，16个车站采用远端模块，分别接入2台交换机。在高架线路和隧道内每隔200m左右设置1个轨旁电话盒。当轨旁电话机插入电话盒后，摘机5s后自动拨接下一车站（列车运行方向）车控室内电话或在5s内拨所要的电话号码。

3. 闭路电视监控系统

闭路电视监控系统（CCTV）是为了加强城市轨道交通的运营和管理，以及处理应急突发事故。既可满足控制中心调度员、车站值班员、设备管理和应急管理人员等监视的需要，也可以满足公安治安监视的需要。该系统由车站电视监控系统和控制中心集中监控系统两大部分组成。CCTV系统示意图如图2.2.1所示。

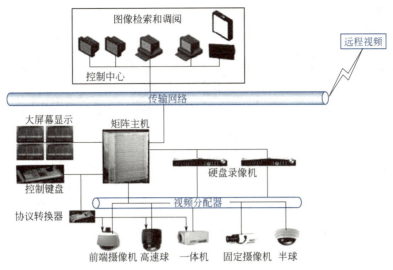

图 2.2.1　CCTV 系统示意图

CCTV 系统采用两级控制方式，包括 OCC 的中心级控制方式和各车站的车站级控制方式。车辆段是独立于中心级和车站级的，并不要求安装 CCTV 系统。OCC 负责监控地铁全线的运营情况，组织调度列车的运行，车站的站务人员则负责监控本车站范围内的运营情况。各车站的图像通过光纤数字传输系统传送到 OCC，供 OCC 的调度人员使用，使调度人员掌握地铁全线范围的运营和行车安全情况。

4. 无线通信系统

为了使移动状态下工作的乘务人员及时与有关指挥部门取得联系，所以不仅需要有线通信，而且还必须设置无线通信系统。例如，南京地铁无线数字集群系统采用单交换机 + 多基站 + 光纤直放站的方式组成现状网，由无线集群设备、光纤直放设备、漏泄同轴电缆等组成。南京地铁无线系统包括车辆段无线通信系统和运营线路无线通信系统。运营线路无线通信系统又可分为行车调度无线通信子系统、环控调度无线通信子系统、设修调度无线通信子系统 3 个部分。

5. 广播系统

广播系统是城市轨道交通运营行车组织的必要手段，具有快速响应的能力，在城市轨道交通通信系统中发挥着重要的作用。城市轨道交通通信系统中的广播系统按设备安装地点的不同可分为地面广播和车载广播。

地面广播系统一般由车站广播系统设备、控制中心广播系统设备和传输线路组成，如图 2.2.2 所示。车站广播系统是实现集中管理的重要组成部分。列车到站及离站的实时预告信息，非常情况下的疏导信息等通过该系统及时向乘客通报，同时为组织好行车，应及时将运行信息告知行车有关人员。为了实现集中管理，车站广播系统除了车站广播外，还应由控制中心集中播音。例如，南京地铁广播子系统包括正线广播系统和车辆基地广播系统，正线广播系统又包括中心广播系统和车站广播系统。

车载广播有地面列车车载广播系统和隧道列车车载广播系统。由于列车行驶在地面上，可接收到 GPS/ 北斗定位信号，地面列车车载广播一般采用 GPS/ 北斗接收机定位触发，实现自动广播方式。当列车行驶在隧道内，无法接收 GPS/ 北斗定位信息时，这时需要通过轨道电路触发设备来实现自动播发广播信息的功能。

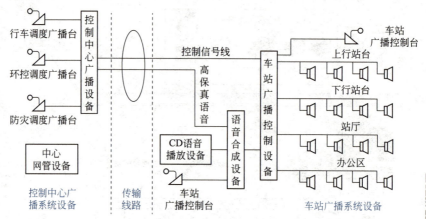

图2.2.2 地面广播系统的组成

二维码2.7

 想一想

车站广播控制台用于车站值班员进行广播，主要广播哪些内容？

6. 时钟系统

时钟系统为城市轨道交通提供高质量、标准化的统一时间，使整个城市轨道交通各系统的时间统一在同一个标准时间基点上，从而确保列车准点运行。时钟系统采用 GPS/ 北斗标准时间信息作为系统时间源，为城市轨道交通通信、信号、城市轨道交通 AFC 系统、BAS 系统、FAS 系统、数据采集与监视控制（SCADA）系统等提供统一的时间信息。

时钟系统由网络时间服务器、中心母钟、监控终端、二级母钟、子钟及传输通道构成。其中，中心母钟也称一级母钟，设置在控制中心，负责将接收到的 GPS/ 北斗时间发送到所有车站的二级母钟，并传送给有需要的其他系统，为其提供一个标准的时间，同时一级母钟驱动 OCC 的子钟显示 GPS/ 北斗时间；二级母钟设置于各车站、停车场、车辆段的通信设备机房内，主要用于接收一级母钟发送过来的 GPS/ 北斗时间，同时驱动子钟转动以显示时间；子钟安装于各车站站厅、站台、车站值班室、停车场值班室、控制中心调度室等需要显示时间信息的场所，有数字式和指针式两种。概括起来，时钟系统的主要功能是显示或指示统一的标准时间，向其他信息系统提供标准时间信号。在车站站厅、站台配有模拟子钟，车控室、站长室、公安室及供电设备房内配有数显子钟。

 任务操作

完成表 2.2.1 的实训工单。

表2.2.1　实训工单　车站CCTV和广播的运用

任务描述	以小组为单位进行地铁车站实地调研，根据观察到的情况，小组讨论分析并绘制车站 CCTV 和广播设备的分布，并利用实训设备进行实际操作
任务训练	1.CCTV 的组成与控制； 2. 广播操作（模拟广播）

任务考核

一、单选题
1. 在高架线路和隧道内每隔（　　）m 左右设置 1 个轨旁电话盒。
A.100　　　　　　B.200　　　　　　C.50　　　　　　D.150
2.（　　）设置于各车站、停车场、车辆段的通信设备机房内。
A. 二级母钟　　　B. 一级母钟　　　C. 子钟　　　　D. 时钟系统

二、多选题
1. 城市轨道交通通信系统的功能有（　　）等。
A. 进行轨道交通对外联络　　　　B. 设备运行状态监控
C. 事故抢险与救援　　　　　　　D. 行车组织信息传递
2. 通信网由（　　）等部分组成。
A. 光纤数字传输系统　　　　　　B. 数字电话交换系统
C. 闭路电视监控系统　　　　　　D. 无线通信系统

三、判断题
1.CCTV 系统采用两级控制方式，包括 OCC 的中心级控制和各车站的车站级控制方式。（　　）
2. 车载广播有地面列车车载广播系统和隧道列车车载广播系统。（　　）

四、思考题
1. 简要说明通信系统的组成。
2. 简要说明闭路电视监控系统的控制方式。

任务2.3　运用线路设备

知识目标
1. 熟悉轨道的组成部分；
2. 掌握道岔的类型及使用规定。

能力目标
1. 能识别轨道的组成部分；
2. 能明确道岔的使用规定及禁止使用情况。

素质目标
树立全员设备管理理念，养成严格遵守安全操作规程的职业素养。

任务引入
乘坐城市轨道交通（地铁、轻轨等）出行，了解轨道及道岔的组成。

任务分析

一、轨道构成

轨道是城市轨道交通系统的重要组成部分,是行车的基础。轨道由钢轨、道床、联结零件及防爬设备等组成,如图2.3.1所示。它的作用是引导机车车辆运行,直接承受由车轮传来的荷载,并把它传递给路基或桥隧建筑物。

1. 钢轨

钢轨是轨道的主要部件,用于引导机车车辆行驶,并将所承受的荷载传递给轨枕、道床及路基,同时为车轮的滚动提供阻力最小的接触面。在列车动荷载的作用下,钢轨产生纵向弹性挠曲和横向弹性变形,故应有足够的承载能力、抗弯强度、断裂韧性及稳定性、耐久性、耐腐蚀性等。钢轨断面的形状多为工字形,由轨头、轨腰和轨底组成,如图2.3.2所示。

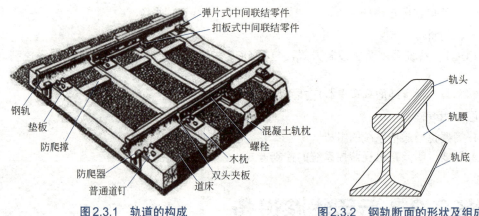

图2.3.1 轨道的构成　　　图2.3.2 钢轨断面的形状及组成

按照钢轨强度的不同,城市轨道交通所使用的钢轨可分为43kg/m、50kg/m、60kg/m、75kg/m 4种类型。钢轨的强度越大,表明其所能承受的重量越大,不仅能够增强轨道的稳定性,减少养护维修工作量,而且还能增加回流断面,减少杂散电流。为了提高城市轨道线路的运输能力,在经济条件允许的情况下,无论是地面线路、地下线路或高架线路,运营正线都宜选用重型钢轨,城市轨道交通正线通常采用50kg/m、60kg/m的钢轨。对车场线来说,其主要是供空车运行,车速又低,考虑到经济性,宜选用43kg/m或50kg/m的钢轨。如南京地铁1号线正线采用60kg/m钢轨,铺设无缝线路地段采用无孔新轨,其余地段采用有螺栓孔新轨,车辆基地采用50kg/m钢轨。60kg/m钢轨与50kg/m钢轨连接采用异型轨。

2. 轨枕与扣件

轨枕是轨道的基础部件之一,承垫于钢轨之下,它不仅要将钢轨所承受的压力分散传递到道床上,而且还要有效地保持钢轨的位置和轨距不变。因此,轨枕应具有一定的坚固性、弹性和耐久性。轨枕应按照《地铁设计规范》(GB50157—2013)中的相关规定进行铺设。

钢轨与轨枕的联结是通过中间联结零件实现的,这种联结零件称为扣件。其作用是固定钢轨，保持轨距，并阻止钢轨发生相对于轨枕的纵、横向位移，防止钢轨倾斜，提供适当的弹性将钢轨承受的载荷传递给轨枕或道床。扣件的组成如图2.3.3所示。

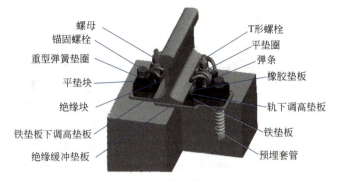

图2.3.3　扣件的组成

地铁扣件要求具有足够的强度、扣压力和耐久性，有良好的弹性和绝缘性能。其结构力求简单，通用性好，造价低，施工维修方便。

3. 钢轨接头联结零件

钢轨接头联结零件是由夹板、螺栓、弹簧垫圈等组成，如图2.3.4所示。其作用是在接头处把钢轨连接起来，使钢轨接头部分具有与钢轨一样的整体性，以抵抗弯曲和位移。接头处还要满足钢轨伸缩的要求。

图2.3.4　钢轨接头联结零件的部件

4. 道床

道床是轨道的重要组成部分，是轨道框架的基础。道床通常是指铺设在路基之上、轨枕之下的石砟、钢筋混凝土结构层。它能支撑轨枕，把来自轨枕上部的巨大荷载均匀地分布到路基面上，减少路基的变形；道床可以依靠其本身和轨枕间的摩擦来固定轨枕位置，阻止轨枕纵向或横向位移。道床一般分为碎石道床（图2.3.5）、沥青道床、整体道床（又称混凝土整体道床、无砟道床）等。城市轨道交通线路在隧道内及高架桥上一般采用钢筋混凝土整体道床，车场线采用碎石道床。以下介绍几种城市轨道交通线路常用的道床类型。

（1）地下线短枕式整体道床

混凝土强度等级为C30，道床内布设单层钢筋网，纵向钢筋兼作杂散电流的排流筋。轨道结构高度：地下线及U形结构（矩形隧道轨道中心线处轨顶面至结构底的高度）为560mm，圆形、马蹄形隧道（轨道中心线处轨顶面至回填面的高度）为560mm，地面线（轨道中心线处轨顶面至加固路基表面的高度）为670mm。

结合结构沉降缝，地面线、U形结构及隧道口内30m范围，整体道床每6.25m设一道床伸缩缝，隧道内每12.5m（可结合隧道结构的变形缝位置局部进行行车调整）设一道床伸缩缝。伸缩缝由2cm沥青板形成，并以沥青麻筋填充。结构沉降缝处设道床伸缩缝，短轨枕避开道床伸缩缝。

图2.3.5　西安地铁3号线碎石道床库外线

（2）高架桥短轨枕整体道床　每跨梁上整体道床分块布置，一般道床块长5.9m（Z6型）或5.6m（Z5.7或Z5.6型）。为避让梁缝，梁缝处两道床块的间隔为200mm，其余道床块的间隔均为100mm，梁中部有为适应各种梁长而设置的调节道床块。

（3）车场线碎石道床　碎石道床又称为有碴道床，是一种比较常用的道床形式。它一般是在轨枕下面、路基面上铺设的石碴垫层。碎石道床分为木枕碎石道床和钢筋混凝土枕碎石道床。

碎石道床结构简单，弹性强，容易施工，方便更换，减振、减噪性能较好；但这种道床容易因行车压力的关系而产生移位，轨道几何形位不易保证，碎石上容易滋生杂草，养护工作频繁，养护成本较高。

二、道岔的类型及使用规定

道岔是铁路轨道中不可缺少的重要组成部分，根据用途和条件的不同，可以利用道岔把许多平行股道组合成各种不同形式的车站或车场，满足地铁运营中的各种作业需要。根据道岔的用途和构成形式的不同，基本上可分为连接设备、交叉设备和连接与交叉组合设备。一组普通单开道岔由转辙器、连接部分、辙叉及护轨组成。道岔的组成如图2.3.6所示。

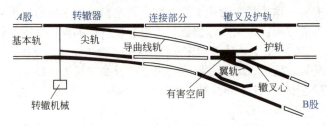

图2.3.6　道岔的组成

想一想

选择一个城市地铁，观察地铁列车是怎样实现折返的？

1. 道岔的类型

道岔是机车车辆从一股道转入或越过另一股道的线路设备，是轨道的重要组成部分，也是轨道的薄弱环节之一。

道岔的左、右位按如下规定划分：面向道岔尖轨，左手为道岔的左位，右手为道岔的右位。

道岔的类型包括最常用的普通单开道岔、交叉渡线道岔、复式交分道岔、单式对称道岔和三开道岔等，其中地铁线路采用的有普通单开道岔、交叉渡线道岔、复式交分道岔。

道岔的尖轨和叉心都有各自的薄弱环节。尖轨的薄弱环节在于尖轨断面变化大，又常扳动。叉心的薄弱环节指在叉心尖端轨线中断，存在有害空间，车轮要从一股钢轨越过另一股钢轨，就必须要在辙叉范围的两侧钢轨处设置护轨，以引导车轮进入应走的轨道，防止车轮与叉心的剧烈碰撞。

2. 单开道岔

普通单开道岔由转辙器、辙叉、护轨及连接部分和岔枕组成，如图 2.3.7 所示。普通单开道岔是城市轨道交通中使用最多的道岔，普通单开道岔又分为左开道岔和右开道岔。转辙器包括一对尖轨、一对基本轨、转换设备及连接零件。辙叉及护轨包括辙叉心、翼轨、连接零件、护轨。

(a) 左开道岔　　(b) 右开道岔

图 2.3.7　普通单开道岔

二维码2.8

辙叉心的两条作用边的夹角 α 叫辙叉角，道岔的号数 $N=\cot\alpha$，号数 N 越大，夹角 α 越小，道岔占地面积越大，可允许侧向通过速度越大。所以采用大号道岔对于列车运行是有利的，但大号道岔较长，占地多，工程造价高。常见道岔号数与辙叉角见表 2.3.1。

表 2.3.1　常见道岔号数与辙叉角

道岔号数	7	9	12	18	30	38
辙叉角	8°07′48″	6°20′25″	4°45′49″	3°10′47″	1°59′57″	1°34′42.9″

3. 道岔使用规定

（1）正常情况下的操作　遥控操纵、电气锁闭。

（2）故障情况下的操作　现地手摇、人工锁闭。

（3）手摇道岔工作必须严格执行"手摇道岔六步曲"　一看：看道岔开通位置是否正确，是否需要改变位置；二开：打开盖孔板及钩锁器的锁，拆下钩锁器；三摇：摇道岔转向所需的位置，在听到"咔嚓"的落槽声（电动转辙机箱内动接点与静接点接触）后停止；四确认：手指尖轨，"尖轨密贴开通 X 位"并和另一人共同确认；五加锁：另一人在确认道岔位置开通正确后，用钩锁器锁定道岔尖轨；六汇报：向站控室汇报道岔开通位置正确。

（4）道岔 10 种不正常情况　道岔应经常保持良好的状态，禁止使用的情况有：①道岔两尖轨互相脱离时；②尖轨与基本轨在静止状态不密贴时；③尖轨被轧伤，轮缘有爬上尖轨的危险时；④在尖轨顶面宽 50mm 及其以上的断面处，尖轨顶面较基本轨顶面低至 2mm 及其以上时；⑤基本轨垂直磨损，在正线上超过 6mm，在车辆基地线上超过 8mm，在其他线上超过 10mm 时；⑥在辙叉心宽 40mm 的断面处，辙叉心垂直磨损，在正线上超过 6mm，在车辆基地超过 8mm，在其他线上超过 10mm 时；⑦辙叉心作用面至主护轮轨头部外侧的距离小于 1391mm 或翼轨作用面至主护轮轨头部外侧的距离大于 1348mm 时；⑧尖轨或基本轨损坏时；⑨辙叉心损坏时；⑩护轮轨螺栓折损时。

二维码2.9

 任务拓展

一列列满载煤炭的重载列车日夜驰骋在"中国重载第一铁路"大秦铁路上，为千万家送去光明和温暖。而承载"万吨巨列"运行的钢轨却悄无声息，过去"哐当哐当"的火车运行声再也听不见了，这得益于我国铁路的核心技术——无缝线路。钢轨焊接是通过专用设备，把长度 100m 以下的钢轨母材焊接为 500m 左右的长钢轨的作业，整个过程要经过除锈、焊接、探伤等十几道严密工序。钢轨焊接技术，不仅连接起无缝超级高速铁路交通网，更是承载着中国高铁的美好未来。

 任务操作

完成表 2.3.2 实训工单。

表2.3.2 实训工单 手摇道岔作业

序号	步骤	工作要求	工作内容
1	接受命令	接受行车调度员命令，需将行车调度员命令完整复诵	行车值班员通过调度集中台接受命令并复诵
2	人员安排	1. 行车值班员马上通过对讲机报告值班站长； 2. 值班站长安排两名人员（至少 1 名值班员）进行操作	1. 行车值班员通过对讲机报告值班站长，值班站长通知相关人员； 2. 值班站长安排两名合格人员进行操作
3	准备工具	1. 对讲机、荧光衣、备品箱钥匙等工具准备齐全； 2. 必须对对讲机充电情况进行状态检查	行车值班员准备好相关备品：对讲机、荧光衣、轨行区备品箱钥匙等交操作人员
4	请点	1. 用标准用语向行车调度员请点； 2. 请点被允许方可下轨行区作业	行车值班员（或值班站长）通过调度集中台向行车调度员请点
5	赶赴现场	1. 从车控室出发前必须穿着荧光衣； 2. 各站操作人员从车控室到达现场的时间按人工准备进路时间标准执行	1. 先到轨行区备品箱取出工具； 2. 携带工具主要包括断电钥匙、手摇把、钩锁器、对讲机、扳手、道岔锁，赶赴现场
6	确认开通位置	道岔开通位置必须双人确认	1. 操作人员应查看道岔位置与行车调度员要求位置的符合性； 2. 判断道岔开通位置是否需要改变： （1）若需改变，则进入开锁环节； （2）若不需改变，则进入锁定道岔环节
7	打开开闭器、盖孔板	第一次摇动必须先断电，再打开盖孔板，再次摇动时则无需断电	1. 断电，打开开闭器； 2. 使用钥匙、扳手将盖孔板及钩锁器打开
8	锁定道岔	1. 加锁位置应在距尖轨头端大约 0.5m 处； 2. 两端站的折返道岔应只挂不锁	用钩锁器锁定道岔尖轨

续表

序号	步骤	工作要求	工作内容
9	摇动道岔	1. 将手摇把插入摇动道岔，摇至听到"咔嚓声"为止，尖轨缝隙应小于2mm； 2. 双转辙机道岔摇动时需均匀用力、保持同步同向	判断道岔是否已经转到位： 1. 若正常，则进入确认道岔位置环节； 2. 若不正常，则进入重新摇动道岔环节
10	向车控室汇报	现场操作人员必须使用标准用语汇报	向车控室汇报"道岔开通正确位置，并已加锁"
11	确认开通位置	道岔开通位置必须双人确认	1. 面向道岔尖轨，看尖轨与基本轨何处分离： （1）左边分离，道岔即开通左位； （2）右边分离，道岔即开通右位。 2. 手指尖轨"尖轨密贴开通X位"并和另一人共同确认
12	重新摇动道岔	1. 手摇道岔摇至听到"咔嚓声"为止，尖轨缝隙应小于2mm； 2. 双转辙机道岔摇动时需均匀用力、保持同步同向	重新摇动道岔，判断是否正常： 1. 若正常，则进入确认道岔位置环节； 2. 若不正常，则进入向车控室汇报环节
13	锁定道岔尖轨	1. 加锁位置应在距尖轨头端大约0.5m处； 2. 两端站的折返道岔应只挂不锁	用钩锁器锁定道岔尖轨
14	向车控室汇报	现场操作人员必须使用标准用语汇报	1. 向车控室汇报"道岔转不到位，无咔嚓声"； 2. 向车控室汇报"尖轨密贴，道岔已开通左（右）位"
15	向行调、设调汇报	车控室值班员或（和）值班站长必须使用标准用语向行车调度员汇报	车控室向行调、设调汇报"道岔转不到位，无咔嚓声"
16	撤离轨行区	1. 人员、工具撤离轨行区，人员与工具无遗漏； 2. 撤离时间要求按人工准备进路时间标准执行	1. 作业人员将携带工具（开闭器钥匙、手摇把、钩锁器、扳手、道岔锁）放回轨行区备品箱； 2. 携带对讲机、轨行区备品箱钥匙撤离至站台或安全避让区
17	向车控室汇报	现场操作人员必须使用标准用语向车控室汇报	现场操作人员向车控室汇报"人员工具清，设备正常"
18	车控室销点	车控室值班员或（和）值班站长必须使用标准用语向行车调度员汇报	车控室向行车调度员销点"××站线路出清，人员工具清，设备正常"

任务考核

一、单选题

1. （　　）是轨道的基础部件之一，承垫于钢轨之下，它不仅要将钢轨所承受的压力分散传递到道床上，而且要有效地保持钢轨的位置和轨距不变。
  A. 路基　　　　　B. 道床　　　　　C. 扣件　　　　　D. 轨枕
2. 钢轨与轨枕的联结是通过中间联结零件实现的，这种联结零件称为（　　）。
  A. 防爬设备　　　B. 道钉　　　　　C. 扣件　　　　　D. 鱼尾板

二、多选题

1. 轨道是由（　　）等组成。
  A. 钢轨　　　　　B. 轨枕　　　　　C. 道床　　　　　D. 联结零件及防爬设备
2. 城市轨道交通所使用的钢轨可分为哪几种类型？（　　）
  A. 43kg/m　　　　B. 50kg/m　　　　C. 60kg/m　　　　D. 75kg/m

三、判断题

1. 道床通常是指铺设在路基之上,轨枕之下的石碴、钢筋混凝土结构层。(　　)
2. 道岔的号数 N 越小,夹角 α 越小,道岔占地面积越大,可允许侧向通过速度越大。(　　)

四、思考题

1. 简要说明轨道的组成结构。
2. 简要说明道岔的类型。

任务2.4　运用信号设备

 知识目标

1. 熟悉信号与信号机的类型及表示;
2. 掌握视觉信号与听觉信号的显示方式及表示;
3. 熟悉进路、行车闭塞的功能及运用。

 能力目标

1. 能识别信号与信号机的类型;
2. 能进行视觉信号与听觉信号的显示;
3. 能简单运用进路、行车闭塞。

 素质目标

培养勤学苦练、一丝不苟、吃苦耐劳、坚韧顽强及高度责任感的优良作风。

 ◀ 任务引入

乘坐城市轨道交通(地铁、轻轨等)出行,了解车站的信号设备及其使用。

 任务分析

一、信号与信号机内涵及类型

1. 信号内涵

信号是指示列车运行与调车工作开展的命令,它传达指挥者的意图,指示列车运行条件,表示有关行车设备的位置和状态等,是行车指挥的一种形式。

信号装置就是指示列车或车辆运行条件的信号及附属设备。以上海地铁1号线为例,信号装置包括色灯信号机、发车表示器及机车速度信号,如图2.4.1所示。信号就是命令,必须

图2.4.1　地铁信号

遵照执行。色灯信号机是用不同的颜色灯光来显示信号,通常有红色、绿色、白色3种颜色。

信号是实现和保障交通运输运行最重要的工具与手段。在整个的运输过程中,有关行车人员必须严格按信号的要求执行,任何单位、个人均不得违反,任何违反行为都将造成十分严重及无法挽回的损失。

2. 信号的基本分类

（1）按接收信号的器官分类　我们根据器官感受的区别把信号分为视觉信号和听觉信号两大类。视觉信号是以信号的颜色、形状及用数字、灯光数目和状态等来表达的信号,如信号机、信号旗、信号标志牌、信号灯、信号表示器等。听觉信号是以不同器具发出的音响的次数、音响的长短作符号来表达的信号,如口哨、口笛、铃声、响墩以及车辆的鸣笛声等。

（2）按信号是否可以移动分类　我们按信号是否可以移动把信号分为固定信号、移动信号和手信号3类。固定信号是被固定安装在运行一定位置,用以指示列车运行和调车工的信号,如信号机、行车信号标志牌、信号表示器等。当运行线路在特殊情况下需要施工、救援,要求列车禁止驶入某地点、区域或须减速运行时应该设置移动信号,移动信号根据需要可临时设置或撤除,如停车信号牌或灯、减速信号牌或灯、减速防护地段终端信号牌或灯。手信号是行车有关人员手拿信号旗直接用手臂显示信号来表达相关的含义,指示列车或者车辆的允许和禁止条件。

（3）按信号的用途和功能分类　我们按信号的用途和功能把信号分为信号机信号和手信号、音响信号。

信号机信号和手信号、音响信号是通常用以指示列车、车辆运行条件和要求的信号。

信号表示器信号是表示运行线路设备状态、位置变化的信号,如道岔表示器、脱轨表示器、车挡表示器、发车表示器等。

3. 信号机与行车标志种类

（1）信号颜色应用的基本依据　地铁运输组织中使用的视觉信号基本上和目前世界上各类运输业使用的视觉信号的颜色与基本含义相一致,它有4种基本颜色,分别表示不同的意思。

① 红色:停车。
② 黄色:注意并减速运行。
③ 绿色:按规定速度运行。
④ 月白色:按规定要求允许越过该架信号机。

（2）信号机的基本种类　信号机是地铁最常用的视觉信号设备,它的作用贯穿于行车工作的整个过程。一般情况下,按其功能可分为进站信号机、出站信号机、防护信号机、调车信号机、复视信号机、阻挡信号机、引导信号机等。

① 进站信号机　防护车站和指示列车运行条件的信号机。

② 出站信号机　防护发车进路及运行线路,如图2.4.2所示。

③ 防护信号机　防护敌对进路的列车相互冲撞的信号机,通常设置在平行线路的交叉地点。

④ 调车信号机　保证机车、车辆在站内或停基地内从事转线、编组作业能够安全高效地进行。

⑤ 复视信号机　受地形、地物影响,主体信号机的显示达不到规定的显示距离时,调车、出站及发车信号机前应设置复视信号机,复视主体

图2.4.2　出站信号机

信号机的显示状况。

⑥阻挡信号机　设置在线路尽头，不准车辆越过该信号机，防护线路终端。

⑦引导信号机　设置在进站信号机或接发车进路信号机机柱上。当主体信号机进行信号因故不能开放，显示一个红色灯光时，其可点亮一个月白色灯光或月白灯光闪光引导列车进站（场）。

（3）行车标志　地铁运行中的行车标志分为线路标志和信号标志。它们是行车工作中的一个重要组成部分，主要用来对列车运行时的驾驶以及运行设备的巡检、维修等指示相关目标、条件、操作要求。

①线路标志。表示建筑物及线路设备位置或状态的标志称为线路标志。通过各种线路标志可以使工作人员知道或明了线路情况，方便进行各种设备维修、检查，使列车操纵员能够掌握和依据各种标志指示的条件与要求驾驶列车，达到运行安全和规范行车的目的。与行车直接有关的线路标志主要有以下几种。

百米标：表示正线距离里程计算起点每100m的长度，以百米为单位。

千米标：表示地铁线路从起点开始计算的连续里程标志，以千米为单位。

曲线标：曲线起点和曲线终点标志的简称。设在曲线中点处，标志上标明了曲线中心里程、半径大小、圆曲线及缓和曲线长度、超高、加宽等有关数据。

圆曲线及缓和曲线始终点标：设在直线、曲线、缓和曲线3者相互联系的节点处或开始与终止处，标明所向方向为直线、圆曲线、缓和曲线。缓和曲线是指线路上直线和圆曲线相接处为减少振动而设置的一段半径渐变的曲线，起点没有弯度，然后逐渐变弯，弯度加大，半径减小，与圆曲线半径相同时和圆曲线相接。圆曲线是线路上的一段弧，它的弯曲程度用圆半径表示，即曲线半径，以"m"为单位。曲线半径越大，弯度越缓和；曲线半径越小，弯度越紧促。

坡度标：设在线路纵断面的变坡点处。它在正面与背面分别表示两边的坡度与坡段长度，箭头所指为上坡或下坡，箭尾数字表示坡度千分率，侧面标明变坡点位置。

桥梁标：表示桥梁位置（中心里程）的标志，一般设置在桥梁中心里程处或桥头端，上面标明桥梁编号及中心里程数。

②信号标志。表示运行线路所在地点的情况和状态，指示行车人员依据标志的要求，及时、正确地进行相关作业与操作的标志。

与行车相关的信号标志主要有以下几种。

警冲标：在两条线路汇合处，为了防止停留在一线的车辆与邻线上的车辆发生侧面冲撞而设在两汇合线路之间间隔4m的中间的标志。股道之间间距不足4m应设在两线路中心线最大间距的起点处。

站界标：是车站与区间的分界处的标志，主要用于车站管辖范围区间划分和列车运行时的位置识别。

笛标：要求司机鸣笛的标志。一般设在道口、桥梁、隧道口以及线路状况复杂地段的外方规定位置。

停车牌：指示列车停车位置的标志。通常用于车站站台规定的乘客上下车的停车地点以及列车折返时指示司机停车的地点，它固定设置在规定位置。

一度停车标：要求列车（机车）在该地点停车后进行确定线路、道岔以及相关操作后继续行驶的指示标志。

车挡表示器：设在线路尽头车挡上的表示器，便于司机及其调度员确认车挡位置。隧道内显示红色灯光，地面线路昼间使用红色方牌、夜间使用红色灯光。

接触网终止标：表示接触网已终止的标志，设在接触网终端，警告司机不准越过该标，防止脱弓。

预告标：通常设于非自动闭塞区段进站信号机外方，用以预告进站信号机位置距离的标志。在地铁运输中的基地试车线设置了类似的预告牌（警告牌），用于预告试车线尽头端距离。预告牌（警示牌）为直立白色长方形牌，3 个为一组，牌上分别涂有 3 条、2 条、1 条黑色斜线，表示距尽头车挡距离。立牌地点距尽头的距离由地铁管理部门依据实际情况制定。

引导接车地点标：指引导员引导接车时所占的位置的标志。引导员接车时原则上站在进站信号机外方或站界标处。如因地形、地物影响在上述地点显示手机信号时，不能保证列车在 200m 以外确认时，引导地点应向区间延伸，在保证列车在 200m 外方看清引导信号的地点设置引导员接车地点标。

在信号标志中，有些标志具有警告意义和防护功能，运行列车必须在其标志的内方停车，不得越过或者相碰，一旦越过或者相碰将构成行车事故（事件），如警冲标、车挡表示器、接触网终止标等，它们与行车信号有相同性质的含义。

二、视觉信号的显示

1. 色灯信号机的显示

色灯信号机是运行组织过程中最基本的信号设备，它通过固定装置上的各种色光的变化来表达客电车或其他车辆运行的条件，对列车、车辆的开行指示命令。

正线使用 2 种色光信号机、防护信号机和阻挡信号机，基地内设有调车信号用以指示基地的调车和转线等作业。

（1）防护信号机的信号显示　防护信号机是列车运行正线上对道岔以及运行进路防护而设置的信号，它对通过的列车或车辆显示信号。

它有以下 4 种状态的显示：①一个红色灯光：不准列车越过该架信号线；②一个绿色灯光：表示前方进路道岔在直向位置，准许列车按规定速度越过该信号线；③一个月白色灯光：表示前方进路道岔在侧路位置，准许列车按规定速度越过该信号线；④一个红色灯光及一个红色灯光：引导信号表示准许列车在该信号机前方不停车越过，不超过规定的速度越过该信号机，并准备随时停车。

（2）阻挡信号机的显示　阻挡信号机一般是设置在线路的尽头线，用以指示列车的停车位置或者在停运检修期间指示检修作业位置阻挡列车（车辆）通过，确保安全。

① 尽头线。尽头线是指尽头线路一端已经终止，无任何道岔连接，并设置安全车挡，以防车辆溜出的线路。

② 显示状态。一个红色灯光，不准列车（车辆）越过该架信号机。如何在接近线路终端的作业，在安全运行规划中有具体的规定，包括运行速度和接近距离规定。

（3）基地调车信号机的显示　基地调车信号机是对基地内进行调度车作业的列车（车辆）指示准许或禁止作业条件和要求的信号机。其显示状态包括：

a. 一个红色灯光　禁止通过该架信号机进行调车作业。

b. 一个白色灯光　准许越过该架信号机进行调车作业。

2. 手信号的显示

（1）手信号显示的功能与分类

① 手信号基本功能。手信号是运行系统的重要信号显示，在运行实践中经常要使用手信号来表示或传达相关的行车指示和命令，它与运行以及运行安全有着密切的联系。手信号是运行中普遍采用的一种视觉信号，是用信号旗或信号灯及显示信号的人用手臂显示的信号，

主要通过旗、灯、手臂的状态变化使接收信号的行车人员明确显示的意义并遵守执行。

手信号的基本作用是机动地指挥列车运行和调车作业，对相关的行车事项进行联络。

手信号显示的准许通行信号、停车信号、注意或减速信号、引导信号同固定信号机所显示的信号的含义相同。

② 手信号的分类。手信号显示根据它的用途可以分为列车运行有关手信号、调车手信号和联系用手信号。

③ 手信号显示方式。列车运行时手信号的显示和调车手信号的显示分别见表 2.4.1 和表 2.4.2 及图 2.4.3、图 2.4.4。

表2.4.1 列车手信号显示方式

序号	手信号类别	显示方式	
		昼间	夜间
1	停车信号：要求列车停车	展开的红色信号旗，无红色信号旗时，两臂高举头上，向两侧急剧摇动	红色灯光，无红色灯光时，用白色灯光上下急剧摇动
2	紧急停车信号：要求司机紧急停车	展开红旗下压数次，无信号旗时，两臂高举头上，向两侧急剧摇动	红色灯光下压数次，无红色灯光时，用白色灯光上下急剧摇动
3	减速信号：要求列车降低速度运行	展开的黄色信号旗，无黄色信号旗时，用绿色信号旗下压数次	黄色信号灯光，无黄色灯光时，用白色或绿色灯光下压数次
4	发车指示信号：要求司机发车	展开的绿色信号旗上弧线向列车方向做圆形转动	绿色灯光上弧线向列车方向做圆形转动
5	通过手信号：准许列车由车站通过	展开的绿色信号旗	绿色灯光
6	引导信号：准许列车进入车站或车辆基地	展开黄色信号旗高举头上左右摇动	黄色灯光高举头上左右摇动

表2.4.2 调车手信号显示方式

序号	调车手信号类别	显示方式	
		昼间	夜间
1	停车信号	显示方式见表 2.4.1	
2	减速信号	展开的绿色信号旗下压数次	绿色灯光下压数次
3	指挥列车或车辆向显示人方向来的信号	展开的绿色信号旗在下方左右摇动	绿色灯光在下方左右摇动
4	指挥列车或车辆向显示人反方向去的信号	展开的绿色信号旗上下摇动	绿色灯光上下摇动
5	指挥列车或车辆向显示人方向稍行移动的信号（包括连挂）	左手拢起红色信号旗直立平举，右手展开的绿色信号旗在下方左右小摆动	绿色灯光下压数次后，再左右小动
6	指挥列车或车辆向显示人反方向稍行移动的信号（包括连挂）	左手拢起红色信号旗直立平举，右手展开的绿色信号旗在下方上下小动	绿色灯光平举上下小动
7	三、二、一车距离信号	右手展开的绿色信号旗下压三、二、一次	绿色灯光平举下压三、二、一次
8	连挂作业	两臂高举头上，拢起的手信号旗杆呈水平末端相接	红、绿色灯光（无绿色灯用白色灯光代替）交互显示数次
9	试拉信号（连挂好后试拉）	按本表第 5 或第 6 项的信号显示，当列车启动后立即显示停车信号	
10	取消信号：通知前发信号取消	拢起的手信号旗，两臂于前下方交叉后，左右摇动数次	红色灯光做圆形转动后，上下摇动

图2.4.3 发车手信号

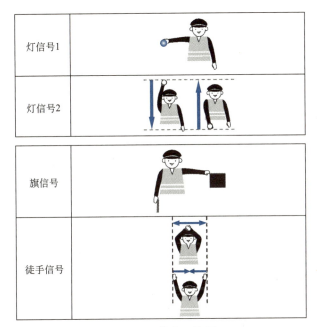

图2.4.4 停车手信号

（2）手信号的显示原则与时机

① 手信号的显示原则。手信号的显示原则是指在进行手信号显示时的原则规定，也就是说在显示手信号时要遵循的制度和规范，否则信号显示将失去意义或者说是无效的。具体包括：地面车站及基地内，昼间使用信号旗，夜间使用信号灯；地下车站一律使用信号灯，按夜间规定办理；显示手信号时左手持红旗，右手持绿旗（扳道员右手持黄旗）。

② 手信号显示时机。手信号的显示时机是指正确及时地掌握显示手信号的时间，即什么时候开始显示手信号，在什么时候收回所显示的手信号。时机的掌握对安全行车与提高行车效率有着直接、密切的关系。如果过早显示将影响行车工作效率，易产生行车节奏被打乱现象，而太迟显示将不能够保证列车运行安全和失去显示要求所要达到的目的。具体包括：显示通过、停车等信号时，必须在看见列车灯光时开始显示，待列车头部越过显示信号地点后方可收回；显示发车信号必须在确认列车启动后方可收回；显示引导信号要待列车越过显示地点后方可收回；显示调车手信号须待司机回示后方可收回；显示停车信号和临时停车信号须待列车或车辆停车后方可收回。

三、听觉信号的显示

1. 听觉信号使用标准

（1）用途　在行车工作中，各工作或作业相互之间有时不能通过口头、电信及视觉信号的方法取得联系，因此必须使用听觉信号进行相互的联络，维持工作的持续、效率、安全。

（2）标准　鸣示听觉信号时，为防止混淆，应按音节长短及间隔的规定标准进行，其规定有以下4点内容：①长声显示时间为3s，短声显示时间为1s，音响的间隔时间为1s；②如果需要重复鸣示时，每次（组）须间隔5s以上；③在一般情况下，隧道内取消列车、机车启动鸣笛和声响联络，如遇运行中危及行车安全以及人身安全的突发事件和特殊情况除外；④地面车站、基地作业时应充分考虑居民区等情况，执行城市轨道交通有关规定。

2. 听觉信号显示

（1）种类　地铁运输中常用的听觉信号有通知注意信号、退行信号、警报信号、召集信号、紧急停车信号5种。

（2）听觉信号鸣示方式　听觉信号鸣示方式及使用时机见表2.4.3。

表2.4.3　听觉信号鸣示方式及使用时机

序号	名称	鸣示方式	使用时机
1	启动注意信号	一长声	①列车启动或机车车辆前进时（双机牵引时，本务机车鸣笛后，尾部机车应回应，本务机车再鸣笛一长声后启动）；②接近车站、鸣笛标、隧道、施工地点、黄色信号、引导信号、天气不良时；③在区间停车后，继续运行时，通知车长
2	退行信号	二长声	客车、机车车辆、单机开始退行
3	召集信号	三长声	要求救护人员撤回时
4	呼唤信号	二短一长声	①客车或机车要求出入车辆基地时；②在车站要求显示信号时
5	警报信号	一长三短声	①发现线路有危及行车安全的不良处所时；②列车发生重大、大事故及其他需要救援情况时；③列车在区间内停车后，不能立即运行，通知车长时
6	试验自动制动机复式信号	一短声	①试验制动机开始减压时；②接到试验制动结束的手信号，回答试风人员时；③调车作业中，表示已接收调车员所发出的信号时
7	缓解信号	二短声	试验制动机缓解时
8	紧停信号	连续短声	司机发现邻线发生障碍，向邻线上运行的列车发出紧急停车信号时，邻线列车司机听到后，应立即紧急停车

四、联锁系统与进路

1. 联锁系统

为了保证列车运行及调车作业的安全，必须在有关的道岔、进路与信号三者之间建立一种互相制约、相互检查、相互依存的关系，这种关系叫联锁。联锁主要有电气集中联锁和微机联锁。为了完成联锁关系而安装的技术设备叫联锁设备。地铁系统联锁设备一般分为继电联锁和计算机联锁。

（1）继电联锁　用电气的方法集中控制和监督全站的道岔、进路和信号机，并实现它们之间联锁关系的设备称为继电式电气集中联锁，简称继电集中联锁。继电集中联锁采用色灯信号机，道岔由转辙机转换，进路上的所有区段均设有轨道电路。

（2）计算机联锁　与继电联锁相比，计算机联锁具有以下几个主要特点：

① 利用计算机对车站值班员的操作命令和现场监控设备显示信息进行逻辑运算后，完成对信号机、道岔及进路的联锁和控制；

② 计算机发出的控制信息和现场发回的表示信息均能由传输通道串行传送，可节省大量的干线电缆，同时也为使用光缆提供一定的可能性；

③ 用 CRT 显示器（阴极射线显像管）显示代替现行的控制盘，大大缩小了体积，简化了结构，方便了使用，还可根据需要多台并机使用；

④ 采用积木式的模块化软件和硬件结构，便于站场变更，并容易实现故障控制、分析等功能。

2. 进路

（1）进路与敌对进路的内涵　在车站、车场或规定停留地点的列车、车辆由一个地点到另一个地点运行中所经由的路径叫进路。进路可以分为列车进路和调车进路两种。

所谓对的敌对进路是指在联锁范围内的固定进路，如果不能以道岔的位置分开敌对关系的都是敌对进路。一般情况下，敌对进路状态规定为以下含义：同一到发线上对向的列车进路与列车进路；同一到发线上对向的列车进路与调车进路；同一咽喉区内对向或顺向重叠的列车进路与调车进路；同一咽喉区内对向重叠的列车进路与列车进路；同一咽喉区内对向重叠的调车进路与调车进路；同一咽喉区内对向重叠的列车进路与防护进路；信号机放在侵限轨道电气绝缘处，禁止同时开通的进路。

（2）联锁关系的基本条件

① 进路不对，进路上的有关道岔开通位置不对或敌对信号机没有关闭，有关信号机就不能开放。

② 进路上的信号机一旦开放，显示进行信号，进路就被锁闭，进路上所有有关道岔就不能被扳动，敌对信号机也就不能开放。

③ 当进路上有停留的列车（车辆）时，列车进路就无法开放，包括不能扳动道岔和开放防护信号机的进行信号。

（3）联锁关系的目的　联锁关系实际上是一种技术保障的条件和措施，使用联锁的目的是保证列车的运行、调车作业的安全，提高运行的效率。联锁控制是利用继电器元件为开关来远程控制相关进路的联动以及用先进电脑软件来自动控制、自动设置进路的联动关系。最终使运行能够遵循一定的规范和秩序，防止行车事故产生。

（4）联锁设备应用具备的功能

① 当进路建立后，改进路上的道岔不可能转换。

② 当道岔区段有车占用时，该区段的道岔不可能转换。

③ 列车进路向占用线开通时，有关信号机不可能开放（引导信号除外）。

④ 能监督是否挤岔，并于挤岔的同时，使防护改进路的信号机自动关闭。被挤道岔未恢复前，有机信号不能开放。

五、行车闭塞的使用

1. 行车闭塞内涵

为了确保列车的运行安全，在组织列车运行时，通过设备或人工控制方式，使一个区间或规定的空间范围内在同一时间只有一列车占用,并使出发的列车保持一定的间隔距离安全行车的方法称为闭塞或行车闭塞法。用于行车闭塞的设备叫作闭塞设备。闭塞设备必须保证在区间内的同一线路上,在同一时间内只能允许有一列车占用。

行车闭塞是一种列车运行的规范和方法。闭塞的实现同整个运行系统和实际状况(即技术状况和社会需求状况)有相当密切的关系。列车运行中使用的运行区间是不变且相对固定的。如何使用现有的区间,使列车运行能够符合高密度、快速度、小区间的要求,提高运输能力,同时确保列车运行的安全,就是我们使用何种行车闭塞的目的。

2. 行车闭塞的运行区间

为了安全和有效地组织列车运行,地铁运行线路以车站为界点划分了许多线段,而区间是地铁列车在线路上运行时最基本的空间。闭塞就是在行车时能够确认列车运行区间的状态是否符合运行与行车的规范要求。区间的3种状态如下。

(1)区间开通 指区间内无列车占用或没有相关的施工作业。列车通行信号和条件已经具备,可以允许列车进入。列车可以依据有关的行车凭证进入该区间。

(2)区间占用 指区间内已经进入列车或者有关列车已经取得了占用该区间的行车凭证,例如进路已经准备完毕,信号机已经呈开放状态或者司机已经取得合法的行车凭证。

(3)区间空闲 指该区间没有被占用,该区间的行车凭证未发给任何列车或者进入该区间的信号机也未开放。

行车闭塞法就是利用区间的不同状态,利用技术手段或者制度管理手段对列车的运行状态做相应的指示,对整个列车运行做全面的调节、协调,使列车运行既安全又合理。

3. 轨道电路

轨道电路是为了使列车、机车(车辆)的行动直接与车站或车场的信号设备发生联系,将一段轨道的钢轨作为导线,两端用绝缘节隔开(即在钢轨接头连接处用绝缘装置隔断),中间的轨缝用导线连接起来,一端送电,另一端受电,这样构成的电路叫轨道电路。轨道电路的功能有:①检查和监督股道是否占用,防止错误地办理进路,即防止向已经被机车车辆占用的线路上接车;②可以检查和监督道岔区段有无机车车辆通过,锁闭占用道岔区段的道岔,防止在机车车辆经过道岔时扳动道岔;③检查和监督轨道上的钢轨是否完好,当某一轨道电路区段的钢轨折断时,轨道继电器也将因无电而释放衔铁,防护这一段股道的信号机也就不能开放等;④传输不同的信息,使信号机根据所防护区段及前方邻近区段被占用情况的变化来变换显示。

4. 行车闭塞的分类和使用

从各种不同的角度来说,闭塞可以有各种不同的分类,总的说可分为站间闭塞和自动闭塞两大类。

(1)站间闭塞 站间闭塞就是两站间只能运行一列车,其列车的空间间隔为一个站间。按技术手段和闭塞方法又可分为电话闭塞、路签闭塞、路牌闭塞、半自动闭塞、自动站间闭塞。目前,路签闭塞和路牌闭塞在城市轨道交通中已不采用,但在电话闭塞的基础上增加了一种电话联系法行车,要求和电话闭塞相似,只是手续更加简化。

(2)自动闭塞 自动闭塞就是根据列车运行及有关闭塞分区状态自动变换信号显示。司机凭信号行车的显示行车,也可以凭机车信号或列车运行控制的车载信号行车,站间能实现列车追踪,发车进路时自动办理闭塞手续,自动变换信号显示。

从为保证列车运行而采取的技术手段角度来看,自动闭塞可分两大类:传统的自动闭塞和装备列车运行自动控制系统的自动闭塞。

(1)传统的自动闭塞 传统的自动闭塞一般设地面通过信号机,装备有机车信号保证列车按照空间间隔制运行的技术方法是用信号或凭证来实现的。传统的自动闭塞一般适用于列车运行速度在 160km/h 及以下，它可分为三显示自动闭塞、四显示自动闭塞、多信息自动闭塞。

（2）装备列车运行自动控制系统的自动闭塞　列车运行自动控制系统（简称列控系统）保证列车按照空间间隔运行的技术方法是靠控制列车运行速度的方式来实现的。从闭塞制式的角度来看，装备列车运行控制自动的自动闭塞可分为 3 类：固定闭塞、准移动闭塞（含虚拟闭塞）和移动闭塞。

5. 地铁线路行车闭塞法类型

地铁线路的行车闭塞方法主要采用自动闭塞法、电话闭塞法和电话联系法 3 种。

（1）自动闭塞法（ATC 模式）　自动闭塞是由运行中的列车自动完成闭塞作用的一种闭塞方法。在正常情况下，根据 ATC 系统原理自动控制列车运行，由 OCC 负责控制列车的安全间隔和运行。两列载客列车或载客列车在空车后运行时，必须保持一个区间及以上的间隔。列车加速、减速、停车和开门等由系统自动控制或由司机参照系统人工控制。列车占用区间的凭证为列车收到的速度码。

（2）电话闭塞法　无需专门的行车设备，由相邻两站车站值班员用电话来办理的一种闭塞方法。在正线信号 SICAS 设备故障的情况下，正线列车采用电话闭塞法组织行车。列车占用区间的凭证为路票，司机动车的依据为车站有关人员显示的发车手信号，列车采用 URM 模式（非限制人工驾驶模式）驾驶。

（3）电话联系法　是车站与车辆基地之间通过站间电话办理闭塞，以电话记录号作为确认闭塞区间空闲的凭证，以发车指令作为列车占用区间和发车凭证的一种行车方法。当车站与车辆基地信号设备故障联锁失效时，对进出车辆基地的列车采用电话联系法组织行车。列车占用进出车辆基地进路的行车凭证为电话记录号码。司机动车的依据为车站有关人员显示的发车手信号，列车采用 RM 模式（限制人工驾驶模式）驾驶。

 想一想

概括说明行车闭塞法的区别。

 任务拓展

创新驱动未来，助力"科技强国"建设

2006 年，北京奥运会前夕，为提升北京地铁的运能，确保在奥运期间完成交通服务保障的重任，卡斯柯 CBTC（基于通信的列车控制系统）解决方案成为我国首个 CBTC 信号系统应用项目，中国城轨也由此进入了 CBTC 时代。

从 2006～2023 年，卡斯柯凭借行业领先的技术能力和突出的项目实施能力，筑就了引以为傲的市场业绩，更为全国多个城市留下了多个具有特殊意义的标杆性项目。2019 年，推出"面向智慧地铁的全自动运行 2.0 系统"，首次提出了轨道交通应由"自动化的无人驾驶"向"数字化、智能化的无人驾驶"演进；2021 年，发布首批"AI+ 轨道交通"智慧场景；同年，成功验证"3+3"列车在线联挂解编技术并应用于上海地铁 16 号线；2022 年，为深圳 16 号线无人驾驶线路装备国内首套智能运控系统（TIDAS），通过数字化和智能分析手段实现运营安全与效率的进一步优化升级。

行而不辍，未来可期。卡斯柯将继续锐意进取，坚持初心，为广大民众提供更加安心、高效、便捷的出行服务，为我国轨道交通高质量发展、早日实现交通强国目标提供积极助力。

 任务操作

完成表2.4.4手信号显示实训工单。

表2.4.4　实训工单　手信号显示

序号	手信号名称	值班员作业标准			
		显示方式	显示地点	显示时机	收回时机
1	发车手信号				
2	停车手信号				
3	调车手信号				
4	紧急停车手信号				

 任务考核

一、单选题

1.信号机中的黄色表示（　　）。
A.停车　　　　　　　　　　　　B.按规定要求允许超过越过该架信号机
C.按规定速度运行　　　　　　　D.注意并减速运行
2.（　　）是防护敌对进路的列车相互冲撞的信号机，通常设置在平行线路的交叉地点。
A.出站信号机　　B.进站信号机　　C.防护信号机　　D.调车信号机

二、多选题

1.视觉信号是以信号的颜色、形状及用数字、灯光数目和状态等来表达的信号，包括（　　）。
A.信号机　　　　B.信号旗　　　　C.口笛　　　　D.信号表示器
2.固定信号是被固定地安装在运行一定位置，用以指示列车运行和调车工的信号，如（　　）。
A.信号机　　　　B.行车信号标志牌　　C.信号表示器　　D.手信号

三、判断题

1.信号装置就是指示列车或车辆运行条件的信号及附属设备。（　　）
2.在整个运输过程中，有关行车人员必须严格按信号的要求执行，任何单位、个人均不得违反。（　　）

四、思考题

1.简要说明行车标志的类型及其表示的含义。
2.简要说明引导手信号的显示方式。

项目 3
城市轨道交通车站行车组织

任务 3.1　认知行车组织

 知识目标

1. 掌握行车组织的基本要求及列车运行模式；
2. 熟悉列车运行图构成要素、基本格式及列车运行方向与车次的确定。

 能力目标

1. 能明确行车组织的基本要求及列车运行模式；
2. 能绘制列车运行图及识别列车运行方向与车次。

 素质目标

具有精益求精的工匠精神及良好的职业素养、安全意识和团队协作意识。

 任务引入

乘坐城市轨道交通（地铁、轻轨等）出行，了解地铁列车的运行模式与车次。

任务分析

一、行车工作要求及原则

1. 行车工作的基本要求

车站日常工作的目标是确保运输安全,合理运用技术设备,按列车运行图接发列车,质量良好地完成客运任务。车站行车组织工作在实现上述目标的过程中起着核心作用。对车站行车工作的基本要求如下。

(1) 执行命令听从指挥　严格执行单一指挥制,车站值班员应认真执行行车调度员的命令和上级领导的指示。

(2) 遵章守纪按图行车　认真执行行车规章制度,遵守各项劳动纪律。办理作业正确及时,严防错办和忘办,严禁违章作业,当班必须精神集中、服装整洁、佩戴标志,保证车站安全,不间断按列车运行图接发列车。

(3) 作业联系及时准确　联系各种行车事宜时,必须用语规范、内容完整、简明清楚,严防误听、误解和臆测行车。

(4) 接发列车要求

正常情况下,车站不需要接发列车。非正常时,车站接发列车时要严肃认真。认真做好"看""听""闻",确保列车安全运行。

(5) 行车报表填写齐全　行车报表包括各种行车凭证、行车日志和各种登记簿。填写时应严格按照有关要求及规定内容填写,保持报表的完整、整洁。

2. 行车组织原则

(1) 在 ATC 正常情况下,客车采用 ATO 模式(即列车自动驾驶模式)驾驶[当停车精度不能满足要求时,采用 SM 模式(受监控的人工驾驶模式)驾驶]。司机需在客车出库时或交接班时输入乘务组号,在 ATS 有计划运行图时,客车出车厂到转换车轨时自动接收行车信息,但在自动列车监控系统(ATS)没有计划运行图时,客车在出车厂及正线运行车次变更时,行车调度输入或通知司机人工输入目的地码和车次。

(2) 行车时间以北京时间为准,从零时起计算,实行 24h 制。行车日期划分:以零时为界,零时以前办妥的行车手续,零时以后仍视为有效。

(3) 正线及辅助线属行车调度管理;转换轨由行车调度和车辆基地信号楼共同管理;车厂线及专用线属车辆基地信号楼管理。

(4) 空客车、工程车、轨道车、救援列车、调试列车出入车辆基地均按列车办理。

(5) 正常情况下,正线上司机凭车载信号显示或行车调度命令行车,按运营时刻表和发车计时器(DTI)显示时分掌握运行及停站时间。

(6) 调度电话、无线电话用于行车工作联系,需使用标准用语。

(7) 客车晚点统计方法:比照《列车运行图》单程每列晚点 2min 以下为正点,2min 及其以上为晚点;排队晚点时则按统计的要求进行统计。行车调度应根据客车晚点情况及时采取措施,调整客车运行。

二、行车指挥

1. 行车组织机构

(1) 行车指挥执行层次　城市轨道交通行车指挥的执行层次如图3.1.1所示。

(2) 运营指挥机构　运营指挥分为一级、二级两个指挥层级,二级指挥服从一级指挥。

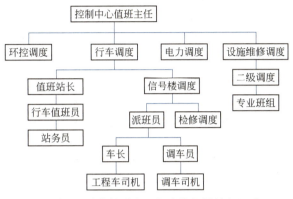

图3.1.1　城市轨道交通行车指挥的执行层次

① 一级指挥有:行车调度员(简称行车调度)、电力调度员(简称电调)、环控调度员(简称环调)和设施维修调度(简称设调)。

② 二级指挥有:车站值班站长、车辆基地信号楼调度、车辆检修调度、派班员、二级调度。

③ 各级指挥要根据各自职责、任务独立开展工作,并服从运营控制中心值班主任总体协调和指挥。

(3) 运营控制中心(OCC)

① OCC是地铁日常运营、设备维护、行车组织的指挥中心。

② OCC是地铁运营信息收发中心。

③ OCC代表地铁公司指挥运营工作,代表地铁公司与外界协助联络地铁运营支援工作。

④ OCC各调度员由值班主任协调统一指挥。在处理突发事件、事故时,各调度员有责任向值班主任提供本岗位的协助处理方案,并及时报告相关信息。

⑤ 行车工作由行车调度员(以下简称行车调度)统一指挥。

⑥ 供电设备运作由电力调度员(以下简称电调)统一指挥。

⑦ 环控和防灾报警设备由环控调度员(以下简称环调)统一指挥。

(4) 设施维修调度(MCC)

① MCC负责除车辆设备以外的设备计划性维修和故障维(抢)修的组织。

② MCC主要负责物资设施部管理范围内的故障(事)信息接收、传递、反馈、处理的组织、协调及统计分析工作。

③ MCC负责检修作业计划的审核、协调及对检修作业实施监控等工作。

(5) 车辆检修中心

① 车辆检修中心设有车辆检修调度员。

② 车辆检修中心负责车辆日常检修、清洁、定修和临修工作控制,为运营及设备维修施工提供质量良好和数量足够的客车或工程车。

(6) 车辆基地信号楼

① 车辆基地信号楼设微机联锁控制室,是车辆基地内部所有线路信号设备的集中控制点,

隶属乘务中心管理。

② 车辆基地信号楼调度员负责车辆基地范围内的行车组织、维修施工管理，并和正线连接站共同组织列车进出车辆基地。

2. 行车指挥原则

行车有关人员必须服从行车调度指挥，执行行车调度命令，行车调度应严格按《列车运行图》指挥行车，指挥列车运行的命令和口头指示只能由行车调度发布。车辆基地内不影响正线运行及接发列车的命令可由信号楼调度员发布。发布命令前应详细了解现场情况，听取有关人员意见。调度命令的发布规定如下：①发布口头命令的内容有：临时加开或停开列车（包括客车、工程车及救援列车）；客车推进运行、退行，工程车退行；停站客车临时变通过；改变列车驾驶模式时（特殊情况司机可先改变模式但必须计划汇报行车调度）；列车救援时；列车中途清客；变更列车进路；反方向运行时。②发布书面命令的内容有（可先用口头命令，事后补发书面）：发布线路限速或取消限速；封锁、开通线路时；行车调度认为有必要记录的命令。

行车调度发布命令时，在车辆基地由派班员、检调或信号楼调度员负责传达，在正线（辅助线）由车站值班站长（值班员）负责传达，传达给司机或其他有关人员的书面命令应盖有车站（车辆基地）行车专用章。同时向几个车站或单位发布调度命令时，行车调度应指定其中一人复诵，其他人核对，确保无误。书面命令填写《调度命令登记簿》。行车调度应掌握工程车的运行，了解装卸作业进度，检查工程车进出工程领域的情况，确保安全。行车调度、值班员须取消列车进路或关闭信号时，应先通知司机，在确认列车尚未启动时方可取消列车进路。

小资料

作为地铁行车的最高统一指挥者，行车调度员（简称行车调度）的行车指令通常是以调度命令或者口头指示的形式发布的。根据指令内容的不同，又分为口头命令和书面命令。在日常工作中，绝大部分的指令都是行车调度通过口头发布的。据不完全统计，95%以上的行车指令都是通过口头形式发布的。由此就涉及一个问题，即如何避免发布命令时出现口误，以确保调度命令准确有效。对于行车调度来说，调度命令的准确传达是行车工作正常进行至关重要的一个环节。例如，2008年4月28日胶济铁路发生的特别重大安全生产事故，事故的主要起因就是线路限速的指令没有准确传达到事发列车司机，导致本该限速80km的路段上实际运行时速达到了131km。

那么调度员为什么要避免口误呢？因为口头命令不同于日常的聊天说话。日常聊天说错了话，一般不会导致什么可怕的后果；而且即使当时说错了话，事后更正就可以了。但调度命令则不然，即使说错一个字，且在没有立即更正的情况下，就可能会导致严重的后果，不但影响调度员的工作质量，而且还会对行车安全构成安全隐患，这就是所谓的"差之毫厘，谬以千里"。例如，"上行线"和"下行线"表示的就是两条截然相反的线路。如果受令人根据错误的指令来执行，所造成的严重后果，绝大部分责任应该由调度员来承担。2007年某月某日，某条地铁线路就出现了一起因为行车调度发布错误调度命令而导致列车挤岔、乘客区间疏散的事故，事故的起因在于本应该发给下行线列车司机的命令却由上行线的列车司机执行了。

三、列车运行模式

1. 列车基本运行模式

地铁线路采用双线单方向运行。例如，南京地铁 1 号线列车由中国药科大学站经上行线至八卦洲大桥南站，经折返线到下行线，再由八卦洲大桥南站经下行线到中国药科大学站循环运行。

2. 列车出入车辆基地

列车存放在车辆基地，经转换轨进出正线。例如，南京地铁 10 号线运营开始前从转换轨经小行站进入雨山路站（或经小行站直接开往安德门站）投入运营；运营结束后，从小行站经转换轨回车辆基地。

二维码3.1

3. 列车运行的准备和条件

（1）运营前 30min，行车调度检查各车站和车辆基地运营前的准备工作。各车站值班站长（值班员）、信号楼调度员、派班员应及时向行车调度汇报以下内容：①运营线路空闲、施工结束、线路出清，接触网、供电系统通过正常；②行车设备、备品齐全完好；③道岔功能正常，站台无异物侵入限界；④当日使用列车、备用列车安排及司机配备情况。

（2）首末班车必须按图定点开行，遇特殊情况行车调度必须及时通知车站，车站应做好广播和乘客服务。末班车比图定点早开时，必须得到主管副总的同意。

4. 列车出入车辆基地的组织

（1）每天运营开始和结束后，行车调度、车辆基地信号楼、车辆基地正线连接站按列车运行图的要求及时组织电客车出入车场。

（2）运营时间须组织客车进出车场时，行车调度必须将有影响的列车扣在相邻向车站后，方可组织列车进出车辆基地。

 想一想

你所在城市地铁的运行模式是什么？

四、列车运行图

1. 列车运行图内涵

列车运行图是用坐标原理表示列车运行状态的图解，它规定和包括了运用列车占用区间的时分、车站到发时分、终点站折返时分以及其他列车运用的相关内容。列车运行图是一个综合性的运行计划和运营工作的操作工具，它比较完善地规定了运营中列车进行的时间要素、数量要素、相关要素相互协作、统一的状态，如图 3.1.2 所示。

（1）时间要素

① 区间运行时分：指相邻车站之间的运行时分。

② 停站时分：指列车停站作业（包括减速、加速、开关车门等），乘客上下所需时间总和。

③ 折返作业时分：指列车到达终点站或在区间站进行折返作业的时间总和。折返作业时分包括确认信号时间、出入折返线时间、司机换岗时间等。

④ 出入车辆基地作业时分：指列车从车辆基地到达与其相接的正线车站或从正线车站返回车辆基地的作业时间。

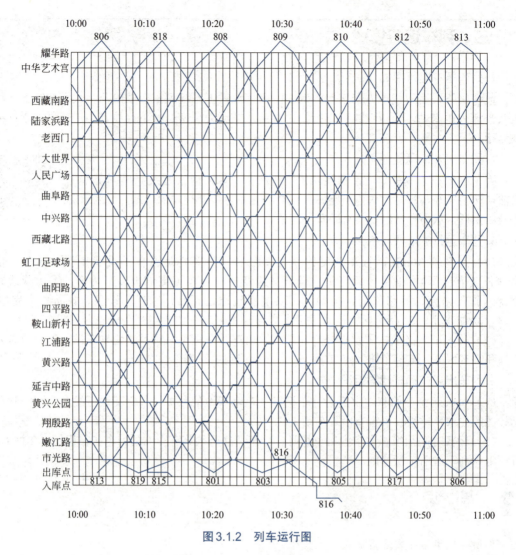

图3.1.2 列车运行图

⑤ 营运时间：指城市轨道交通运营线路运送乘客的时间，具体为每日首、末班车始发站开车点之间的时间。

⑥ 停送电时间：指每天营运开始前送电和运营结束后停电所需操作和确认时间。

（2）数量要素

① 全日分时段客流分布：按客流的时间分布进行预测、调查分析，确定高峰、低谷时段客流量，从而对列车编组数或列车运行列数等相关因素进行合理安排，并作为开行不同形式列车的主要依据，如区间列车、连发列车等。

② 列车满载率：列车满载率指列车实际载客量与列车定员数之比。编制列车运行图时，既要保证一定的列车满载率，又要留有一定余地，以应对某些不可预因素带来的客流量波动，同时也要考虑乘客的舒适水平。

③ 出入库能力：由于车辆基地与线路车站之间的出入库线有限，加之出入库列车插入正线受到正线通过能力的影响，因此，每单位时段通过出入库进入运营线的最大列车数（即出入库能力）是编制列车运行图的一个重要因素。

④ 列车最大载客量：列车最大载客量即一个编制列车按车厢定员计算允许承载的最大乘客数，分为定员载客量和超负载客量。

（3）其他相关要素

① 与其他交通方式的衔接：包括大交通系统的铁路、港口、机场、公路交通枢纽等，城市交通方式如公交线路、车站布置、自行车停放、其他车辆停放等。

② 与大型体育场所、娱乐、商业中心的衔接：这些场所会有突发性的客流冲击地铁，造成车站一时运力和人力安排的困难。

③ 列车检修作业：为保证列车状态完好，需均衡安排列车运行与检修时间，即使每个列车均有日常维护保养与检修时间。

④ 驾驶员作息时间：根据驾驶员作息制度、交接班地点与方式、途中用餐等因素，均衡安排各个列车的运行线。

⑤ 车站的存车能力：线路上的客车大多数无存车线，只有在终点站、区间个别车站设有存车线，可存放一定数量列车，在日常运行时间时可作为停车维护用，在夜间可存放列车减少空驶里程，均衡早上运营发车秩序。

⑥ 电客车的耗能：在计算、查定电客车的各区间运行时分时，要协调区间的运行等级、限速与给电时间的关系，尽可能使之达到最佳，同时也要使同一区段同时启动的列车最少。

列车运行图规定了全部运行列车在各个车站、区间的运行时分和停站、折返时分，规定了列车在正线运行的行车间隔、运行图周期、技术速度、旅行速度以及开行列车数等内容，规定了列车在正线的运行方式和其他相关作业的要求。因此，列车运行图是维持运行秩序，保证行车安全，协助各个部门运行工作的综合计划和基本依据，为确保提高运输效率和运输能力、完成客运任务起着保障作用。

（4）列车运行图的基本要求 输的列车运行图在编制中确定了整个运行过程的基本要素，它对行车安全和提高运输效率起着非常重要的作用。

① 列车在区间的运转时分。确定列车运行于两个相邻车站之间所需要的标准时间。

② 列车在车站的停站时分。是列车在站内进行乘客乘降和列车到发作业所规定的最小停站时间标准。

③ 追踪列车行车间隔时分。是一个站区间内同方向有两列或两列以上列车运行时相互之间的最小间隔时间（只有在 ATC 运行条件下方可实施列车追踪运行）。

④ 列车进行技术作业时间标准。它包括列车正线运行在终点站的折返作业时间要素、列车出入库技术作业时间标准和其他运行相关因素所需的时间标准。

2. 列车运行图的基本格式及要素

（1）基本格式

列车运行图是列车在各区间运行和在各车站到达、出发或通过时刻的图解形式。在列车运行图上，将横轴按一定比例用竖线划分等级，横轴上的竖线代表一昼夜的时分；将纵轴按一定比例用横线加以划分，纵轴上的横线代表车站中心线。

（2）列车运行图要素

① 纵坐标：表示时间变量，按要求用一定的比例进行时间划分。

② 横坐标：表示距离分割，根据区间实际里程，采用规定的比例，以车站中心线所在位置进行距离定点（在实施设计运行图时，以区间运行时分来确定各车站中心线位置）。

③ 水平线：是一组平行的等分线，表示时间等分段。

④ 垂直线：是一组平行的不等分线，表示各个车站中心线所在的位置。

⑤ 斜线：列车运行轨迹（径路）线，一般以上斜线表示上行列车，下斜线表示下行列车。

⑥ 在列车运行图上，列车运行线与车站的交点即表示该列车到达、出发或通过的时刻。由于城市轨道交通列车停站时间较短，一般不标明到、发不同时间。

⑦ 在列车运行图上，每个列车均有不同的车号与车次。一般按不同的列车类别规定代号

与列车号。如专运列车、客运列车、施工列车等，按发车顺序编列车车次，上行采用双数，下行采用单数。列车以 ATC 方式运行时，采用列车运行目的地站代号编制。

3. 列车运行图的分类及编制原则

（1）列车运行图的分类

① 按区间正线数分：单线运行图和双线运行图。

② 按列车之间运行速度差异分：平行运行图和非平行运行图。

③ 按上下行方向的列车数分：成对运行图和不成对运行图。

④ 按同方向列车运行方式分：连发运行图和追踪运行图。

⑤ 按适用范围分：日常运行图、节假日运行图、其他特殊运行图。

（2）列车运行图的编制原则

① 在保证安全可靠的条件下，提高列车的运行速度，缩小列车的运行时分。在安全得到保证的前提下，通过提高列车运行速度、压缩折返时间、减少出入库作业时间等方式，提高系统的运行效率和服务水平。

② 尽量方便乘客。编制运行图时主要考虑列车发车间隔在满足运行技术前提下尽量选择最小值，从而减少乘客的候车时间。在安排低谷运行时，最大的列车运行间隔不宜过大。

③ 充分利用线路的能力和车辆的能力。通常情况下，折返站的折返能力是限制全线能力的关键，因此必须对折返线的折返作业时间进行精准计算，尽可能安排平行作业。当车辆周转达不到运营要求时，要合理安排车辆，解决高峰客流组织。

④ 在保证运量需求的条件下，运营车数达到最少。在保证运量需求的条件下，综合考虑高峰时段列车运行速度、折返时间、开行方式等要素，使运营列车数量达到最少，从而降低系统的车辆保有量与运营成本。以列车编组辆数调整运能，满足不同客流时段的运量需要，该种运行图实属科学，经济合理。目前，美国地铁普遍采用该种运行图，国内地铁应创造条件，尽早借鉴使用。

五、列车运行方向及车次

1. 列车在区间的运行方向

地铁路线一般采用双线区段运行的方式，列车在区间内的行车采用右侧单向运行制，即列车在区间内运行时，列车司机的位置及信号机的设置位置均在列车运行方向的右侧。

2. 列车运行路线

在双线区段单向运行时，上下行列车分别固定在右侧正线运行，上行列车在上行线运行，下行列车在下行线运行，列车违反常规线路运行方向的运行称为反方向运行。

3. 列车车次的规定

（1）列车识别号为 6 位数，前两位为目的地码，后 4 位为客车车次。客车车次前两位为服务号，后两位为序列号。序列号个位偶数为上行，奇数为下行，按顺序编号。

（2）有关列车标准、编组的规定

① 列车标志。列车的地体徽记、客车服务号及标志灯等。

② 工程车尾部必须挂有标志灯。当工程车按首尾机车编组时，应使用首端机车驾驶；当首端机车故障而使用尾端机车驾驶时，按推进运行办理。

4. 行车标准用语

使用调度电话、无线电话联系行车工作时，遇到列车车次中的数字必须运用标准用语，

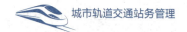

行车标准用语见表 3.1.1。

表 3.1.1 行车工作标准用语

1	2	3	4	5	6	7	8	9	0
幺	两	三	四	五	六	拐	八	九	洞

 任务操作

完成表 3.1.2 实训工单。

表 3.1.2 实训工单 列车运行图的绘制

列车运行图要素及表示		列车运行图绘制
要素	表示	
纵坐标		
横坐标		
水平线		
垂直线		
斜线		

 任务考核

一、单选题

1. 正常情况下正线上司机凭（　　）或行调命令行车。
A. 车载信号显示　　B. 路票　　C. 信号灯的显示　　D. 绿色通行证
2. 比照《列车运行图》单程每列晚点（　　）分钟以下为正点。
A.1　　　　　　B.2　　　　　　C.3　　　　　　D.4

二、多选题

1. 车站行车工作的基本要求是（　　）。
A. 执行命令听从指挥　　　　　B. 遵章守纪按图行车
C. 作业联系及时准确　　　　　D. 接发列车要求
2. 转换轨由（　　）共同管理。
A. 车站　　　　　　　　　　　B. 行车调度员
C. 车辆基地信号楼　　　　　　D. 行车值班员

三、判断题

1. 地铁线路采用单线单方向运行。（　　）
2. 行车时间以北京时间为准，从零时起计算，实行 24h 制，以零时为界，零时以前办妥的行车手续，零时以后失效。（　　）

四、思考题

1. 简要说明行车指挥的组织机构构成。

2. 简要说明列车运行方向及车次的编号要求。

任务 3.2　使用车站控制室设备

知识目标

1. 熟悉车站控制室的布局及运作；
2. 掌握 IBP 盘的功能及操作方法。

能力目标

1. 能明晰车站控制室的布局；
2. 会操作 IBP 盘。

素质目标

培养严肃认真、爱岗敬业、一丝不苟的职业精神，注重提高自身的专业技能和职业素养，严格遵守企业规章制度。

　任务引入

乘坐城市轨道交通（地铁、轻轨等）出行，了解车站控制室的位置及其布局。

　任务分析

一、车站控制室的内涵

车站控制室是地铁车站行车组织控制的场所，集车站监控中心、调度中心及消防控制室于一体，是地铁车站内名副其实的"中枢神经"。日常情况下，车站值班员（综控员）和值班站长就是在车站综控室内实现列车运行的监视和控制。

车站控制室内设置了众多弱电系统的终端设备，如信号、通信、综合监控、火灾报警、自动售检票、门禁等系统的终端工作站，此外还包括 IBP 盘（综合后备盘）、调度工作台、智能疏散、智能照明、电气火灾控制箱、FAS 主机柜等设备，以及打印机、电话等办公设施。

二、车站控制室总体布局

车站控制室是城市轨道交通各设备系统的集中设置地，面积以不小于 $45m^2$ 为宜，设置于车站站厅设备区靠近公共区一侧，室内设置防静电地板。为了能够直接观察和了解车站公共区运作状况，车站控制室应设置面向公共区的观察窗，这样行车值班员可以直接观察到站厅情况，如图 3.2.1 所示。

图 3.2.1　地铁车站控制室内景

车站控制室分为等候区和办公区两个区域。车站施工作业手续主要在车站控制室行车值班员处办理，外来人员需在等候区办理相关手续或等候，确保办公区行车设备运作安全，防止人为恶意或误操作。

站控制室内的设备有 IBP 盘以及综合监控、信号等系统的终端操作设备等。车站值班人员可以通过设置在车站控制室的各系统终端设备操作或监控该系统运作。

车站综合后备盘是车站综合控制室中最重要的一个集成设备，主要用于各相关设备系统由于故障或事故自动操作失效情况下的应急操作。综合后备盘的集成设备系统包括环境控制系统、垂直电梯、自动扶梯、安防系统、给排水系统、照明系统、屏蔽门、自动售票系统、信号系统等。

综合监控系统监控范围包括环境控制系统、防灾报警系统、乘客资讯系统、垂直电梯、自动扶梯、自动售票系统、后备电源等。行车值班员可以通过综合监控系统终端操作或监控相关系统的工作状态，在发生设备故障报警时，终端设备即时弹出相关信息。

联锁终端操作设备是信号系统的车站级监控操作终端（简称 LOW 工作站），仅设置在联锁站。可对联锁范围内车站的道岔、信号机、联锁设备等实现监控，实现列车运行进路的排列和取消。

LOW（局域操作员工作站）是信号系统网络的区域终端设备，每个联锁站都有一套 LOW 设备，其由一台电脑组成。SICAS 联锁系统的本地操作和表示是通过 LOW 工作站来完成的。联锁各设备和行车状况（轨道占用、道岔位置和信号显示等）在彩色显示器上以站场图形式显示，使用鼠标和键盘，在命令对话窗口上可以实现常规命令及安全相关命令的联锁操作。所有安全相关命令的操作、操作员登录/退出操作、设备故障报警等信息将被记录存档。

二维码 3.2

车站综合控制室还设置有文件柜和备品柜，以及充电区（主要给车站的手提广播、手持电台等充电）。备品柜存放车站的各类行车备品，如行车台账、信号灯、信号旗、手电筒、工具包、红闪灯、安全帽、荧光灯和一些日常使用的工器具等。

三、车站控制室的运作

车站行车组织工作由当班值班站长统一负责，值班站长必须服从行车调度员的统一指挥，执行行车调度员命令。行车值班员负责车站控制室的运作，在业务上接受车站值班站长的指导和指挥。车站综合控制室的运作包括以下几方面。

1. 设备监控

行车值班员负责监视车站行车、客运、票务等各类设备的运行情况，监视车站消防设备设施的运作情况，发现设备故障时及时报修。

每日车站投入运营前，值班站长按行车调度员的指令进行运营前的准备工作，组织当班员工进行运营前检查，确保所有设备运作正常。

 想一想

地铁车站控制室设备监控主要包括哪些？

2. 行车以及客运组织

行车值班员通过联锁终端设备（仅联锁站设置）监视本联锁区列车运行情况。行车值班员根据列车运行情况，对照当日《运营时刻表》上列车的到发时刻，通过电视监控系统监控列车进出车站，监视站台乘客候车秩序，并按规定进行广播，确保站台安全。

行车值班员负责每日按程序及值班站长指示开关站，做好日常车站客流组织监控，完成行车岗位所需填写的台账。

3. 安全工作及应急处理

车站人员正确执行各项安全规章制度，确保车站乘客和工作人员的人身安全，做好车站突发事件的处理。车站发生突发事件时，上报应急情况，组织车站抢险、救援工作，按应急处理程序操作相关设备，做好人员疏散、设备保护等相关工作，确保乘客人身安全，尽量将损失减少到最低程度；遇危及行车安全的情况时，在综合后备控制盘上按压紧急停车按钮，并执行应急处理程序。

4. 施工管理

按施工管理规定做好施工请销点工作，并做好安全防护工作；负责运营期间和非运营期间车站区域的施工请销点工作，监控施工工作安全。

5. 基础管理

行车值班员兼顾当天车站文件收发工作和钥匙、备品借用工作，执行公司有关规章制度，接到文件、通知时及时登记、汇报。

四、IBP 盘的操作

IBP 盘设于车站控制室内。在 IBP 盘上设置有紧急停车 / 取消紧急停车、扣车 / 终止扣车、计轴复位（联锁设备集中站设置）等按钮及表示灯，车站值班员在车站设备设施或人机界面出现故障时，通过 IBP 盘对车站设备进行应急管理，或在紧急情况下直接操作 IBP 盘上的按钮、钥匙开关等，采取人工介入的方式进行运行模式操作和某些设备的远程操作，如图 3.2.2 所示。IBP 盘上设置紧急控制按钮、状态指示灯等，对重要设备进行应急监控。其控制级别高于各系统操作站。

二维码3.3

IBP 盘功能、操作方法、使用规定及控制区域见表 3.2.1～表 3.2.10。

图 3.2.2　车站控制室 IBP 盘

表 3.2.1　IBP 盘消防泵模块

功能	操作步骤	图示	备注
试灯	按压消防泵模块"试灯"按钮，观察"运行""故障"指示灯是否都亮灯		
启动消防泵组	1.FAS 没有正常联动的情况下，按压消防泵模块"泵组启动"按钮，启动消火栓泵。 2. 观察"运行"指示灯是否亮红灯，如果亮红灯，表示消火栓泵正常运行；如果"运行"指示灯灭灯，"故障"指示灯亮黄灯，则表示相应消火栓泵故障		
停止消防泵组	按压"泵组停止"按钮，停止消火栓泵工作		

项目 3　城市轨道交通车站行车组织

表 3.2.2　IBP 盘高压细水雾模块

功能	操作步骤	图示说明	备注
启动、停止泵组	1. 按压"启动"按钮，启动高压细水雾水泵，正常启动时"运行"指示灯亮红灯，如果未正常启动，则"运行"指示灯灭灯。 2. 如果"故障"指示灯亮黄灯，说明设备故障，应立即保修。 3. 按压"停止"按钮，停止高压细水雾水泵	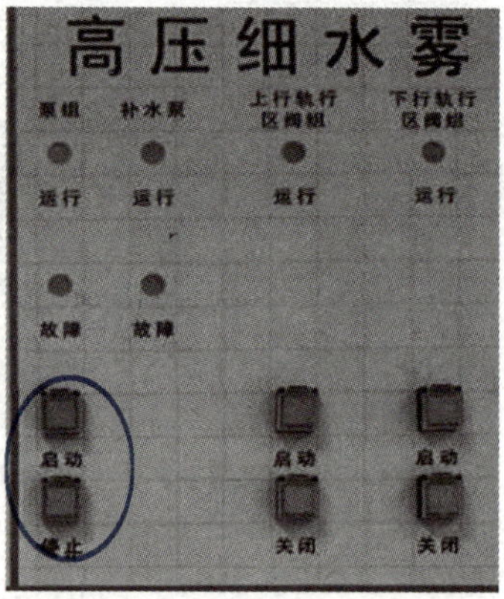	
启动、停止轨行区阀组	1. 按压相应运行方向侧"启动"按钮启动相应轨行区阀组，正常启动后，"运行"指示灯亮红灯。 2. 按压相应运行方向侧"关闭"按钮关闭轨行区阀组	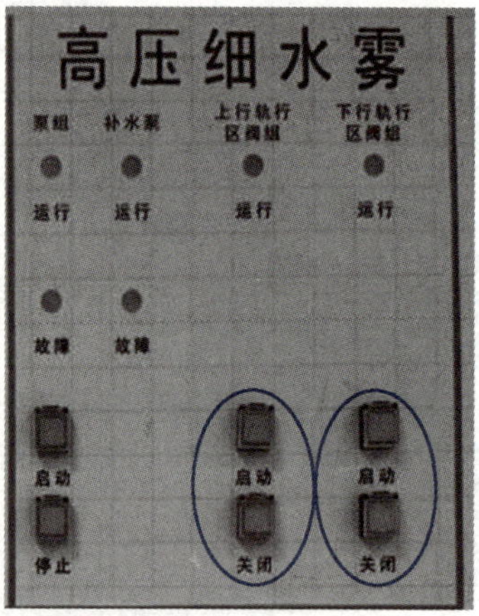	

表 3.2.3　IBP 盘隧道通风模块

功能	操作步骤	图示说明	备注
开启隧道通风	1. 首选/备选转换开关（两位钥匙开关），将钥匙开到"首选"。 2. 根据环调指示按压相应区间"阻塞"按钮、"工况 1"按钮、"工况 2"按钮	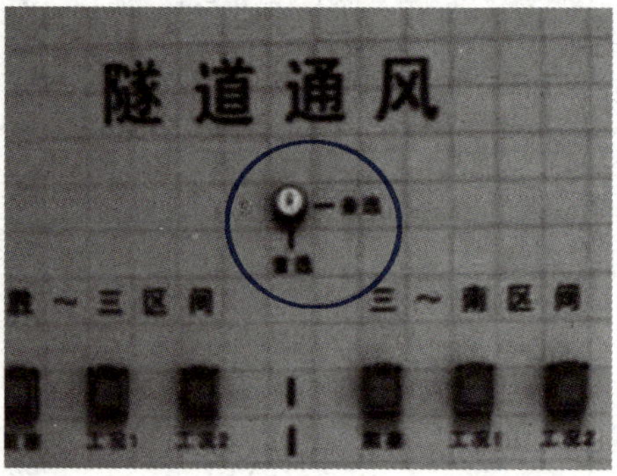	

表3.2.4　IBP盘自动电扶梯模块

功能	操作步骤	图示说明	备注
正常状态下	运行方向指示灯点亮，显示所关联电扶梯运转方向	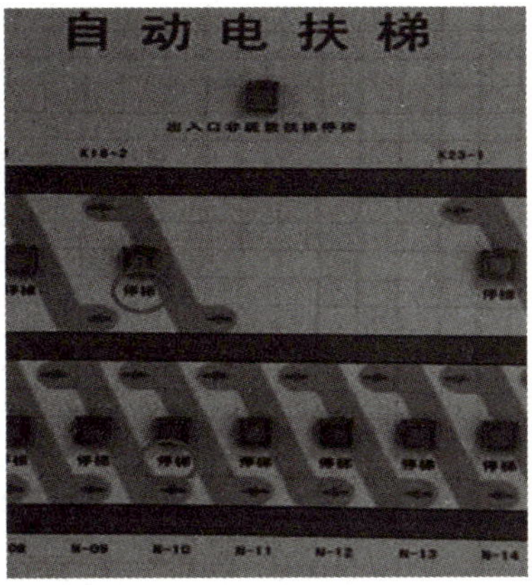	
紧急情况下停梯	打开防误压盖板，按压"停梯"按钮，所关联电梯停止运转	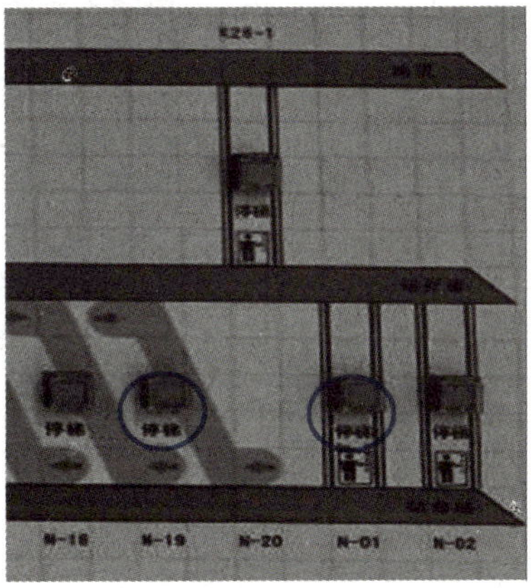	

表3.2.5　IBP盘车站环控模块

功能	操作步骤	图示说明	备注
正常状态下	自动/手动钥匙在"自动"位，"自动状态"指示灯亮绿灯	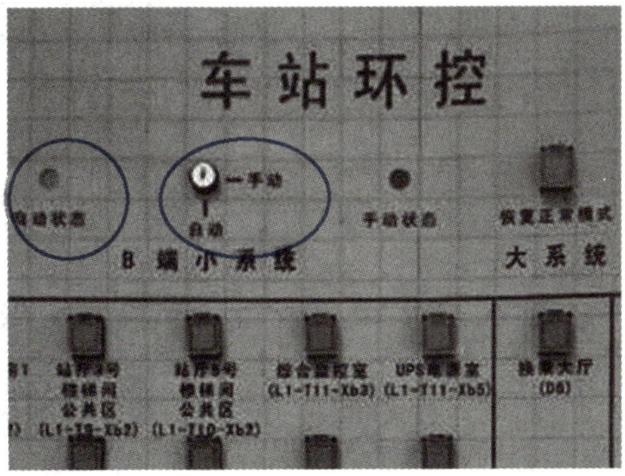	

项目3　城市轨道交通车站行车组织

续表

功能	操作步骤	图示说明	备注
需手动启动车站环控模式	1. 自动/手动钥匙转动到"手动"位,"手动状态"指示灯亮红灯。 2. 根据环调命令按压相应房间的按钮	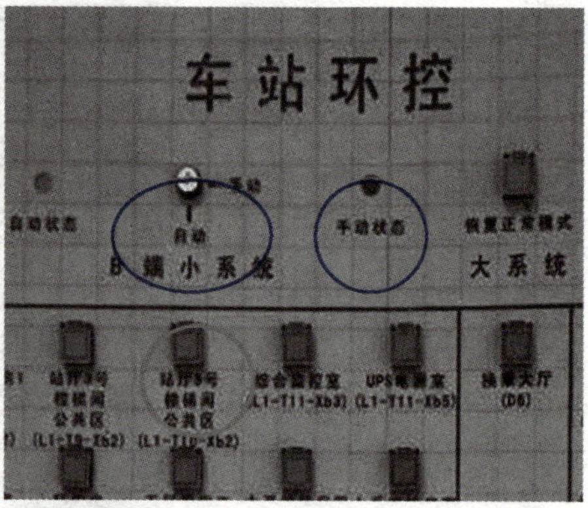	
恢复正常模式	按压"恢复正常模式"按钮	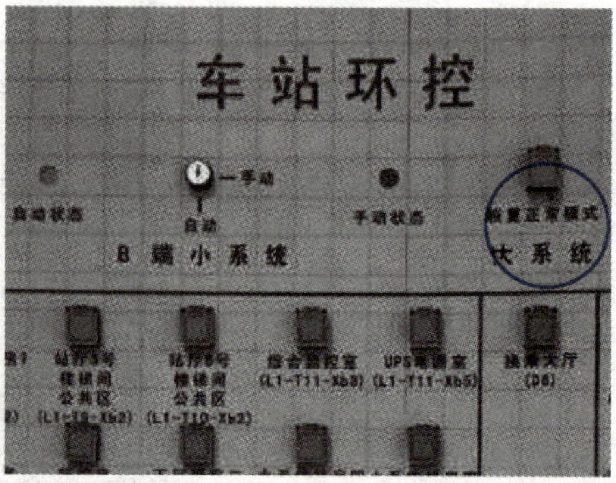	

表3.2.6　IBP站台门(屏蔽门)模块

功能	操作步骤	图示说明	备注
试灯	按下"试灯"按钮,"全锁闭"指示灯亮绿灯,"全开门"指示灯亮红灯,上、下行"禁止""允许"两位钥匙开关中,"允许"位亮绿灯	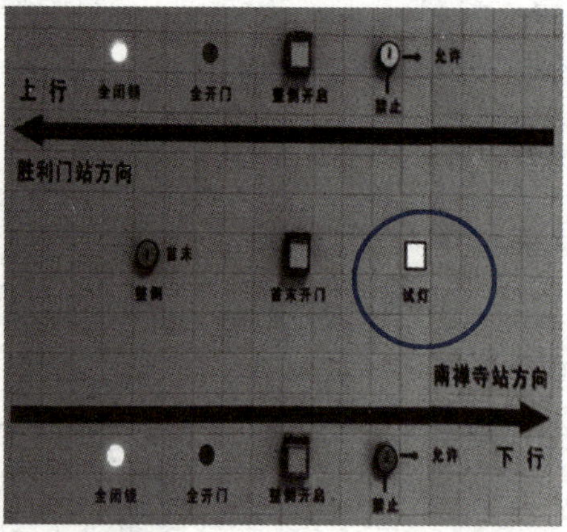	二维码3.4

续表

功能	操作步骤	图示说明	备注
整侧开启、关闭	1. 上、下行整列站台门（屏蔽门）无法开启，站台操作PSL无效时，车控室使用专用钥匙将"整侧/首末"钥匙操作到"整侧"位，将相应侧操作允许开关由"禁止"位操作到"允许"位，"允许"位绿灯亮起。 2. 按压相应侧"整侧开启"按钮，相应侧滑动门开启，"全开门"指示灯红灯亮起，"全闭锁"指示灯熄灭。 3. 使用专用钥匙由"允许"位操作到"禁止"位，相应侧滑动门关闭	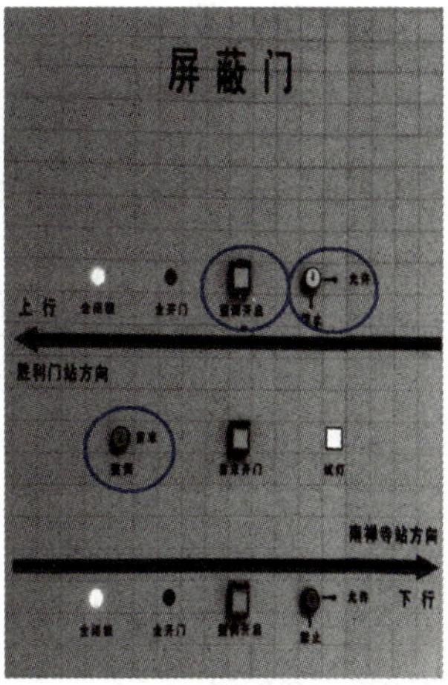	
首末开门	1. 上、下行整列站台门（屏蔽门）无法开启，站台操作PSL无效时，车控室使用专用钥匙将"整侧/首末"钥匙操作到"首末"位，将相应侧操作允许开关由"禁止"位操作到"允许"位，"允许"位绿灯亮起。 2. 按压"首末开门"按钮，则站台门（屏蔽）门首末开门，"全闭锁"指示灯熄灭。 3. 若将操作允许开关拨到"禁止"位，则首末门关闭，"全锁闭"指示灯绿灯亮起	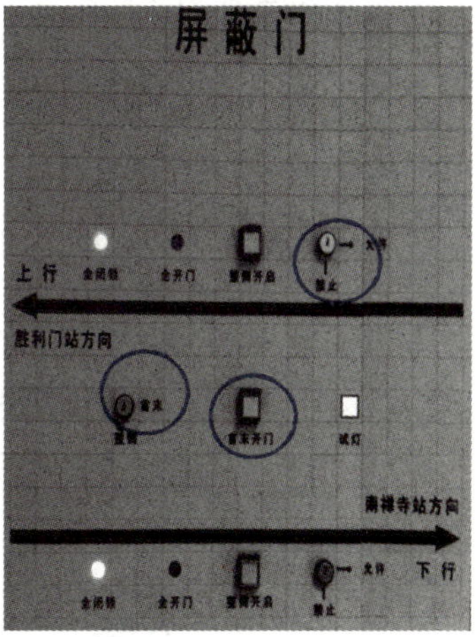	

表3.2.7　IBP盘门禁模块

功能	操作步骤	图示说明	备注
紧急释放	1. 将操作开关由"自动"位操作至"手动"位。 2. 按压"紧急释放"按钮，所有门禁全部释放，"释放状态"红色指示灯亮起，正常状态绿色指示灯熄灭	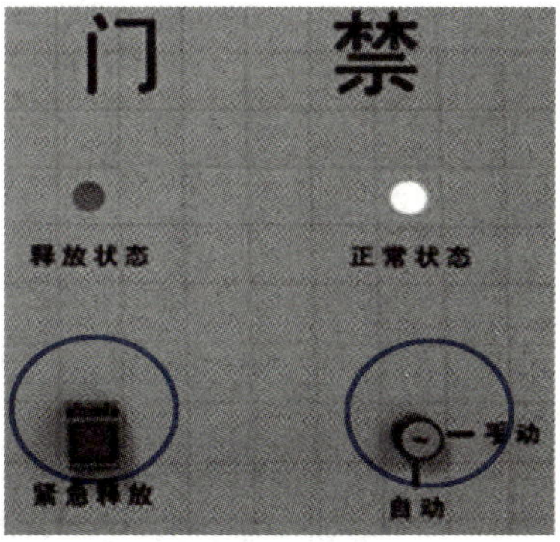	

项目3　城市轨道交通车站行车组织　071

表 3.2.8　IBP 盘 AFC 闸机模块

功能	操作步骤	图示说明	备注
紧急释放	1. 将操作开关由"自动"位操作至"手动"位。 2. 按压"紧急释放"按钮，所有闸机打开，"释放状态"红色指示灯亮起，正常状态绿色指示灯熄灭	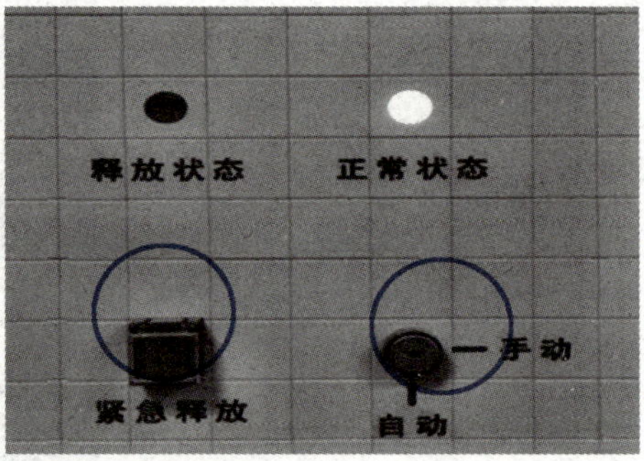	

表 3.2.9　IBP 盘防淹门模块

功能	操作步骤	图示说明	备注
警铃消除	区间水位超高警铃报警，按压"警铃解除"按钮消除警铃报警声	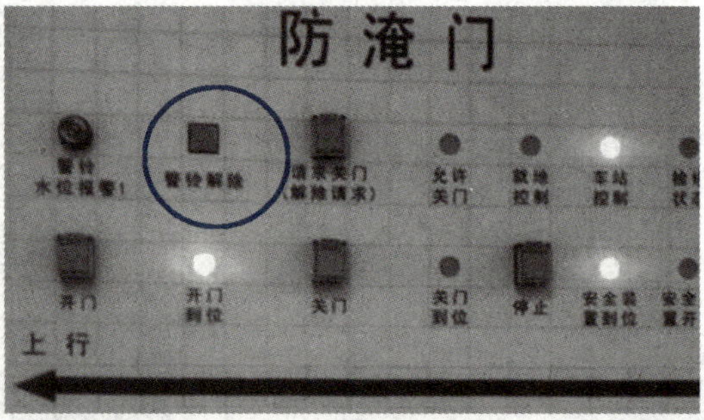	
关门	1. 按压"请求关门"按钮，"允许关门"指示灯亮。 2. 按压"关门"按钮，待防淹门到位后，"关门到位"指示灯亮绿灯。 3. 操作过程中如需停止操作，则按压"停止"按钮	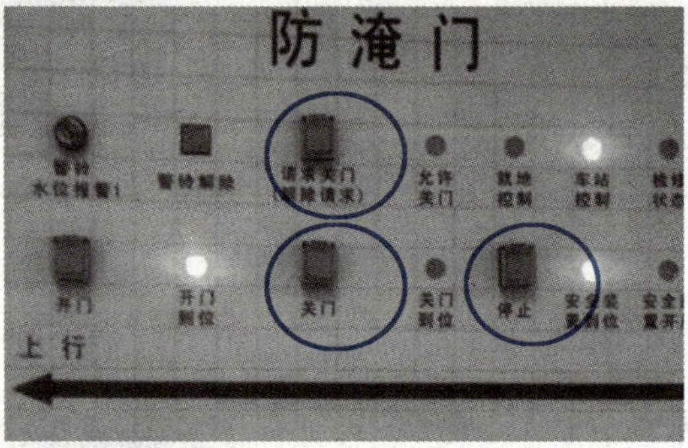	
开门	1. 打开防淹门，按压"开门"按钮，防淹门开到位后，"开门到位"指示灯亮绿灯。 2. 操作过程中如需停止操作，则按压"停止"按钮	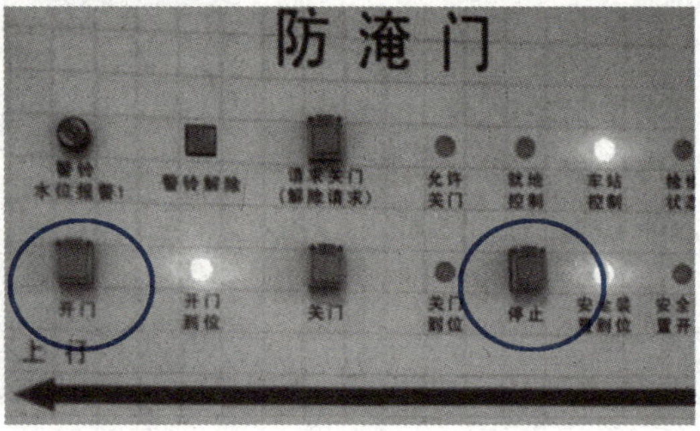	

表 3.2.10 IBP 盘信号模块

功能	操作步骤	图示说明	备注
试灯	按压"试灯"按钮，观察上、下行"扣车""紧急停车"指示灯是否都亮灯	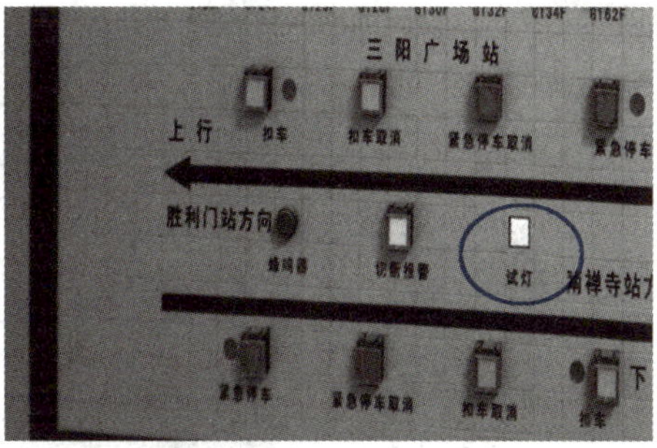	
扣车	1. 执行"扣车"命令时，打开盖子，按压相应侧"扣车"按钮，"扣车"按钮旁黄灯亮，蜂鸣器报警		
	2. 如要关闭蜂鸣器报警，则需打开盖子按压"切断报警"	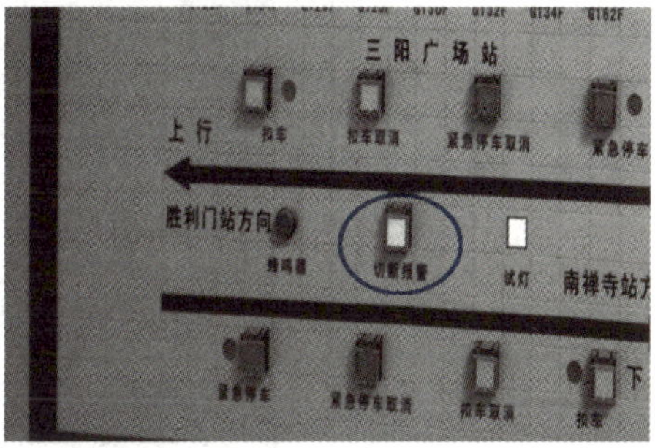	
取消扣车	故障解除后，经行车调度允许后执行"扣车取消"命令时，打开盖子，按压相应侧"扣车取消"按钮，"扣车"按钮旁黄灯灭		

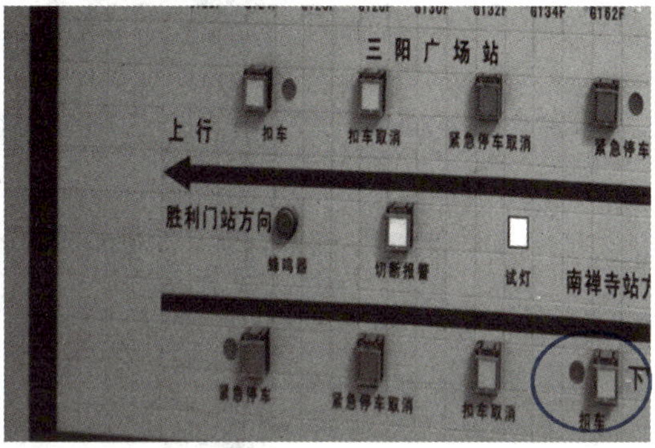

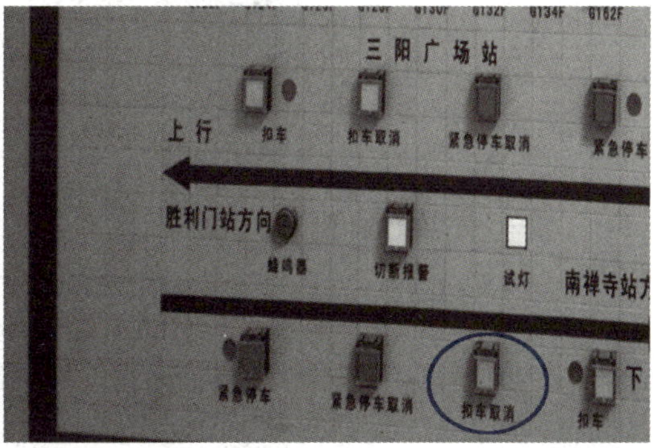

项目3 城市轨道交通车站行车组织

续表

功能	操作步骤	图示说明	备注
紧急停车	1. 紧急情况下执行"紧急停车"命令，打开盖子按压相应侧"紧急停车"按钮，"紧急停车"旁红灯亮，蜂鸣器报警 二维码3.5	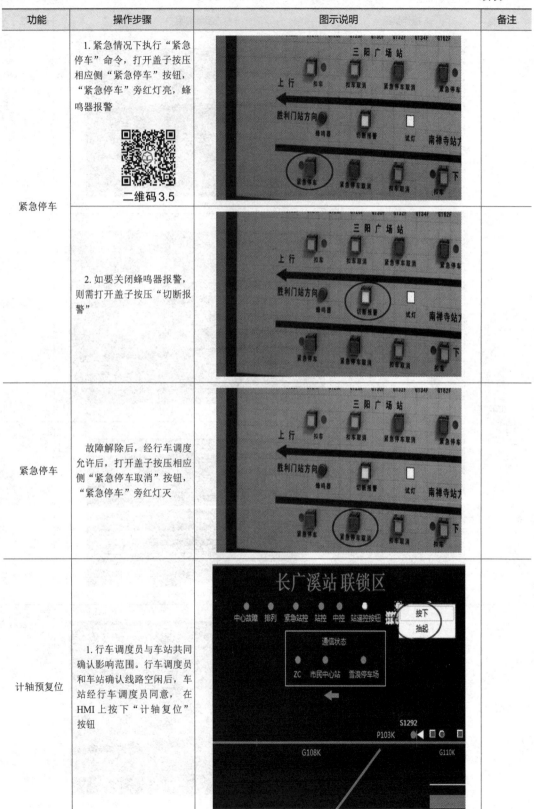	
	2. 如要关闭蜂鸣器报警，则需打开盖子按压"切断报警"		
紧急停车	故障解除后，经行车调度员允许后，打开盖子按压相应侧"紧急停车取消"按钮，"紧急停车"旁红灯灭		
计轴预复位	1. 行车调度员与车站共同确认影响范围。行车调度员和车站确认线路空闲后，车站经行车调度员同意，在HMI上按下"计轴复位"按钮		

续表

功能	操作步骤	图示说明	备注
计轴预复位	2.弹出对话框单击"确定"	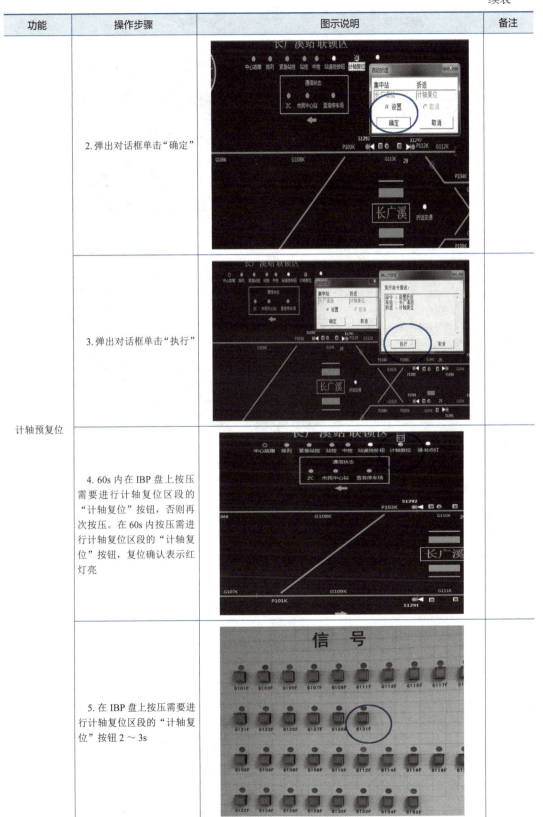	
	3.弹出对话框单击"执行"		
	4. 60s 内在 IBP 盘上按压需要进行计轴复位区段的"计轴复位"按钮,否则再次按压。在 60s 内按压需进行计轴复位区段的"计轴复位"按钮,复位确认表示红灯亮		
	5.在 IBP 盘上按压需要进行计轴复位区段的"计轴复位"按钮 2~3s		

项目3　城市轨道交通车站行车组织

续表

功能	操作步骤	图示说明	备注
联络线道岔旁路	1. 确认本线联络线道岔故障后。 2. 征得行车调度同意，按压"联络线道岔旁路"按钮，按压后其表示灯亮红灯		
联络线道岔旁路	需要恢复时按压"联络线道岔故障旁路恢复"按钮，其表示灯熄灭		

任务操作

完成表 3.2.11 的实训工单。

表3.2.11 实训工单 IBP盘的操作

序号	功能	操作步骤
1	启动与停止消防泵组	
2	启动、停止执行区阀组	
3	开启隧道通风	
4	紧急情况下停梯	
5	手动启动车站环控模式	
6	站台门整侧开启、关闭	
7	门禁紧急释放	
8	扣车与取消扣车	
9	紧急停车	
10	计轴预复位	

任务考核

一、单选题

1.车站施工作业手续主要在（　　）行车值班员处办理。
A. 运营控制中心　　　　　　　　B. 车站控制室
C. 站长室　　　　　　　　　　　D. 票务室

2.（　　）负责监视车站行车、客运、票务等各类设备的运行情况，监视车站消防设备设施运作情况，发现设备故障时及时报修。
A. 客运值班员　　　　　　　　　B. 行车值班员
C. 站台站务员　　　　　　　　　D. 站厅站务员

二、多选题

1.车站综合控制室还设置有文件柜和备品柜，备品柜存放车站的各类行车备品，如（　　）等。
A. 行车台账　　　　　　　　　　B. 信号灯、信号旗
C. 红闪灯　　　　　　　　　　　D. 安全帽

2.IBP盘上具有以下（　　）模块。
A. 自动电扶梯　　　　　　　　　B. 隧道通风
C.AFC闸机　　　　　　　　　　 D. 站台门（屏蔽门）模块

三、判断题

1.IBP盘又称综合控制盘，设于车站站长室内。（　　）

2.IBP盘上设置紧急控制按钮、状态指示灯等，对重要设备进行应急监控，其控制级别低于各系统操作站。（　　）

四、思考题

1.简要说明车站控制室总体布局。
2.简要说明IBP盘上各模块的功能及操作方法。

任务3.3　正常情况下行车组织

 知识目标

1.掌握正常情况下的接发列车作业标准；
2.掌握车站接发列车的有关规定；
3.掌握行车类台账、报表的填记方法。

 能力目标

1.能进行正常情况下的接发车作业；
2.会填记行车类台账与报表。

素质目标

培养在城市轨道交通行车调度工作中的严谨性,注重城市轨道交通行车调度工作和调度命令的操作规范,具备较强的责任意识。

 任务引入

乘坐城市轨道交通(地铁、轻轨等)出行,了解不同的车站接发列车流程。

任务分析

车站的接发列车工作是行车组织的重要环节,也是保证列车按照《列车运行图》安全正点运行、保证地铁畅通的关键环节。接发列车工作是地铁车站,尤其是有岔站的地铁车站的重要任务之一。

一、正常情况下的接发列车原则

(1)车站行车组织工作由行车值班员统一负责,行车值班员必须服从行车调度的指挥,执行行车调度的命令。

(2)正常情况下车站不办理接发列车作业,列车以规定速度进站,车站不显示接车信号。

二、正常情况下的接发作业标准

正常情况下,车站各岗位的接发车作业标准见表3.3.1。

表3.3.1 车站接发车作业标准

标准程序	岗位		说明
	行车值班员	站台安全员	
一、检查线路	1.根据行车调度指挥,与行车调度确认使用时刻版本。 2.布置站台安全员检查站台、线路。 3.听取汇报:"人员线路清,设备正常"	1.到岗后根据行车值班员指示,检查站台设备及线路无异常后,车控室行车值班员汇报:"人员线路清,设备正常"。 2.站在指定区域巡视站台	1.遇时刻表变更时,行车值班员应将当天使用的时刻等主要信息告知各个岗位。 2.站台设备包括线路站名牌、站台DTI、旅客信息显示系统(PIS)、垃圾桶、座椅等
二、准备接车	4.监控LOW和CCTV	3.当PIIS显示列车还有1分钟进站时,再次确认人员线路清、站台乘客全部站在安全黄线内后,鸣笛一长声,站在指定地点立岗接车。 4.如发现危及行车或人身安全情况时,应立即敲碎站台紧急停车按钮(ESB)玻璃按压"紧急停车"按钮并向车控室行车值班员汇报	原则上两名站台安全员应进行分工,分别负责上、下行

续表

标准程序	岗位		说明
	行车值班员	站台安全员	
三、接车	5.通过LOW和CCTV监视列车进站和站台乘客动态。发现危及行车或人身安全情况时，立即按压局域控制板（LCP）"紧急停车"按钮	5.监视列车进站。 6.随时与车控室保持联系	1.接发地点为黄线后第一块大理石，靠紧急停车按钮或电扶梯口附近。 2.接车时面向线路，左右兼顾
四、组织乘客上下车	6.通过CCTV监视站台乘客上下车	7.待列车停稳开门后，站在电扶梯或楼梯口，引导乘客有序上下车	站台安全员应随时注意发车计时器（DTI）的显示情况，发现异常应立即报告行车值班员
五、列车出发	7.通过LOW和CCTV监视列车出发及站台乘客动态	8.列车关门后站在紧急停车按钮附近监视列车出站。 9.如发现危及行车或人身安全情况时，应立即敲碎ESB玻璃按压紧急停车按钮并向车控室行车值班员汇报。 10.列车全部出清站台后继续加强对站台的巡视，注意乘客动态	1.注意电梯旁边乘客动态，防止有人在列车关门时冲上被车门夹伤。 2.列车启动后面向列车立岗接车，尾部通过身边时面送列车

说明：1.本标准为设备正常情况下的行车值班员和站台安全员的一次作业标准。

2.早班接班后、中班下班前站台安全员必须对站台区域进行一次全面检查，检查完毕后将检查结果报告车控室行车值班员："人员线路清，设备正常"。

3.接车时必须严格执行接车"三部曲"。即列车进站时站在"紧急停车"按钮附近；列车停妥开门后，站在电扶梯或楼梯口；列车出发后再次站在"紧急停车"按钮附近。

4.有岔站，行车值班员在LOW站控时，还须负责进站的排列。

 想一想

正常情况下接发列车作业涉及车站哪些岗位？这些岗位分别做什么？

三、车站接发车有关规定

1. 车站报点的有关规定

（1）受话者必须在对话前先报自己的岗位名称，对于交代的任务必须复诵，禁止用"明白"代替。行车用语必须用普通话，吐字清晰，语速适中。

（2）在ATS正常时，各站不向行车调度报客车到开点，加开列车时车站不向行车调度报点但需向邻站报点。标准用语：××站报点××次××分（通过）。晚点时：××站××次因××原因×时×分开（到、开）。

（3）客车在任何车站停站时分增加或晚点30s以上时，车站要向行车调度报告原因。向行车调度报告的标准用语如下：①列车在站内故障：××站××次车站内故障；②列车在信号机前停车：××次××信号机前停车；③LOW故障：××站报告，××站LOW联锁区段出现×××故障。

2. 工程车、轨道车开行的规定

（1）工程车可以牵引运行，也可以推进运行，车站按正常列车办理。

（2）工程车开行时装载有高度超过距轨面3800m的货物时，接触网必须停电。

（3）工程车在正线运行时，凭地面信号及调度命令行车。一个联锁区同一线路原则上只准有一列工程车运行，必须开行多辆工程车时应由控制中心值班主任同意，调度、司机、车站应加强联控，确保安全。工程车在区间、非联锁站及无信号机的车站作业后折返时，凭调度命令行车。

（4）工程车进出正线的规定：①工程车原则上必须在正线列车出清后方能进出正线，需要提前进入时必须和正线列车保持一定的间隔，例如，南京地铁1号线小行基地—迈皋桥区段工程车必须在本线路最后一列电客车之后运行，并保持4个站间区间的间隔，小行—奥体中心区段工程车必须在本线路最后一列电客车出清后上线；②工程车必须在规定时间（如4：30）前离开作业区并出清正线。

（5）车站原则上不用接发列车，但工程车在运行中，司机、车长需通过400MHz手持电台加强与车站联系，掌握运行计划，确认运行进路。

四、行车报表填记

1. 调度命令登记簿的填记

行车调度员发布有命令号码的书面或口头调度命令时，须在调度命令登记簿上填记，见表3.3.2。有固定格式或书面传真（打印）的调度命令见表3.3.3，在调度命令登记簿上记载调令内容，其他应填记的内容都须准确、详细。

表3.3.2　调度命令登记簿

日期	发令时间	调令号码	受令处所	调令内容	复诵人	受令人	行车调度代码

表3.3.3　调度命令

＿＿年＿＿月＿＿日＿＿时＿＿分　　　　　　　　　　　　　　　　　　　　第＿＿号

受令处所		调度员姓名	
内容			

受令车站＿＿＿＿＿＿　　　　　　　　　　　　　　　　　　　　车站值班员＿＿＿＿＿＿

2. 行车日志的填记

在正常情况下，车站无需记录列车的到发时间。但下列情况需要填写行车日志（表3.3.4）：①列车在非折返站停站时间超过90s时，行车值班员须向行车调度员报点并说明原因，填记行车日志；当发生意外事件时向行车调度员请求，经同意后暂不报点，但仍需填记行车日志；②列车自动监控系统（ATS）故障初期（30min内），车站须记录各次列车的到发时刻并及时填记行车日志；故障发生30min后，各联锁站须向行车调度员报点，行车调度员应视情况以联锁站为单元铺画列车运行图以掌握和控制列车运行间隔；③当列车自动监控系统（ATS）不能监控到工程列车的运行位置时，各车站要向行车调度员报点，并填记行车日志；④计算机联锁系统故障采用电话闭塞法行车时，故障联锁区各站要向行车调度员报点，并填记行车日志。

表3.3.4　行车日志

___年___月___日___班___天气___　　　　　　　　交班人_____ 接班人_____

列车运行计划		上级重要指示及文件精神	交接班注意事项
备品交换	路票		
	钥匙		
	其他		

	上　　　行						下　　　行				
车次	到　达		出　发		附注	车次	到　达		出　发		备注
	电话记录号码及到发时间	邻站出发	本站到达	电话记录号码及到发时间	本站出发	邻站到达		电话记录号码及到发时间	邻站出发	本站到达	电话记录号码及到发时间	本站出发	邻站到达	

行车日志的填记说明：

（1）表头中"日期""班次""天气""交班人""接班人"按实填记。

（2）"列车运行计划"栏填记该班次使用的运行图号及时段（一个班次涉及两个时刻表的要分别注明时间段）。

（3）"路票"栏填记车控室保存的路票起止编号及张数，如当班使用的还应注明已使用路票的起止编号和张数。

（4）"钥匙"栏填记车控室保存的钥匙数量及是否齐全，如有借出后尚未归还的一并在此栏中标注清楚，要求同钥匙借出登记簿相对应。

（5）"其他"栏如实填记其他备品的状态（如备品完全齐好、电量充足），如有借出后尚未归还或损坏尚未修复的，一并在此栏中标注清楚。

（6）"上级重要指示及文件精神"填写栏填记新收到要求记名传阅的文件编号及名称、上级领导指示要求、学习及会议通知等内容。

（7）"交接班注意事项"栏填记本班发生的重大事情以及有可能与下一班有关或需下一班处理、监督落实或重点防范的问题。

（8）开站后的头3趟载客列车及关站前的最后3趟载客列车、电话闭塞法办理运行的列车，要求在行车日志上记录，其余正常载客列车可省略不记录。

（9）省略不记录的载客列车中，如发生晚点列车、专列、救援列车等非正常列车时必须记录，并向邻站报点。（早晚点列车在备注栏中，用"–/+"符号并注明早晚点时分。）

（10）夜间停止服务后开行的施工列车、调试列车，包括进入封锁区间的列车除两端站按行车日志的规定项目记录外，其他站无需记录。

（11）对站停列车，要正确填写"本站到达"时间和"本站出发"时间；对通过列车，在《行车日志》上的"本站到达"栏内填写"/"，"本站出发"栏填写本站通过的时间。

（12）列车反方向运行时，上行列车填写在上行栏，下行列车填写在下行栏，在备注栏内填写"反"字。

（13）行车值班员接班后，填记行车日志时要另起一页。

（14）夜班时两日中间分别加盖日期章，盖章在上行或下行一栏中间。

（15）对"电话记录号码及到发时间"栏的填记作如下规定：①分母栏一律填写到发时间，分子栏填记电话记录号码；②"到达"栏中第一项填记本站同意发车站电话记录号码和时间，第二项填记本站给发车站解除闭塞的电话记录号码和时间；③"出发"栏中第一项填记接车站同意本站电话记录号码和时间，第二项填记接车站给本站解除闭塞的电话记录号码和时间。

3. 路票填写

采用电话闭塞法时，路票就是列车占用区间的行车凭证，如图 3.3.1 所示。发车站接到接车站闭塞承认的电话记录后，填写路票交给司机，司机确认路票正确后凭车站发车指示信号开车，列车凭路票占用闭塞区间。

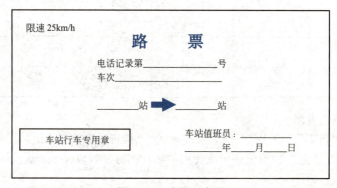

图 3.3.1　路票示意图

路票主要有 6 个要素，分别是电话记录号码、车次、列车运行方向、车站行车专用章、车站值班员签名和日期。路票必须按顺序逐张使用，路票由行车值班员亲自签发，并对路票上所填写的信息进行确认。

路票作为行车凭证有一定的严肃性，不得随意涂写、撕毁，作废路票需写明作废原因做好记录，并连同废票一起交接备案保管。车站必须设专人负责路票的核对、保管和领取，使用过的路票由行车值班员注销后，仍需按上、下行线分开存放，保管至有效期到期为止。

4. 施工作业登记簿的填记

车站施工作业登记簿见表 3.3.5，由车站行车值班员按所列项目严格填写，施工负责人签字后方可实施施工。

施工作业登记簿填记要求如下：

（1）"施工登记内容"栏中"月日""作业代码""施工单位""施工负责人""施工内容"施工起止时间等项目由施工负责人根据作业内容如实填写；其中，"月日"栏中月日间用"."

分开，不得用"/"作为分隔标识。

（2）行车值班员在核对施工通告和作业令以及登记内容无误后签字确认，不得以盖章代替。

（3）站厅、站台施工中，"行车调度承认时间""行车调度承认代码"等项填写"/"；轨行区施工中，"行车调度承认时间""行车调度承认代码""行车调度代码"等项根据行车调度给定的内容填记。

（4）"施工注销内容"栏中，"注销时间""注销人签名""施工结果"等项由施工负责人填记。其中，"注销时间"项以实际注销时车控室时间为准，如登记时间在注销时间非同一日应在时间前加注"次日"；"施工结果"项是施工结束后，负责人在确认施工场地出清、设备正常、人员出清后填写"人员工具清、设备正常"，若为异地注销，行车值班员须将"注销人签名"和"施工结果"栏合并填写"接××站行值×××电话注销，人员工具清、设备正常"。

表3.3.5 车站施工（检修）登记簿

月日	施工登记内容										施工注销内容					
	作业代码	施工单位	施工负责人	施工内容	施工地点	施工时间		行值同意签认	行车调度承认时间	行车调度承认代码	行车调度代码	备注	注销时间	注销人签名	施工结果	行值同意签认	行车调度销点时间	行车调度代码	备注
						起	止												

（5）值班员在确认注销人和施工结果正确无误后签名确认，不得以盖章代替。

（6）站厅、站台施工中，"行车调度销点时间""行车调度代码"两项填写"/"；轨行区施工中，"行车调度销点时间""行车调度代码"等项根据行车调度给定的内容填记。

（7）"备注"栏内填记车站认为有必要记录的情况（如销点时间填记不实、未注销等等），轨行区施工异地销点作业时，施工负责人还应将销点车站名和作业人数在"备注"栏内注明。

5. 设备故障登记簿的填记

车站设备故障登记簿见表3.3.6，由车站行车值班员负责填写，对于填写的故障必须严格追踪跟进，如在当班时间未完成，则在交接班时重点交接，持续跟进，直到处理完毕为止。

设备故障登记簿填记要求如下：

（1）"登记"栏中"日期"项填记要求每页首行或年份更换时"年、月、日"齐全，次行起可只填"月、日"，分开不得用"/"作为分隔标识。

（2）"时间"项填记以报修时车控室时钟为准，精确到分。

（3）"故障现象"项填记内容要求将故障现象描述准确即可，不得加个人推测内容。

（4）"通知方式及部门"栏默认为电话通知，若以其他方式通知时须如实填记。

（5）"值班员签名"项要求报修人签字，不得以盖章代替。

（6）"销记"栏中"日期"项由维修人员填记维修当天的月日。

（7）"维修人员到达时间"项由维修人员填记，精确到分，以车控室时钟为准。

（8）"设备修复状态"项由维修人员作业完毕后填写，并填记修复时间和签名，维修人员拒绝填写时,由车站值班员用红笔代为填记。

(9)"值班员签名"项要求当值班员确认实际情况后签名,不得以盖章代替。

表 3.3.6 车站设备故障登记簿

登				记		销			记	
日期	时间	故障现象	通知方式及部门	值班员签名	日期	维修人员到达时间	修复时间	设备修复状态	维修人签名	值班员签名

以上行车凭证和行车报表必须每月整理一次,分时间、分类别装订成册并编号。行车凭证和报表的保存期为 2 年,保存期满,由使用部门上报主管部门同意后方可销毁。销毁措施应按保密制度执行,不得擅自处理。

 任务操作

完成表 3.3.7、表 3.3.8 实训工单。

表 3.3.7 实训工单 1 调度命令填写

调度命令

_____年_____月_____日_____时_____分

受令处所		命令号码		行调姓名	
命令内容					
	行车专用章:_____		行车值班员:_____		

表 3.3.8 实训工单 2 调度命令登记簿填写

日期	命令				复诵人	接受人	行车调度员	值班主任
	时间	号码	受令及抄送处所	内容				

 任务考核

一、单选题

1.车站行车组织工作由(　　)统一负责,必须服从行调的指挥,执行行调的命令。
A. 客运值班员　　　B. 行车值班员　　　C. 站台站务员　　　D. 站厅站务员

2. 行车凭证和报表的保存期为（　　）年，保存期满，由使用部门上报主管部门同意后方可销毁。
   A.1　　　　　　　　B.2　　　　　　　　C.3　　　　　　　　D.4

二、多选题

1. 以下属于路票六要素的有（　　）等。
   A. 电话记录号码　　　　　　　　B. 车次
   C. 列车运行方向　　　　　　　　D. 车站值班员签名和日期
2. 以下属于车站接发车过程中站务员岗位职责的有（　　）。
   A. 站在指定区域巡视站台
   B. 监视列车进站
   C. 监控 LOW 和 CCTV
   D. 待列车停稳开门后，站在电扶梯或楼梯口，引导乘客有序上下车

三、判断题

1. 正常情况下车站不办理接发列车作业，列车以规定速度进站，车站仍然显示接车信号。（　　）
2. 在正常情况下，车站无需记录列车在车站的到发时间。（　　）

四、思考题

1. 说明正常情况下的接发列车原则。
2. 说明车站报点的有关规定。

任务3.4　非正常情况下行车组织

知识目标

1. 掌握非正常情况下车站接发列车作业程序和工作职责；
2. 掌握车站接发列车的相关规定。

能力目标

1. 会运用电话闭塞法接发列车；
2. 会运用电话联系法接发列车。

素质目标

培养学生团队合作意识，培养严格遵守规章的意识及正确运用轨道交通设备的职业道德素养。

任务引入

乘坐城市轨道交通（地铁、轻轨等）出行，了解非正常情况下接发列车的相关规定。

任务分析

为保证列车运行安全，在组织列车运行时，通过设备或人工控制，使发出列车保持一定

间隔距离安全行车的方法叫行车闭塞法。用于行车闭塞的设备叫作闭塞设备。闭塞设备必须保证在同一区间或闭塞分区内的同一线路上，在同一时间内只能允许有一个列车占用。

地铁通常采用自动闭塞法，自动闭塞法是由运行中的列车自动完成闭塞作用的一种闭塞方式。在正常情况下，根据 ATC 系统原理自动控制列车运行，由 OCC 负责控制列车的安全间隔和运行，两列载客列车或载客列车在空车后运行时，必须保持一个区间及以上的间隔。

当 ATC 系统发生故障或闭塞设备无法满足列车运行要求时，由相邻两站（车辆基地与正线连接站）行车值班员利用站间电话联系，以电话记录的方式办理闭塞的方法，均为代用闭塞法。

代用闭塞法包括电话闭塞法和电话联系法。正线各站之间采用站间电话闭塞法组织行车，车辆基地与正线连接站采用站间电话联系法组织行车。

一、电话闭塞法

1. 电话闭塞法内涵

电话闭塞法是指当 ATC 系统发生故障或闭塞设备无法满足列车运行要求时，由相邻两站行车值班员利用站间电话联系，以电话记录的方式办理闭塞，组织正线列车运行的方法。

二维码3.6

2. 电话闭塞法行车相关规定

在正线信号设备故障联锁失效的情况下，相关车站根据行车调度的调度命令，采用站间电话闭塞法组织行车，并遵守以下相关规定。

（1）相关车站值班站长要及时回到站控室负责组织车站行车作业，并根据行车调度发布的命令就地组织控制行车，安排车站值班员到站台接发列车，通知相邻车站采用站间电话闭塞法组织行车，并将调度命令内容通知司机。

（2）采用站间电话闭塞法行车时，同一方向相邻两个区间及站内线路内只允许一趟列车占用。

（3）按电话闭塞法组织第一趟列车运行时，发出站值班站长要与行车调度及接车站的值班站长共同确认区间空闲，接车站值班站长要与行车调度及接车站的前方站的值班站长共同确认区间空闲。

（4）接车站值班站长在收到同方向前次列车在前方站出发（折返站的后方站同意接车的条件是列车进入折返线，折返同意接车的条件是列车完成折返作业）的电话报点记录、接车线路准备妥当后，方可同意闭塞（当变更固定接车线路时应说明接车线路）。

（5）单个联锁区故障时，非故障车站（故障区段的相邻车站）同意闭塞的条件是接车进路准备完毕、接车站台及前方区间空闲。

（6）发车站值班站长在查明区间空闲、发车进路准备妥当并取得接车站同意的电话记录号码后，方可通知站台值班员填写路票。站台值班员向司机交付路票后，方可显示发车信号。

（7）故障联锁站正线上的道岔要开通正线，并使用钩锁器锁定；两端站的折返道岔在确认位置正确后，使用钩锁器但只挂不锁。列车进行折返作业时按调车方式办理，车站准备好进路后用发车手信号通知司机，不办理路票，列车凭车站发车手信号进出折返线。

（8）发车信号显示时机　站台值班员接到站控室站长填写路票的命令并复诵正确，向司机交付路票，确认乘客上下完毕后，向司机显示发车信号。车站显示发车信号的地点在站台适当位置（CCTV 能监控的地点），辅助线在原信号机适当位置。

（9）当列车动车时，立即向前方站报开点；当列车出清站内线路后，再向后方站报线路开通点（列车开点）。故障联锁区内的报点站（例如，南京地铁1号线的中华门、新街口、鼓楼、南京站、迈皋桥站)要向行车调度报点,其他站可不向行车调度报点,但停站时间晚30s及以上时要向行车调度报告。

(10) 值班站长要通过CCTV加强对站台值班员工的监控,防止错误办理发车手续。

(11) 交接路票时必须核对的内容有:日期、车次、方向、电话记录号码、站印、签名等。

(12) 值班员接车从司机处回收路票后须及时打"×"并上交。

3. 电话闭塞法接发列车作业标准

(1) 站间电话闭塞法发车作业标准,见表3.4.1。

二维码3.7

表3.4.1 站间电话闭塞法发车作业标准

程序	作业标准	
	值班站长	值班员
一、请求闭塞	1. 根据行车日志,调度命令确认区间线路空闲(第一趟列车与行车调度、接车站共同确认)	
	2. 向前方站请求闭塞,"××次请求闭塞"	
二、准备发车进路	3. 布置值班员:"准备××次×道(上、下行线)发车进路"	4. 复诵:"准备××次×道(上、下行线)发车进路"
	6. 听取汇报,复诵"××站××次×道(上、下行线)发车进路好了(线路出清)"	5. 将进路上的道岔开通到正确位置并加锁,确认正确后,向值班站长报告"××次×道(上、下行线)发车进路好了(线路出清)"
三、办理闭塞	7. 复诵:"电话记录××号,同意××次闭塞"	
	8. 填写行车日志	
	9. 布置行车值班员填写路票	10. 根据值班站长命令填写路票并向值班站长复诵
	11. 指示行车值班员向司机交付路票后显示发车信号	12. 向司机交付路票后,确认乘客上下完毕,列车车门关闭后向司机显示发车信号
四、列车出发	14. 复诵"××次出发",填写《行车日志》	13. 列车出清站台区后,向车控室报"××次出发"
	15. 列车出发后,向前方站(接车站)(行车调度)报点,"××次××分开"。当列车尾部越过站台头端墙后,向后方站报点,"电话记录××号××次××分开",开通区间	
五、开通区间	16. 复诵前方接车站"电话记录××号××次××分开",填写《行车日志》,开通区间	

(2) 站间电话闭塞法接车作业标准,见表3.4.2所示。

表3.4.2 站间电话闭塞法接车作业标准

程序	作业标准	
	值班站长	值班员
一、听取闭塞车请求	1. 听取后方发车请求,复诵"××站××次请求闭塞"	
	2. 根据行车日志(或通过LOW、CCTV)、调度命令确认站内线路空闲和区间线路空闲(第一趟列车与行车调度、发车站共同确认)	
	3. 根据行车日志确认后方站线路空闲和区间线路空闲(第一趟列车与行车调度、后方站共同确认)	

续表

程序	作业标准	
	值班站长	值班员
二、检查及准备进路	4. 布置值班员（站务员）："检查×道，准备××次×道（上、下行线）接车进路"	5. 复诵"检查×道，准备××次×道（上、下行线）接车进路"
	7. 听取汇报后，复诵"××次×道（上、下行线）接车进路好了（线路出清）"	6. 将进路上的道岔开通正确位置并加锁，向值班站长报告"××次×道（上、下行线）接车进路好了（线路出清）"
三、同意闭塞	8. 通知发车站"电话记录××号××点××分同意××次闭塞"，填写行车日志，准备接车	
四、接车	9. 听取发车站的发车通知复诵"××次××分开"，填写行车日志，并向前方站请求闭塞	
	10. 布置值班员："××次开过来了，准备接车"	11. 复诵"××次开过来了，准备接车"，监视列车进站停车
	13. 复诵"××次到达"，填写行车日志，向行车调度报点	12. 列车对位停车后，向值班站长报"××次到达"
五、开通区间	14. 列车本站开出后，向发车站报点"电话记录××号××次××分开"，开通区间	

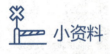 小资料

> 以科技创新开辟发展新领域新赛道、塑造发展新动能新优势，是大势所趋，也是高质量发展的迫切要求，必须依靠创新特别是科技创新实现动力变革和动能转换。2020年，上海轨道交通2号线信号控制系统实现了关键性突破，该线路将升级为全球首条拥有"双套信号系统"的地铁线路。改造后的系统即使在发生主用信号系统故障或信号降级情况下，其备用系统仍能满足2min的运营间隔要求，大大降低因信号故障对运营的影响。同时，列车的追踪间隔将会从原先的150s缩短至120s，意味着列车无缝到站成为了可能。"双套信号系统"的创新应用，有望进一步提升市民乘客公共交通的出行体验，提高轨道交通的网络服务能级。

二、电话联系法

1. 电话联系法内涵

电话联系法是指当ATC系统发生故障或闭塞设备无法满足列车运行要求时，由车辆基地信号楼调度员与正线连接站行车值班员利用站间电话联系，以电话记录的方式办理闭塞，组织列车进出车辆基地的方法。

2. 电话联系法行车相关规定

车场与正线连接站间信号故障时，车场与车站间采用电话联系法组织行车，并遵守以下相关规定：

（1）行车调度向车站或车场发布执行站间电话联系法的口头命令后，车站或车场通知司

机行调命令的内容，由车站值班站长／值班员与行车调度共同确认第一趟发出的列车运行前方的区段空闲。

（2）转换轨区段及车站（车场）的接车线路内只允许一趟列车占用，列车进出车场的行车凭证为电话记录号码。

（3）车站值班站长和信号楼值班员共同确认转换轨区段及车站（车场）的接车线路空闲，准备好接车线路后，才可以发出同意接车的电话记录号码并说明接车线路。发车场（发车站）接到接车场（接车站）同意发车的电话记录号码，填写路票并核对无误后，将电话记录号码和接车线路通知司机。

3. 电话联系法接发列车作业标准

（1）电话联系法组织行车时车站发车作业标准，见表3.4.3。

表3.4.3　电话联系法组织行车时车站发车作业标准

程序	作业标准	
	值班站长	值班员（站务员）
一、请求闭塞	1. 根据《行车日志》（或通过LOW）、调度命令确认转换轨空闲（第一趟列车与行车调度、车场共同确认） 2. 向车场请求闭塞，"××次请求闭塞"	
二、准备发车进路	3. 布置值班员："准备××次发车进路" 6. 听取汇报，复诵"××次××道发车进路好了，线路出清"	4. 复诵"准备××次发车进路" 5. 将进路上的道岔及防护道岔开通到正确位置并加锁。经确认正确后，向值班站长报告"××次××道发车进路好了，线路出清"
三、办理闭塞	7. 复诵接车站发出的电话记录，"电话记录××号××分同意××次闭塞" 8. 填写行车日志，对照行车日志，填写路票	
四、列车出发	9. 核对路票无误后，将电话记录号码和接车线路通知司机 10. 指示值班员发车 13. 复诵"××次出发"，填写行车日志 14. 列车出发后，向车场、行车调度报点，"××次××分开"	11. 接到值班站长指示发车的指令后，向司机显示发车信号 12. 列车出清站台后，向站控室报"××次出发"
五、开通转换轨	15. 复诵列车到达车场时刻及号码，"电话记录××号××次××分到"，填写行车日志，确认转换轨开通	

（2）电话联系法组织行车时车站接车作业流程，见表3.4.4。

表3.4.4　电话联系法组织行车时车站接车作业流程

程序	作业程序及用语	
	值班站长（值班员）	值班员（站务员）
一、听取闭塞预报	1. 听取车场闭塞请求，复诵"××次请求闭塞" 2. 根据《行车日志》（或通过LOW、CCTV）、调度命令确认站内线路空闲和转换轨线路空闲（第一趟列车与行车调度、车场共同确认）	

续表

程序	作业程序及用语	
	值班站长（值班员）	值班员（站务员）
二、检查及准备进路	3. 布置值班员（站务员）："检查××道，准备××次接车进路"	4. 复诵"检查××道，准备××次接车进路"
	6. 听取汇报后，复诵"××次××道接车进路好了，线路出清"	5. 检查线路空闲，将进路上的道岔及防护道岔开通正确位置并加锁。经确认正确后，向值班站长报告"××次××道接车进路好了，线路出清"
三、承认闭塞	7. 通知车场"电话记录××号××点××分同意××次闭塞"，填写行车日志准备接车	
四、接车	8. 听取车场发车通知，复诵"××次××分开"，填写行车日志	
	9. 布置值班员："××次开过来，准备接车"	10. 复诵"××次开过来，准备接车"，监督列车进站停车
		11. 列车对位停车后，向值班站长报"××次到达"
五、开通转换轨	12. 复诵"××次到达"，填写行车日志，通知车场"电话记录××号××次××点××分到"，开通转换轨	
	13. 向行车调度报点"××次××分到"	

? 想一想

电话闭塞法与电话联系法接发列车作业程序有何区别？

三、接发列车相关规定

1. 使用路票的补充规定

使用路票办理接发列车作业时，还应遵守以下补充规定，如图3.4.1所示。

（1）已办妥闭塞但因故不能接发车时，应立即发出停车信号进行防护，由提出一方发出电话记录号码作为取消闭塞的依据。

（2）列车由站间的途中退回发车站时，由发车站发出电话记录号码作为取消闭塞的依据，并须及时向行车调度报告。

（3）取消闭塞短语　请求取消×次闭塞，同意取消×次闭塞，电话记录×号，×分取消×次闭塞。

图3.4.1　路票使用

（4）路票作为行车凭证有一定严肃性，不得随意涂写、撕毁，作废路票需写明作废原因做成记录并连同废票交由保管备案。

（5）路票填写如有增添字句或涂改，均应作废，须重新填写。

（6）路票必须按顺序逐张使用，由值班站长（行车值班员）亲自签发，并对路票的电话记录号码、车次、方向、站印、日期、当班行车值班员姓名进行确认。

（7）发车进路未准备妥当不准填写路票。

（8）如在办妥电话闭塞手续后，行车调度员临时下令因故取消站间电话闭塞时，对已填发的路票应打"×"注销。

（9）车控室应经常保持不少于 500 张加盖行车专用章的路票。

（10）车站必须设专人负责按顺序核对及保管和领取路票，打"×"作废的路票应集中保管 30 天后自行销毁。

（11）电话记录号码自每日 0 时起至 24 时止，按日循环顺序使用；号码一经发出，无论生效与否不得重复使用；每个车站使用的电话记录号码均有统一规定。

（12）路票填写的日期以接车站承认闭塞时间为准，零时前办理的闭塞，司机如在零时收到路票仍视为有效。

2. 人工排列进路作业程序

在使用电话闭塞法或电话联系法组织行车的过程中，需要人工排列接发列车的进路。人工排列进路的作业程序如下。

（1）值班员和站台安全员两人携带信号灯/旗、手摇把、道岔钥匙、钩锁器、扳手、对讲机、无线调度电台、手电筒，着荧光衣、戴手套。

（2）下线路前须得到行车调度允许，人工准备进路必须从距车站最远的道岔开始，从远到近依次排列。

（3）现场确认道岔，需要转向时应一人操作，另一人防护确认。一个人用工具按正确程序打开盖孔板，手摇道岔，准备好进路；另一个人确认道岔位置正确后加锁。

（4）确认进路上各道岔的开通位置时，操作者相互用对讲机联络，同时用手信号显示正确情况。

（5）当上（下）行线路的进路准备妥当并出清线路后，报告站控室（对讲机工作盲区可由行车调度中转），再准备下（上）行线路进路。

（6）值班站长接到进路准备妥当、线路出清的汇报后，立即做好相应线路的接车或发车准备工作，并报告行车调度。

 任务操作

完成表 3.4.5~表 3.4.7 实训工单。

表3.4.5　实训工单1　电话闭塞法发车作业

程序	作业标准	
	值班站长	值班员
一、请求闭塞	1.	
	2.	
二、准备发车进路	3.	4.
	6.	5.
三、办理闭塞	7.	
	8.	
	9.	10.
	11.	12.

续表

程序	作业标准	
	值班站长	值班员
四、列车出发	14.	13.
	15.	
五、开通区间	16.	

表 3.4.6　实训工单 2　站间电话闭塞法接车作业标准

程序	作业标准	
	值班站长	值班员
一、听取闭塞车请求	1.	
	2.	
	3.	
二、检查及准备进路	4.	5.
	7.	6.
三、同意闭塞	8.	
四、接车	9.	
	10.	11.
	13.	12.
五、开通区间	14.	

表 3.4.7　实训工单 3　路票填写

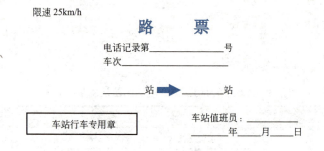

任务考核

一、单选题

1.（　　）是指当 ATC 系统发生故障或闭塞设备无法满足列车运行要求时，由车辆基地信号楼调度员与正线连接站行车值班员利用站间电话联系,以电话记录的方式办理闭塞,组织列车进出车辆基地的方法。

A. 自动闭塞法　　　　B. 电话闭塞法　　　　C. 移动闭塞法　　　　D. 电话联系法

2. 人工准备进路必须从距车站最远的道岔开始,(　　)依次排列。

A. 从远到近　　　　B. 从近到远　　　　C. 从内到外　　　　D. 从外到内

二、多选题

1. 代用闭塞法包括(　　)等。

A. 自动闭塞法　　　　B. 电话闭塞法　　　　C. 移动闭塞法　　　　D. 电话联系法

2. 交接路票时必须核对的内容包括(　　)等。

A. 日期　　　　B. 车次　　　　C. 方向　　　　D. 电话记录号码

三、判断题

1. 闭塞设备必须保证在同一区间或闭塞分区内的同一线路上,在同一时间内只能允许有一辆列车占用。(　　)

2. 电话闭塞法中,列车进行折返作业时按调车方式办理,车站准备好进路后发车手信号通知司机,需要办理路票,列车凭路票进出折返线。(　　)

四、思考题

1. 说明电话闭塞法内涵及适用情况。

2. 说明路票使用的规定。

项目4
城市轨道交通车站票务管理

任务4.1 认知票务组织

 知识目标

1. 熟悉AFC系统的构成及功能;
2. 掌握AFC系统的业务及车站AFC设备。

 能力目标

1. 能明确AFC系统的组成部分、功能及业务内容;
2. 能识别车站AFC设备。

 素质目标

具有良好的城市轨道交通职业道德、良好的团队合作精神和乘客服务意识。

 任务引入

乘坐城市轨道交通(地铁、轻轨等)出行,了解不同车站AFC设备的配置与布局。

任务分析

一、城市轨道交通AFC系统内涵

目前,世界上城市轨道交通售检票系统主要有印制纸票的人工售检票系统、印制纸票的半自动售检票系统、一次性磁票自动(半自动)售检票系统、接触式智能卡自动(半自动)售检票系统、非接触式智能卡自动(半自动)售检票系统等。由于城市轨道交通范围相对较小,线路关联度高,短途高密度的客流特点,并要求信息传递及时,同时信息处理量大,所以目前大部分城市都采用自动售检票系统,大大提高了运营管理水平。

二维码4.1

城市轨道交通自动售检票系统(AFC)是通过对计算机、统计、财务等专业知识的综合运用来实现轨道交通的售票、检票、计费、收费、统计、清分结算、运营管理等全过程的自动化系统。

自动售检票系统是涉及机电一体化、信息识别、信息处理、信息安全、信息管理、网络通信、数据库、智能卡、嵌入式、过程控制、测试、仿真、图像处理、操作系统和集成等多种技术的大型信息系统。

城市轨道交通自动售检票系统的技术基础是信息技术,如图4.1.1所示。

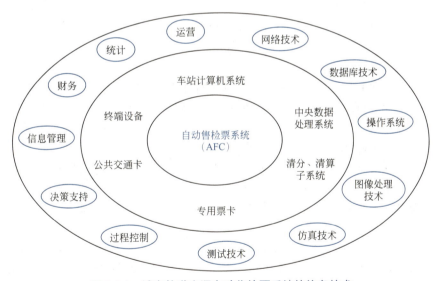

图4.1.1 城市轨道交通自动售检票系统的信息技术

二、城市轨道交通AFC系统架构

城市轨道自动售检票系统是处理城市范围内众多轨道交通线路售检票业务的管理系统,涉及路网业务、线路业务、车站处理、终端处理和车票媒介方面的内容。根据业务和层次,城市轨道自动售检票系统构架的参考模型包含5个层次,如图4.1.2所示。

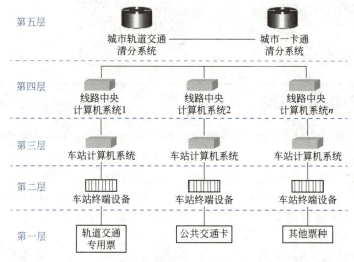

图 4.1.2　城市轨道交通 AFC 系统架构

1. 城市轨道交通清分系统

（1）清分系统构成　清分系统（CCS）应包括服务器、工作站、网络设备、车票编码/分拣机、不间断电源和打印机等。

（2）清分系统基本功能　清分系统的主要功能是统一轨道交通自动售检票系统内部的各种运行参数，收集城市轨道交通自动售检票系统单程票产生的交易和审计数据并进行数据清分和对账，负责单程票的初始化和调配、应急票的制作，进行线路之间的票款清分和客流统计、数据挖掘，并辅助各业务部门进行分析决策，同时负责城市轨道交通自动售检票系统与"城市一卡通"清算系统之间的对账、清分和结算等。

2. 线路中央计算机系统

线路中央计算机系统（LCC）是城市轨道交通自动售检票系统负责线路运营管理的主要信息管理系统，是 AFC 系统核心部分。通过线路中央计算机系统对地铁 AFC 系统内所有设备的监控，实现系统运作、收益及设备维护集中管理，实现对系统数据的集中采集、统计及管理，实现与一卡通系统的数据交换及财务清算。

（1）构成　线路中央计算机系统应包括服务器、工作站、网络设备、不间断电源和打印机等。

（2）基本功能　线路中央计算机系统的基本功能包括：①接收、发送城市轨道交通清分系统的运行参数、票价表、降级运行模式、交易结算数据、黑名单及查票调配信息；②向清分系统上传各类车票的原始数据；③接收和处理系统各类车票的原始交易数据、设备状态数据及设备维护数据等；④对采集的数据进行分类处理，完成各种统计分析报告和报表打印；⑤具有系统及数据的自动备份和恢复功能；⑥设置和管理本线路系统和终端设备的操作权限；⑦对系统中各种参数的设置和更新进行管理；⑧应能与时钟系统同步，并将时钟信息下传到车站计算机系统；⑨在无清分系统的情况下，线路中央计算机系统还应符合有关规定。

3. 车站计算机系统

（1）构成　车站计算机系统（SC）应包括服务器、工作站、网络设备、紧急按钮、不间断电源和打印机等。

（2）基本功能　车站计算机系统的基本功能包括：①接收线路中央计算机系统运行参数、运行模式及黑名单等，并下传给车站终端设备；②采集车站终端设备的原始交易数据和设备状态数据，并上传给线路中央计算机系统；③对车站终端设备进行实时监控，并能显示设备的通信、运行状态及故障等信息；④完成车站各类票务管理、数据处理、业务统计、实时监控系统运营、接收和发送运营指令以及设备监控、时钟同步等；⑤保存不少于7个运营日的业务数据和系统数据，并应有数据备份；⑥记录审核与应用系统和数据库安全性有关的事件；⑦接收线路中央计算机系统下传的设备更新软件，通过车站系统网站对车站终端设备的软件进行更新。

4. 车站 AFC 系统终端设备及其功能

车站终端设备应包括售票机及相关配套设备。车站 AFC 系统终端设备的基本功能包括：①设备应具有正常服务模式、降级服务模式、维护模式、故障模式；②正常服务模式时，设备处于自动运行状态，能实现自动售检票的功能；③降级服务模式时，设备按系统要求实现降级模式下的售检票功能；④在对设备进行检测和维护时，设备处于维护模式，在维护模式下宜使用测试用车票；⑤设备发生故障时，应自动进入故障模式，并能向系统报告故障信息；故障消除后，设备应能自动恢复实现售检票的功能；⑥当外部电源失电时，车站终端设备内部系统应不被改变或破坏，并能保存断电前的工作状态和内部数据；⑦从车站终端设备读写区域的表面到最大读写距离范围内，应均能正确操作车票，最大读写距离，卡片型车票应不小于 60mm，筹码型车票应不小于 400mm；⑧当两张以上的车票同时出现在车站终端设备的读写区域内时，车票读写器应能区分并能正确操作。

三、城市轨道交通AFC系统业务管理

1. 工作方式

售检票系统业务是城市轨道交通运输组织的一个非常重要的环节，根据售检票作业的环境分为开放式售检票作业方式和封闭式售检票方式。

（1）开放式售检票作业方式指车站不设售检票口，乘客在上车前或在车上注销车票并随机检查票。一般适用于客流量较小的轨道交通系统，同时要求国民素质相对较好，并在运营收入低于运营成本时有政府的补贴。

（2）封闭式售检票作业方式是指乘客进出站均要经过检票口检票。封闭式售检票作业方式能减少或杜绝无票乘车，越站超时乘车等现象，确保客运收入。

在封闭式售检票作业环境下，售检票方式还可以分为人工售检票、半自动售检票、自动售检票3种。

 想一想

不同售检票方式有何区别？其适用范围是什么？

2. 业务管理

城市轨道交通 AFC 系统业务管理的主要内容如图 4.1.3 所示。

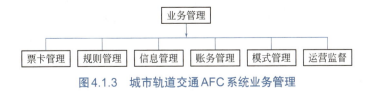

图 4.1.3　城市轨道交通 AFC 系统业务管理

（1）票卡管理　票卡是乘坐轨道交通的有效凭证，是自动售检票系统中不可缺少的信息

载体和交互媒介。票卡管理是从票卡采购、循环使用到回收、报废等整个过程的管理。

（2）规则管理　票务系统涉及多部门、多环节，要确保这些部门和环节的有效运作、高效联动，就必须依托一套科学、严密的规则和流程。规则管理就是为确保系统规范运作而制定出一系列规则和流程并加以实施，包括票价策略、收益分配、结算规则、权限管理和操作流程等。

（3）信息管理　城市轨道交通自动检票系统是一个庞大的系统，它涵盖了乘客进站、乘客出站、乘车费用、流向、流量等基本信息，同时为满足运营管理及相关各方面需要，必须对系统收集的基本数据进行深度挖掘、加工，开展统计分析并发布信息。信息管理就是对系统中的相关信息进行收集、传递和处理，包括信息收集、信息传输、信息存储、信息统计和信息发布等。

（4）账务管理　城市轨道交通自动售检票系统中涉及票卡发售、票款汇缴、收入分清和资金划拨等一系列账务处理过程，账务管理就是对系统内的分配、入账等过程所进行的管理。

（5）模式管理　所谓模式，就是指在不同状况、条件下，为达到某些特定的效果所采取的方式方法。模式管理就是针对不同的运营状况、条件所作出的相应操作行为的选择和实践，包括正常运营模式、降级运营模式以及相配套的运营管理。

（6）运营监督　系统运营涉及通信、信号、列车、运营组织以及乘客、线路、车站等方方面面。城市轨道交通自动售检票系统运营监督就是通过本系统的设备以及所具有的完整、严密、及时的信息流对运营状况进行实时跟踪监督，以提高运营管理和服务水平，包括信息传输状况监督、客运状况监督、车票调配监督、收款监督和收益监督等。

四、城市轨道交通AFC车站设备

城市轨道交通AFC车站设备包括下列组件。

（1）车站计算机　用于自动售票机（TVM）、半自动售票机（BOM）等设备所在车站的控制和本地配置及每个车站的本地数据收集。

（2）自动售票机　用于出售筹码式单程票，接受银行票据和硬币。

二维码4.2

（3）半自动售票机（BOM）　用于出售票卡，售票厅接受用户咨询。

（4）自动检票机（AG）　装备有票卡控制系统和扇门，在付费区和非付费区之间控制人流。

（5）便携式验票机（PVU）　用来控制付费区内的非接触式筹码和卡。PVU是个移动设备，它能通过通信单元便携地连接到车站计算机上。

二维码4.3

任务操作

完成表4.1.1 实训工单。

表4.1.1　实训工单　AFC车站设备列举

设备名称	TVM	BOM	AG	PVU
设备照片				
设置区域				

任务考核

一、单选题

1.（　　）指车站不设售检口,乘客在上车前或在车上注销车票并随机检查票的作业方式。
  A. 自动售检票作业方式　　　　　　B. 开放式售检票作业方式
  C. 半开放式售检票作业方式　　　　D. 封闭式售检票作业方式

2.（　　）装备有票卡控制系统和扇门,在付费区和非付费区之间控制人流。
  A. 半自动售票机　　B. 便携式验票机　　C. 自动检票机　　D. 自动售票机

二、多选题

1. AFC 系统能够实现轨道交通的（　　）等。
  A. 售票、检票　　　B. 计费、收费　　　C. 统计　　　　　D. 清分结算

2. AFC 系统架构的五个层次包括（　　）和车票媒介等。
  A. 清分系统　　　　　　　　　　　B. 线路中央计算机
  C. 车站计算机　　　　　　　　　　D. 终端设备

三、判断题

1. 票卡管理是对票卡采购、循环使用以及回收、报废等整个过程的管理。（　　）
2. 清分系统的主要功能是统一轨道交通自动售检票系统内部的各种运行参数,收集城市轨道交通自动售检票系统单程票产生的交易和审计数据并进行数据清分和对账。（　　）

四、思考题

1. 说明城市轨道交通 AFC 系统的内涵及特性。
2. 列举地铁 AFC 车站设备。

任务4.2　操作与维护自动检票机

知识目标

1. 掌握自动检票机的类型、功能、结构和工作模式;
2. 掌握自动检票机常见故障诊断与处理方法。

能力目标

1. 能识别自动检票机的结构组成及工作模式的运用;
2. 会诊断与处理自动检票机的常见故障。

素质目标

培养学生诚实守信的品格和勇于创新、与时俱进的工作作风。

任务引入

乘坐城市轨道交通（地铁、轻轨等）出行,了解地铁车站自动检票机的布置。

任务分析

一、自动检票机分类

1. 自动检票机内涵

自动检票机简称闸机（AG），是实现乘客自助进出站检票交易（在非付费区和付费区间通行）的设备，对有效车票，检票机通道阻挡解除（门扇开启或释放转杆），允许乘客进出站。

自动检票系统根据检票计划和运行参数，实现自动检票机自动读判磁票电子信息及乘客通行智能监控，允许合法乘客通过，阻挡非法乘客，实现乘客进出站自助检票。

 小资料

> 德国所有城市地铁都没有检票机，出入全靠自觉。当然，每天都有工作人员查票、罚款、记录，多次逃票会被起诉。在信用社会里，会先把每个个体看作一个真正的社会的人，若信用透支，麻烦也会接踵而来，说谎和失信的成本很高，所以人们更珍惜信用。
>
> 自动检票机又被称为闸机，不过您知道吗？严格意义上来讲，这种叫法是不准确的。闸机最早于20世纪80年代被应用于我国地铁中，90年代后推广应用于景区、超市和写字楼等，仅是一种通道阻挡装置。在地铁应用中，闸机与地铁票务系统结合，才构成我们今天地铁里所谓的自动检票机。

2. 自动检票机的基本要求

自动检票机设备满足乘客"右手原则"，乘客右手持票可快速通过自动检票机检票。对储值卡采用"照进照出"方式，对单程票采用"照进插出"方式，设备对有效的车票应解除通道阻挡装置让乘客通过。在出站检票时，应能对指定的轨道交通专用的IC单程票回收。发生紧急情况时，通过车站控制室紧急按钮，可开启所有扇门，保证乘客迅速离开付费区。

3. 自动检票机的类型

（1）根据阻挡装置类型，自动检票机可以分为三杆式检票机、拍打门式检票机、扇门式检票机，如图4.2.1所示。

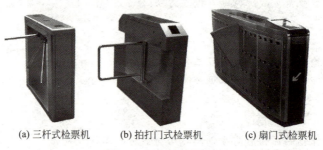

(a) 三杆式检票机　　(b) 拍打门式检票机　　(c) 扇门式检票机

图 4.2.1　自动检票机

（2）根据功能，自动检票机可以划分为进站检票机、出站检票机和双向检票机3种。进站检票机用于完成进站检票，检票端在非付费区；出站检票机用于完成出站检票，检票端在

付费区；双向检票机既可完成出站检票，在付费区和非付费区又可分别按照进站和出站的处理规则完成检票功能。

（3）根据通道宽度，自动检票机可以分为普通检票机和宽通道检票机两种类型。

 小资料

> 目前，上海地铁闸机分为3种类型：三杆闸机、门扇式闸机、拍打式闸机。其中，门扇式闸机为宽通道闸机，扇形门为三角形。如乘客携带大件行李、手推婴儿车、轮椅车等可从此闸机处进出站，较为便捷。

4. 自动检票机功能

（1）自动对车票进行有效性检验，对有效车票进行相应的处理后放行乘客，对无效车票拒绝放行。

（2）对车票处理结果给出明确的提示信息。

（3）对通道的通行状态给出明确指示。

（4）对特殊车票的使用给出明确提示。

（5）对需要回收的车票执行回收操作。

（6）对各部件的工作状态进行自动监测，并向车站计算机系统上报工作状态。

（7）接收车站计算机系统下发的参数和控制命令，并执行相应的操作。

（8）储存并上传交易信息。

（9）接收紧急按钮信息并控制设备操作。

二、自动检票机结构组成

1. 自动检票机的安装位置

地铁车站分为付费区和非付费区，之间有自动检票机隔开，以控制乘客进入或离开付费区，如图4.2.2所示。这些自动检票机被放置成各种阵列，有进站阵列、出站阵列和双向阵列，自动检票机总体布局如图4.2.3所示。

图4.2.2　地铁车站自动检票机

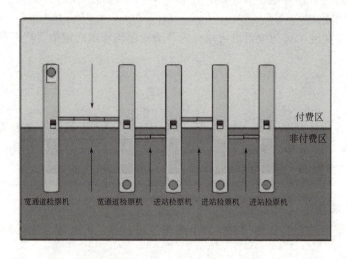

图4.2.3　自动检票机总体布局

2. 自动检票机的结构

每个乘客通道有两台自动检票机，每边一台。自动检票机内配有剪式扇门、光学传感器、智能票卡读写设备、票箱、电源和电子主控模块、乘客信息显示器等，如图4.2.4所示。

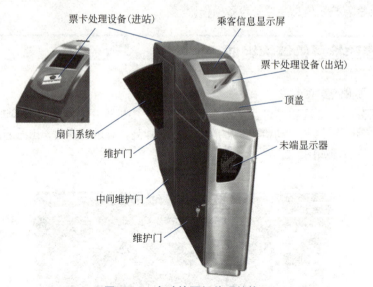

图4.2.4　自动检票机外观结构

二维码4.4

自动检票机界面显示描述如表4.2.1所示。

三、自动检票机的工作模式

自动检票机（闸机）的工作模式有"正常服务模式""暂停服务模式""故障模式""维护模式""紧急放行模式"和"车站关闭模式"等。

表4.2.1 自动检票机界面显示描述

类型	作用	示例
乘客显示器	向乘客显示车票处理结果，显示设备运行模式、状态等提示信息	
方向指示器	提示通道进出方向是否可用	
警示灯	报警、无效票	
刷卡指示灯	根据模式显示	
语音提示	乘客正确使用车票、正确过闸等语言提示信息	例如，"请您通知工作人员"

（1）"正常服务模式"对应于自动检票机的通常操作。

（2）"暂停服务模式"可以通过车站计算机发出的一个特定的指令设置（可以对某通道或某阵列的自动检票机进行设置），或者可以由维护操作人员直接设置。该模式也可以当自动检票机发生电源故障，出现某个设定的事件，自动检票机的维护门被打开以及一个被提供的时间表而自行设置。在该模式下，乘客不能使用自动检票机。

（3）"故障模式"是系统侦测到自动检票机某模块故障无法自身修复，需要人工进行修复，此时乘客不能使用自动检票机。

（4）"维护模式"是当自动检票机维护操作人员在自动检票机操作进入的。在该模式下，乘客不能使用自动检票机。

（5）"紧急放行模式"下，扇门将打开，乘客可以自由地通过自动检票机且不用进行验票。该模式可以通过车站计算机设备命令对所有自动检票机实现，也可以通过紧急按钮或火灾报警系统产生。紧急打开模式具备最高优先级，可以覆盖其他5种模式。

（6）"车站关闭模式"下，自动检票机仅能作为出站自动检票机使用（如果具备出站功能），进站方向是阻塞的。该模式可以通过车站计算机设置命令对所有自动检票机实现，或者通过维护操作人员设置，或自动检票机通过特定的时刻表设置。

> **想一想**

哪些工作模式下乘客可以使用自动检票机?

四、自动检票机常见故障诊断与处理

自动检票机常见故障诊断与处理方法见表 4.2.2。

表 4.2.2　自动检票机常见故障诊断与处理

序号	故障类型	故障现象	故障原因	处理
1	读卡器故障	读卡器读卡或票无反应	线路故障	（1）信号线　检查信号线是否连接良好或信号线是否损坏； （2）电源线　检查电源线是否连接良好或是否有电压输出以及电源线是否损坏； （3）天线　检查天线是否连接正确和良好或天线是否损坏
			硬件故障	判断读卡器是否损坏并进行更换
			软件故障	在确定不是线路故障和硬件故障之外且对读卡器断电、上电一次之后故障即消除。此时我们可以将这种故障定义为软件故障。使用读卡器通信软件检查读卡器软件版本，如有需要，需重新对读卡器进行软件下载
2	闸机末端显示器（GED）故障	GED 不亮	线路故障	（1）检查电压输出是否正常； （2）线缆是否损坏
			硬件故障	（1）检查熔体是否损坏； （2）电路板； （3）LED
3	票箱部分故障	不识别票箱	线路故障	（1）检查线缆是否正确连接； （2）线缆是否损坏
			硬件故障	（1）检查票箱传感器位置是否恰当； （2）票箱传感器是否损坏
4	传感器故障	传感器无法正常工作	线路故障	（1）检查各传感器线缆连接是否良好； （2）检查电压是否正常
			硬件故障	检查传感器是否损坏，若损坏，则进行更换
			其他	（1）如出现传感器接收信号不佳时，可调整传感器位置使其达到信号接收最佳位置； （2）如出现某些传感器反复故障，可适当调整这些传感器的灵敏度
5	乘客逻辑控制器（PLC）故障	扇门和传感器无法正常工作	线路故障	（1）检查 PLC 板各线缆连接是否良好； （2）检查各电源线电压是否正常
			硬件故障	（1）PLC 板； （2）主控芯片； （3）溶体

任务操作

完成表 4.2.3 实训工单。

表4.2.3　实训工单　更换AGM票箱

功能	操作步骤	步骤展示（照片）
开门	打开维修门	
登录	1. 拿出小键盘，确认小键盘红灯亮，如红灯不亮，按"NUMLOCK"按钮	
	2. 按123进入登录界面，根据付费区的AGM显示屏，用小键盘输入用户名和密码	
取下票箱	1. 登录后，通过小键盘数字"3"选择更换票箱	
	2. 选择数字"1"或"2"，更换对应A、B票箱	
	3. 选择"1"后的界面，下方会出现红色"请移除A票箱"字样	
	4. 按压票箱上方绿色按钮，票箱上方将向上弹起	
	5. 拉起并置入票箱的锁盖	
	6. 插入钥匙逆时针旋转，然后拉出票箱	
	7. 票箱已取下，按下可以装单程票	
	8. 拿出票箱后显示屏状态：票箱ID与车票数目均显示"NULL"，屏幕下方红色字体显示"请插入新票箱"	
安装票箱	1. 推入新票箱，顺时针旋转钥匙	
	2. 拉开票箱锁盖	
	3. 按下票箱上方保护盖	
	4. 输入新票箱数量0	
	5. 输入后屏幕下方绿色字体显示"更换票箱成功"	
关门	关上维护门，并上锁	

任务考核

二维码4.5

一、单选题

1.（　　）是实现乘客自助进出站检票交易的设备。
A. 自动售票机　　　B. 半自动售票机　　　C. 自动检票机　　　D. 自动加值机

2. 进站检票机用于完成进站检票，检票端设置于（　　）。
A. 出入口　　　B. 付费区　　　C. 非付费区　　　D. 站台

二、多选题

1. 根据阻挡装置类型，自动检票机可以分为（　　）。
A. 宽通道检票机　　　B. 三杆式检票机　　　C. 扇门式检票机　　　D. 拍打门式检票机

2. 自动检票机（闸机）的工作模式有（　　）等。
A. 正常服务模式　　　B. 暂停服务模式　　　C. 故障模式　　　D. 紧急放行模式

三、判断题

1. 自动检票机设备满足乘客"左手原则"，乘客左手持票可快速通过自动检票机检票。
（　　）

2. "紧急放行模式"下，扇门将打开，乘客可以自由地通过自动检票机而不用进行验票。
（　　）

四、思考题

1. 说明自动检票机的类型。
2. 举例说明自动检票机的故障及处理方法。

任务4.3 操作与维护自动售票机

 知识目标

1. 掌握自动售票机的功能、结构组成及操作方法；
2. 掌握自动售票机常见故障诊断与处理方法。

 能力目标

1. 会操作自动售票机；
2. 能进行自动售票机常见故障的诊断与处理。

 素质目标

培养学生团队合作的意识，诚实守信的品格和周到服务的工作作风。

 任务引入

乘坐城市轨道交通（地铁、轻轨等）出行，了解车站自动售票机的操作。

 任务分析

一、自动售票机的内涵

自动售票机（TVM）设于车站非付费区，用于乘客自助式购买地铁单程票，并在购票过程中给出提示，接受乘客投入的现金并完成自动识别，自动计算现金数量及购票金额，自动找零，并自动完成车票校验、车票发售及出售的工作，如图4.3.1所示。

自动售票机的基本功能是通过乘客的自助式操作完成自动售票。自助购票的基本过程包括购票选择、接收购票资金、自动出票及找零等过程。自动售票机可以接受硬币和纸币购买单程票。自动售票机主要实现如下功能：①接收乘客的购票选择，并在购票过程中给出提示信息及操作指导；②可以接收乘客投入的现金并自动完成识别，对无法识别的现金予以退还；③自动计算乘客投入的现金数量及购票金额，并自动找零；④自动完成车票

图4.3.1　车站自动售票机

检验、车票发售及出票；⑤对各部件的工作状态进行自动监测，并向车站计算机系统上报工作状态；⑥接收车站计算机系统下发的参数和控制命令，并执行相应的操作；⑦储存并上传交易信息；⑧对本机接收的现金及维护操作进行管理。

  想一想

地铁车站自动售票机布局需注意什么？

二、自动售票机的购票操作流程

自动售票机的购票操作流程如下：
① 在自动售票机显示屏显示的运营线路上，点击所需乘坐的线路编号；
② 点击需要到达的目的地站名；
③ 点击所需购买的车票张数；
④ 根据显示金额，投入纸币或硬币；
⑤ 取出找零及所购车票。

二维码4.6

 小资料

地铁自动售票机新增按价买票功能

成都地铁对1号、2号线全部自动售票机操作界面进行了升级更新。系统界面新增了按票价购票操作，实现了乘客购票时的3种形式，即按站点、按线路、按票价购买地铁车票。

升级后，主界面布局作出了调整，购票界面左侧为线路图操作区域，其余操作包括按票价购票、充值、中英文切换操作等，全部集中在界面右侧。

其中，按票价购票，乘客可直接点击主界面右侧票价按钮即可进入，选择目的站点票价，选择购票张数，投入钱币，取出车票及找零，完成购票。

三、自动售票机的组成

自动售票机以主控单元为核心，辅以现金处理装置、车票处理装置、乘客显示器、打印机、电源等模块组成。根据需要，还可配置触摸屏、运营状态显示器、银行卡读写器及密码键盘等部件。自动售票机外观结构如图4.3.2所示，自动售票机内部结构如图4.3.3所示。

1. 主控单元

主控单元内安装设备控制软件，负责对各模块运行控制、完成车票处理、现金处理显示、数据通信、状态监控等。

主控单元采用32位高性能处理器，符合工业级应用标准，具有良好的抗电磁干扰性能，能保证整机全天24h不停机地稳定运行。通过设备内配置的不间断电源，在失电的情况下能保证完成最后一次交易过程。

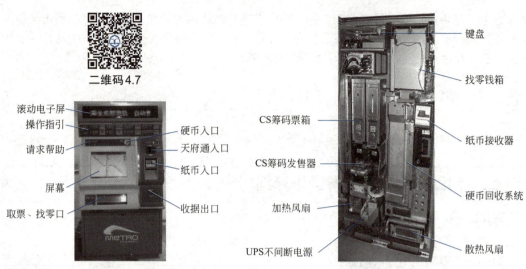

图 4.3.2　自动售票机外观结构　　　　图 4.3.3　自动售票机的内部结构

设备主控单元内置实时时钟维持当前日期及时间,其准确性满足至少为 ±1s/ 天的要求。

2. 单程票处理模块

币式单程票发售模块由控制板、单程票补票箱、单程票回收箱、废票箱、车票读写器、车票传送机构等构成,完成单程票出票、清票等业务操作。

二维码4.8

（1）单程票出票器　两个出票器并排固定在模块上部,容器上方使用钢板包围,只留与补票箱对应的开口,加票挡板作为开关,这可保证出票器里面的票不会在运行过程中飞出。

（2）单程票回收箱　单程票回收箱主要由回收箱盖、回收箱体、回收箱提手和锁组成,回收箱容量超过 2000 枚,盖上的锁可有效地防止非授权人员直接接触到车票,避免车票的流失。要打开回收箱,必须同时有回收箱拖架钥匙和回收箱钥匙。

（3）废票箱　废票箱安装在单程票处理装置的废票口下方,其容量约为 200 枚车票。可设定废票箱容量达一定的比例后,呈"满"或"将满"的状态。

（4）补票箱　用于补充设备单程票的数量,防止由于车票不足而导致乘客无法购票。该补票箱能与闸机的单程票箱互用。其容量约为 1000 枚单程票。

3. 硬币处理模块

硬币处理模块主要由主找零器、缓存找零器、硬币接收器、硬币暂存器、硬币加币箱、硬币回收箱等构成,从而实现硬币的接受、识别、原币退还、找零、加币、清币等功能。

（1）主找零器　自动售票机具有两个主找零功能的专用容器和发币装置,每个找零器存放同一种面值的硬币。

二维码4.9

（2）缓存找零器　可实现找零的循环处理,即当缓存找零器内硬币存量不足时,能自动将乘客投入的硬币导入缓存找零器进行补充。

（3）硬币接收器　硬币接收器的主要作用是接收由乘客投入的硬币,并对硬币的真伪进行检测,目前可接受国内当前流通的第4版和第5版的5角、1元硬币。

（4）硬币通道控制模块　硬币通道控制模块包括暂存器和传输通道两个部分。

硬币暂存器主要是将收到的硬币做暂存处理,根据指令来控制马达的转动方向,从而将接收到的硬币倒入换向器或硬币出币器中;传输通道主要控制硬币在硬币通道内的下落方向,根据指令把从硬币暂存器和硬币出币器出来的硬币分别放入硬币钱箱和找零口中。

（5）硬币加币箱　采用专用的硬币加币箱补充硬币，可确保操作人员在补充过程中无法接触到现金。使用专门设计的开锁机构，加币箱才会被打开，开锁后硬币就自动滑落到专用找零器中。

补币的币种可能是两种，而加币箱类型只有一款。为防止补错币，在硬币加币箱的左右侧面上加装一个防错螺钉（如5角的装在左侧面，1元的装在右侧面），通过机械的方式防错。

（6）硬币回收箱　用于接收和存放从传输通道滚落到钱箱中所收集到的硬币。要打开回收箱，必须同时有回收箱拖架钥匙和回收箱箱盖钥匙。

4. 纸币处理模块

纸币处理模块由纸币识别器和纸币钱箱组成，主要完成纸币接收、识别、暂存、堆叠和存放功能。

（1）纸币识别器　主要功能是自动接收、识别插入的钞票，并根据识别的结果把真钞存入纸币钱箱，把假币和不能识别的钞票退出。目前可以识别5元、10元、20元、50元、100元的第4套和第5套人民币。

（2）纸币钱箱　纸币钱箱主要用于储存乘客购票的纸币，可容纳不少于1000张纸币。纸币进入钱箱后是整齐堆叠的。

5. 电源模块

电源模块主要包括电源箱、电源开关盒、接线盒、漏电保护开关和不间断电源几部分。

（1）电源箱　电源箱是TVM的主电源，其作用是把输入的交流电转变成为多组直流电输出，给不同的设备提供不同的电源，如热敏凭条打印机、硬币处理模块、单程票处理模块等。

（2）电源开关盒　电源开关盒的作用是对进线电源进行再分配，给TVM各部件提供电源和备用电源。

（3）漏电保护开关　当整机出现漏电现象时，漏电保护开关会通过烧断熔体切断整机电源，起到安全保护作用。

6. 不间断电源（UPS）

不间断电源为设备提供后备电源，能确保设备断电后最后一笔交易完成。正常供电时，不间断电源向设备提供稳定的供电，同时对电池自动充电。当突然停电时，可立刻切换到电池逆变供电，使自动售票机可以在电源发生短暂中断的情况下保持正常工作。

7. 后台维护终端模块

后台维护终端是一个现实字符串和发送按键值的终端设备，被挂在维护门内的支撑架上。作为TVM的一部分，为TVM的日常管理和硬件检测提供操作界面、故障诊断和设置，在日常维护中用于打印日结账、加币、加票等，或控制更换加币和加单程票等。对声音的控制也可以通过后台维护终端进行。

使用后台维护终端可以方便地对设备系统中的各个硬件模块进行测试，如打印机、单程票处理模块，等等。通过对这些硬件模块的测试，可以检测这些硬件模块的状态。在TCM出现故障时，使用后台维护终端能够帮助维护人员快速定位故障位置。

8. 显示模块

显示模块包括乘客显示器和触摸屏两部分，是TVM与客户进行信息交流的设备。

（1）乘客显示器　安装在自动售票机的前面板上，位于触摸屏之后，用于显示轨道交通线路、车站分布图和有关购票操作提示信息等。显示器的安装采用扣挂方式固定，便于在维护和更换时进行拆卸。

（2）触摸屏　触摸屏覆盖于乘客显示器表面，采用19英寸声波防爆触摸屏，乘客可通过触摸屏对自动售票机进行操作。触摸屏可自动识别灰尘和障碍物，具有防水、防尘、抗刮擦等特性。

9. 运营状态显示器

运营状态显示器放置在自动售票机前面板的正上面，为乘客购票提供信息，以汉字和英语显示当前自动售票机的运行模式和操作模式。

运营状态显示器模块支持《信息交换用汉字编码字符集 基本集》（GB 2312—80）国家标准编码的一级、二级字库，英文字母，阿拉伯数字，通过自动售票机控制程序发送的信息，可实现汉字和英语交替显示。

10. 功放模块

功放模块包括功放盒和扬声器，功放盒是将工控机的双声道音频输出信号进行放大，然后将放大后的信号输出以驱动扬声器。

11. 报警器

报警器主要是用于安全警示作用，位于 TVM 机柜内顶部。当出现非法打开维修门、非法移动钱箱时，或者是操作人员输入的用户名和密码错误时，报警器会发出 45～110dB 的报警声。报警音量的大小可通过报警器上的旋钮来进行调节。

12. 维护照明和插座

在 TVM 机柜上部装有一盏 12W 荧光灯，为维护提供照明和电源。荧光灯和插座的供电分开，使得在维修时可以关闭机内所有模块电源，但不影响照明和插座供电。照明灯具有灯罩，灯管可替换，灯管的规格型号为 LS-3-12。

13. 门

自动售票机采用后开双门的设计方式，可以方便地进行维护和维修。维修门通过铰链和外壳相连，可以开启 180°，铰链与机壳之间加焊了高强度不锈钢衬垫，可以保证承受远离铰链边角的平面上施加 90kg 外力，而且不会导致铰链以及其他设备的弯曲或任何损坏。通过转动安全锁的把手，带动门轴上下移动，实现维修门的开关。

四、自动售票机常见故障诊断与处理

自动售票机常见故障诊断与处理方法见表 4.3.1。

表 4.3.1　自动售票机常见故障诊断与处理

序号	故障	故障现象	处理方法
1	死机	TVM 由于软件原因造成应用程序无法使用，从而影响乘客使用	断电重启，如故障仍无法解决，则按流程报工班维修
2	操作卡无法登录	将操作卡放入非接触式智能读写器中，此时"乘客和维护员"屏幕上不显示操作员数字键盘	（1）拔插员工读卡器天线，若不行，则重新安装 SIM 卡或更换安装卡槽，断电重启 TVM。 （2）SIM 卡更换卡槽　断开读卡器电源线（带电更换会烧毁芯片），取下读卡器上的螺丝，更换插槽；将读卡器恢复，断电重启 TVM
3	乘客显示屏故障	黑屏	检查 TVM 电源空气开关是否跳闸，若跳闸则按正常的步骤开机

任务操作

完成表 4.3.2 实训工单。

表4.3.2 实训工单 更换TVM票箱

功能	操作步骤	步骤展示（照片）
开门	打开维修门	
登录	1. 首先显示登录屏幕，可通过此屏幕输入用户名和密码	
	2. 成功登录后，显示＜主菜单＞屏幕，点击"票箱"	
替换票箱	1. 点击"更换A票箱"或"更换B票箱"	
	2. 点击后输入新票箱票数，点击"更换"	
	3. 拉出车票模块	
	4. 按压车票模块上方按钮，票箱上方保护盖将向上弹起	
	5. 拉起并置入票箱的锁盖	
	6. 插入并旋转钥匙	
	7. 取出票箱	
	8. 换一新票箱，对准位置放入，将票箱固定好	
	9. 插入并旋转钥匙	
	10. 拉出票箱锁盖	
	11. 按下票箱上方保护盖	
	12. 将车票模块推入，确定位置到位	

任务考核

二维码4.10

一、单选题

1.（　　）设于车站非付费区，用于乘客自助式购买地铁单程票的设备。
A. 自动售票机　　　B. 半自动售票机　　　C. 自动检票机　　　D. 自动加值机

2.（　　）用于接收和存放从传输通道滚落到钱箱中所收集到的硬币。
A. 硬币接收器　　　B. 纸币处理模块　　　C. 硬币加币箱　　　D. 硬币回收箱

二、多选题

1. 自助购票的基本过程包括（　　）。
A. 购票选择　　　B. 接收购票资金　　　C. 自动出票　　　D. 找零

2. 自动售票机以主控单元为核心，辅以（　　）等模块组成。
A. 现金处理装置　　B. 车票处理装置　　C. 乘客显示器　　D. 打印机和电源

三、判断题

1. 纸币钱箱主要用于储存乘客购票的硬币。（　　）

2. "故障模式"是系统侦测到自动检票机有某模块故障无法自身修复，需要人工进行修复，此时乘客仍然能够使用自动检票机。（　　）

四、思考题

1. 说明自动售票机的内涵及其功能。
2. 举例说明自动售票机的故障及处理。

任务4.4　操作与维护半自动售票机

知识目标

1. 掌握半自动售票机的功能及操作流程；
2. 掌握半自动售票机常见故障的诊断与处理。

能力目标

1. 能进行半自动售票机的各项业务操作；
2. 能诊断与处理半自动售票机的常见故障。

素质目标

培养学生交流沟通、发现知识的能力和勇于创新、与时俱进的工作作风。

任务引入

乘坐城市轨道交通（地铁、轻轨等）出行，了解车站半自动售票机的使用。

任务分析

一、半自动售票机的内涵

半自动售票机（BOM）是一种半自动出售和咨询机器。它的主体安装在站厅的票务室里。授权的操作员用半自动售票机手工出售非接触式智能卡和非接触式智能筹码给乘客。除了直接的售票任务外，半自动售票机也能用来分析票卡中的数据以检验合法金额，确认票卡操作正确，以及发售出站筹码给不能出站的乘客。半自动售票机不管理收款箱和计算金额，非接触式智能卡也保存在一个独立的盒子里，不受半自动售票机管理。

图4.4.1　车站售票问讯处

图4.4.2　半自动售票机

半自动售票机是在车站中以人工方式为乘客提供服务的售补票设备，放置于车站售票和补票室内（乘客服务中心或车站售票问讯处，如图 4.4.1 所示）。半自动售票机的主要功能包括售票、补票、充值、更新、替换、退票、车票挂失、车票分析、车票处理、车票查询、收益管理、设备操作等，如图 4.4.2 所示。

二、半自动售票机的组成

半自动售票机以主控单元为核心，辅以车票读写器、乘客显示器、打印机、电源等模块，还可配置触摸屏、车票处理装置、钱箱等部件。

1. 主机

主机由主控单元和电源模块组成，如图 4.4.3 所示。

图 4.4.3　半自动售票机的主机结构图

主控单元 MCU 负责运行人工售/补票机的控制软件，完成车票处理、数据通信、状态监控及故障检测等功能。主控单元 MCU 采用模块化设计，以满足物理上和功能上的互换性要素，便于维护。

2.IC 卡发售模块

IC 卡发售模块由对车票进行读写的票卡读写器和用于发售 IC 卡车票的车票处理模块组成，如图 4.4.4 所示。

图 4.4.4　IC 卡发售模块

二维码4.11

车票发售模块可用来完成单程车票的自动发售工作，以提高人工发售车票速度和效率。在以自动售票机自助式售票为主的车站，车票处理机构可以用来作为应急发售车票装置。车票处理机构内的主要部件有车票发卡装置、读写器、出票控制板等，这与自动售票机中的模块基本相似。处理机构与主控单元通过串口连接，接受主控单元发出的指令，对单程票进行各种处理，如读取车票内存信息，判断车票的有效性，对车票内储值清零、赋值、校验、出票和废票回收等，车票处理机构能一次发售多张同一票值的车票。

3. 操作员触摸屏显示器

操作员触摸屏显示器为操作员提供人机对话的界面显示，带有红外触摸屏，如图4.4.5所示。

4. 乘客显示器

每套BOM机配置1~2个乘客显示器，分别安放在付费区、非付费区靠近窗口、方便乘客阅读的地方，为乘客提供相关信息的显示（显示中文或英文信息可以通过操作员选择来实现），并且带有一定的语音提示，如图4.4.6所示。

图4.4.5　操作员触摸屏显示器

图4.4.6　乘客显示器

想一想

半自动售票机配置乘客显示器的目的是什么？

5. 桌面IC卡读写器

桌面IC卡读写器提供高级应用程序编程接口，支持对ISO14443 A/B标准卡片的读写操作，如图4.4.7所示。读写器设计有4个SAM卡座，支持多密钥应用，提供读卡器与安全认证模块（SAM）之间的接口和数据传输。扩展读卡器与安全认证模块SAM不会造成读卡器性能的降低。

针对不同的设备应用，相应的IC卡读写器执行充值和消费操作。读写器的有效读写距离为10cm，交易速度在200~1000毫秒。读卡器对票卡的操作满足一卡通对IC卡应用流程的标准要求、SAM安全保密的处理要求和交易数据的处理要求。

6. 票据打印机

票据打印机用于车票发售、加值单据打印，也用于打印班次报表或其他有关信息，如图4.4.8所示。票据打印机可以通过设定选择每完成一次交易，打印机就打印一次，给出运行号、系列号、截止日期等。

图4.4.7 桌面IC卡读写器

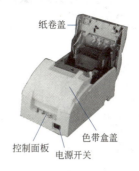

图4.4.8 票据打印机

半自动售票机 BOM 一般采用小型针式打印机,也可采用小型热敏打印机。热敏打印机具有使用寿命长、故障率低的优点,但打印后的单据不能长期保留。目前,半自动售票机 BOM 还是以针式打印机为主。

票据打印机使用注意事项及说明见表4.4.1。

表4.4.1 票据打印机使用注意事项及说明

序号	事项	说明
1	错误	打印机脱机时,指示灯点亮(卷纸到达终端,或者卷纸盖打开时);打印机正确作业时,指示灯熄灭;发生错误时,指示灯闪亮
2	缺纸	缺纸或者接近缺纸时,指示灯点亮
3	按键进纸	装入卷纸;注意:当检测出没有卷纸的时候,此键不起作用

三、半自动售票机常用操作

1. 单程票发售操作

票务员登录半自动售票机后,单击"车票发售"进入"售卡"界面,如图4.4.9所示。售单程票分为两种不同的售卡方式:按金额售单程票和按站点售单程票。

(1)按金额售单程票 具体操作流程如下:

① 进入"售卡"界面,选择售卡类型为"单程票"。

② 选择"金额售票"。

③ 选择相应的金额。

④ 选择相应的数量,这时在"操作员"界面会显示售票信息、售票单价、数量及合计金额等,如图4.4.10所示。

⑤ 单击"确定"按钮,然后将相应票卡放置在外置读写器上进行赋值,读写器会对票卡的有效性进行验证,并会在"操作员"界面显示详细的售卡信息,包括售卡成功与否以及被赋值的票卡信息等。

(2)按站点售单程票 具体操作流程如下:

① 进入"售卡"界面,选择售卡类型为"单程票"。

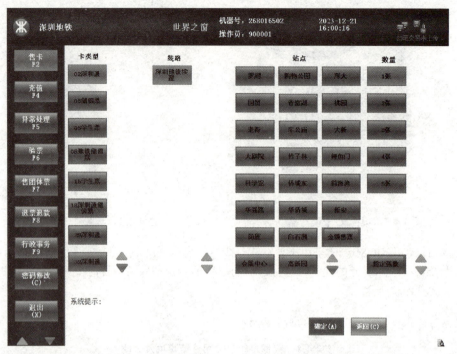

图 4.4.9　售卡界面

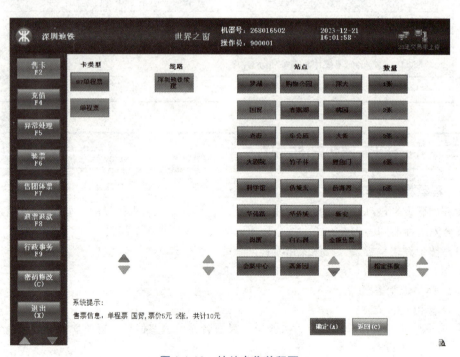

图 4.4.10　按站点售单程票

② 选择相应的线路号，可以通过"下翻"按钮来显示不同的线路号。
③ 选择"站点售票"。
④ 选择相应的站点。
⑤ 选择相应的数量，这时在"操作员"界面会根据选择的站点计算出相应的票价，并会

在操作员显示器上显示售票信息、售票单价、数量及合计金额等,如图4.4.11所示。

⑥ 单击"确定"按钮,然后将相应票卡放置在外置读写器上进行赋值,读写器会对票卡的有效性进行验证,并会在"操作员"界面显示详细的售卡信息,包括售卡成功与否以及被赋值的票卡信息等。

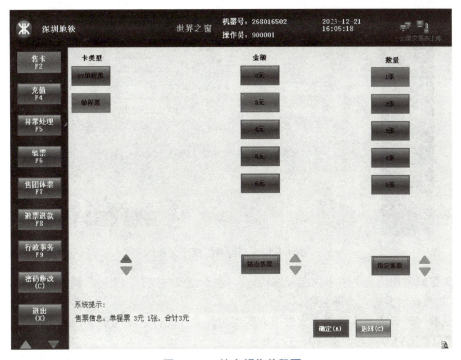

图4.4.11 按金额售单程票

售卡成功后,会在乘客显示器上显示被成功赋值的卡片信息,包括卡面号、卡类型、余额、押金、合计金额等信息。

2. 车票异常处理

用于对不能正常进出站的票卡进行读卡分析,根据分析得出的异常原因进行处理或给出解决方案等。4种可能的异常原因为非付费区"票卡为已入站状态",付费区为"余额不足""滞留超时""无票卡"等,其中只有"无有效票卡"(不能出示有效票卡等)可以由人工确定,其余的必须通过"读卡分析"来确定。

(1)进入界面操作步骤

① 选择主菜单中的"异常处理"。

② 系统显示"异常处理"界面。

③ 选择所在区域 "付费区"或"非付费区"。

④ 单击"读卡分析",在"卡基本信息"框中显示卡的基本信息。

⑤ 然后单击"异常处理"。

(2)非付费区异常处理 在非付费区内,票卡异常原因可能为"票卡为已入站状态"(其他情况系统将提示原因,需手工另行处理)。

① 选择"非付费区"左侧的单选按钮。

② 单击"读卡分析"按钮,系统出现"请将票卡置于读卡器上"框。

③ 按系统要求将票卡放在读卡器上读卡,否则单击"取消"按钮取消本次操作。

④ 系统进行读卡分析,分析结果显示在"分析结果"栏中,如图4.4.12所示。

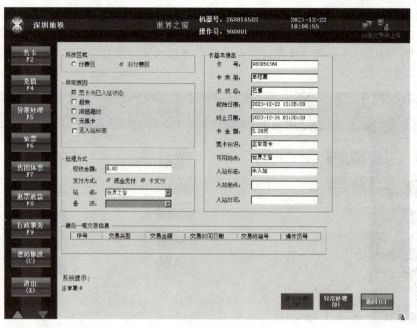

图 4.4.12 非付费区读卡分析

⑤ 如果异常原因为"票卡为已入站状态",在"处理方式"的"付款额"中的应收金额默认为 0,可根据需要输入不同金额。

⑥ 选择"现金支付"或"卡支付"方式支付罚金(现行系统规定单程票支付方式为现金支付,储值票支付方式为卡支付)。

⑦ 单击"异常处理",系统自动清除卡入站标识,异常处理结果显示在"显示结果"栏中,如图 4.4.13 所示。

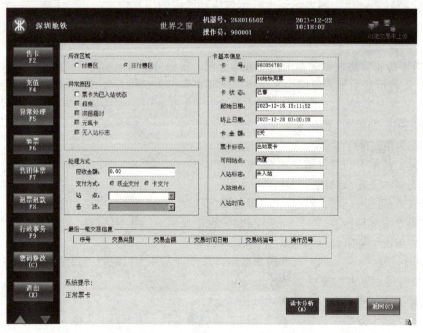

图 4.4.13 非付费区异常处理成功

(3) 付费区异常处理　在付费区内,异常处理操作流程如下:
如果是非有效票卡(票卡已明显损坏)的情况。
① 选择"付费区"左侧的单选按钮。
② 人工选择"无票卡"。
③ 在"付款额"处输入出售的出站票金额。
④ 单击"异常处理"按钮。
⑤ 系统将按照付费额售出一张出站票,在"处理结果"栏中显示处理结果,如图4.4.14所示。

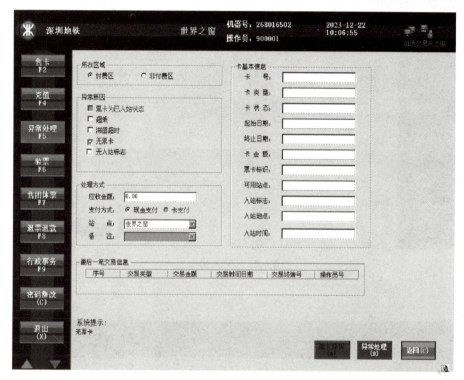

图4.4.14　无票卡异常处理

如果能够出示票卡的情况。
① 选择"付费区"左侧的单选按钮。
② 单击"读卡分析"按钮,系统提示"请将票卡置于读卡器上"。
③ 按系统要求将票卡放在读卡器上读卡,否则单击"取消"按钮取消本次操作。
④ 系统进行读卡分析,分析结果显示在"显示结果"栏中。
⑤ 在付费区内可能的情况为无入站标志、超乘、滞留超时和无票卡,如果是这4种可能情况中的一种或者两种,在付款额处输入罚金或增值金额。
⑥ 选择"现金支付"或"卡支付",当卡余额不足或无有效票卡时,系统拒绝使用"卡支付"方式。
⑦ 单击"异常处理"按钮,系统会对票卡异常原因做处理(票卡增值、加入站标志、售出站票等)。对于其他异常情况,系统会提示另做处理。

付费区异常处理界面如图4.4.15～图4.4.17所示。

(4) 注意事项　在进行异常处理时,一定要先进行读卡分析,然后根据系统给出的分析结果做出相应的异常处理方式。在进行异常处理时,注意不要移动票卡。在异常处理过程中,如果移动票卡就容易停留在"正在进行读卡操作,请稍候"或"正在进行写卡,请稍候"界面。

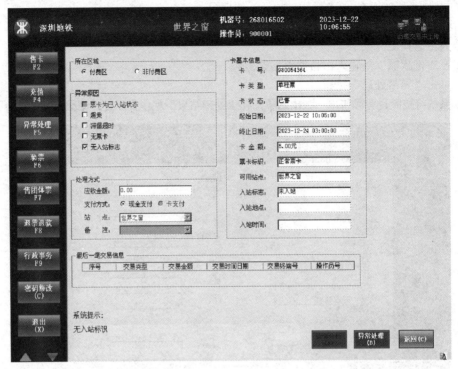

图 4.4.15　无入站标志

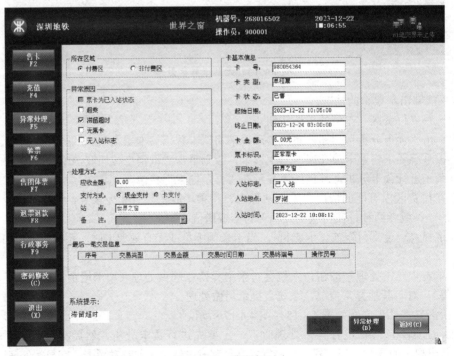

图 4.4.16　滞留超时

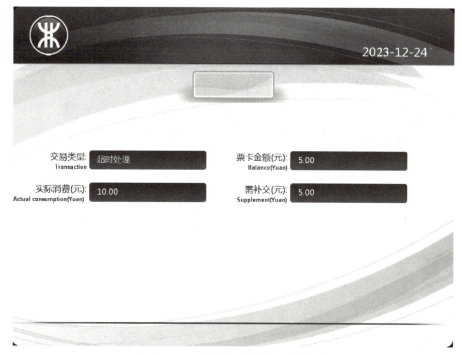

图 4.4.17 滞留超时乘客显示器内容

3. 退票退款

退票即退卡，退票后该车票即回收不可再使用，上交票务中心重新处理。

退票设计仅包含对单程票和储值票的退票设计，BOM 退票功能按实际票务政策，通过参数设置退票分为即时退票、非即时退票和不可退卡 3 种情况。在办理退票前，应当对车票进行有效分析，检查车票的合法性和车票状态，由该票卡的属性决定是否允许退票。车票内部编码信息未被损坏，且符合即时退票条件的，则办理即时退票手续，否则办理非即时退票手续。

对单程票为即时退票，对其他票都设计为非即时退票。对能读出卡信息的票，根据读出的卡信息打印单据给乘客。不能读写的票，由人工填写单据，乘客凭单据到轨道交通 AFC 清算管理中心或其他机构办理退票收款。

（1）单程票退票退款　对单程票为即时退票，单程票退票时分为地铁原因和非地铁原因两种退票选择。对于地铁原因，操作员可以立即退票；对于非地铁原因，需要操作员和值班站长共同确定原因，由值班站长输入权限确认才允许退票。在车票使用期间，如果涉及列车故障模式或者降级模式等非正常模式，乘客可以在任何车站无条件退票。如果在正常模式，操作员则要检查车票的售出地点和退票地点是否一致，只有车票的售出车站才能处理退票。

具体操作步骤如下：

① 操作员将票卡放置于读卡器感应区。

② 单击左侧菜单"退票退款"按钮，系统会自动读取票卡信息进行数据校验，验证票卡是否可退。如果可退，则将票卡信息显示于处理界面，如图 4.4.18 所示；如果不可退，则显示不可退的原因，如图 4.4.19 所示。

③ 选择退卡原因。

④ 单击"确定"按钮，系统会自动判断票卡是否允许退还，并给予信息提示，如图 4.4.20 所示。

（2）储值票退票退款　储值票退票退款的操作步骤和退单程票一样，不同的是储值票退票退款可以根据实际情况分为即时退卡（如图 4.4.21）、非即时退卡和不可退卡 3 种情况。

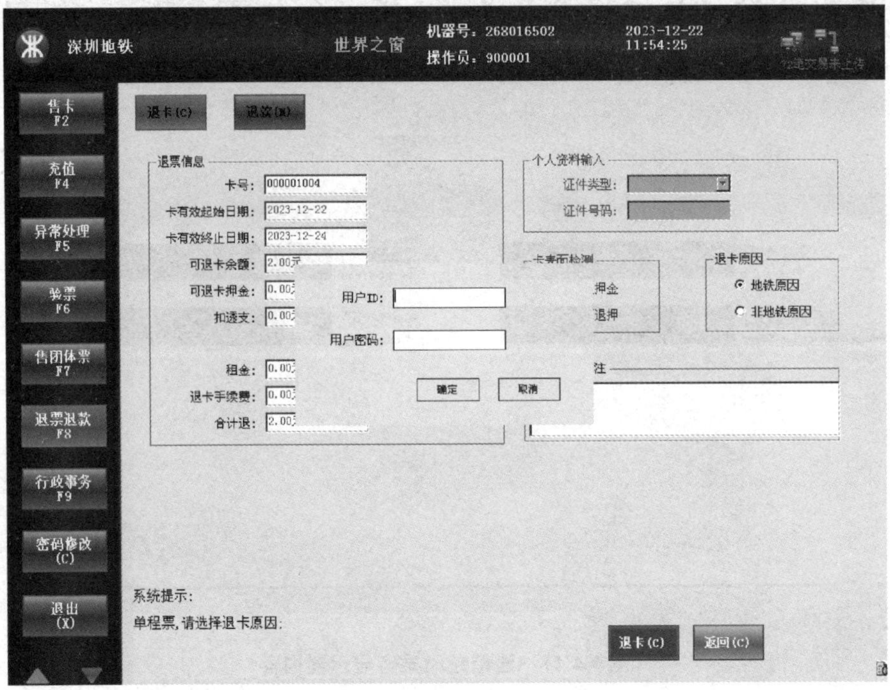

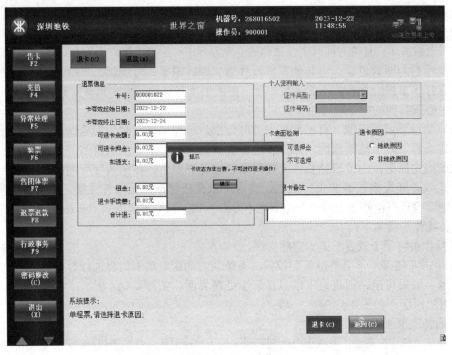

图4.4.18　可退卡

图4.4.19　不可退卡

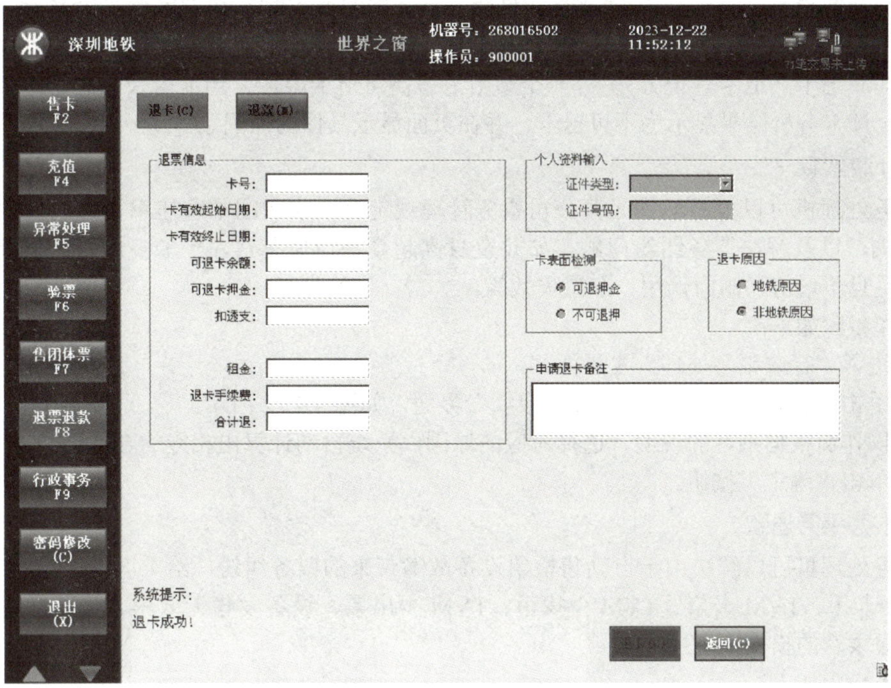

图4.4.20 退卡成功

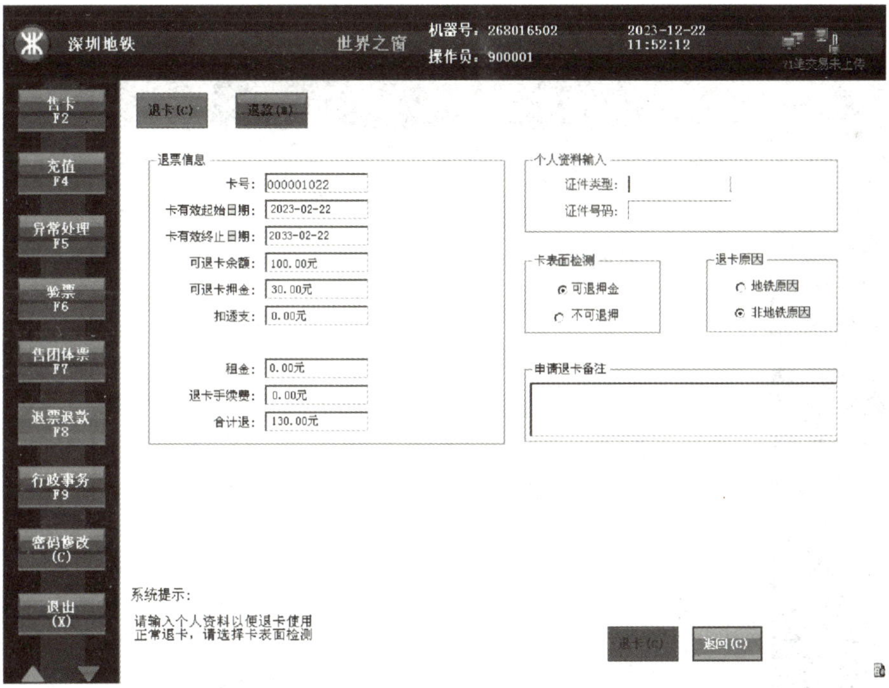

图4.4.21 储值票即时退卡

项目4 城市轨道交通车站票务管理

非即时退卡需要先退卡登记，经上级系统验证后，根据小票进行退款。

根据参数设置，当设置即时退卡限额为一个具体的数字时，在单击退票退款后，系统会对卡内信息进行验证。如果卡内余额不大于即时退卡限额，则读卡分析结果为即时退卡，否则为非即时退卡（退卡登记）。另外一个参数为最高可退卡限额，当卡内余额大于此参数设置的值时，读卡分析结果显示为不可退卡，并在页面显示具体的原因。

4. 补收票款

票务处理机可以根据地铁运营公司票务管理规定合理收取因乘客违章带来的地铁运营收入的损失，以及解决票务纠纷问题，如儿童身高超高、遗失车票、一卡多用、无票乘车、卡余额不足且不增值、闸门误用、车票失效等。

操作步骤如下：
① 进入"行政事务处理"主界面。
② 单击"补收票款"，进入"补收票款"界面，如图4.4.22所示。
③ 操作员根据乘客的说明，选择对应的原因，系统自动计算出相应的金额。
④ 单击"确定"按钮。

5. 乘客事务退款

票务处理机可以解决由于自动售检票设备故障带来的票务纠纷，给乘客退还乘客的损失，如TVM卡币、TVM卡票、TVM少找币、TVM少出票、设备发售无效票、设备增值失败等原因造成乘客的损失。

操作步骤如下：
① 进入"行政事务处理"主界面。
② 单击"乘客退款"，进入"乘客事务退款"界面，如图4.4.23所示。
③ 操作员根据乘客的说明，选择对应的原因，系统自动计算出相应的金额。
④ 单击"确定"按钮。

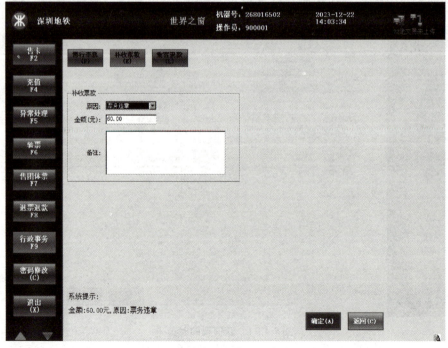

图4.4.22　补收票款界面

图 4.4.23　乘客事务退款界面

四、半自动售票机常见故障诊断与处理

半自动售票机常见故障诊断与处理见表 4.4.2。

表 4.4.2　半自动售票机常见故障诊断与处理

序号	故障现象	原因	解决办法
1	半自动售票机无法正常充值	储值卡读卡器没有正确连接	正确连接储值卡读卡器
2	半自动售票机屏幕显示"网络连接失败"	网络出现故障造成的	（1）请检查半自动售票机和服务器之间的网络连接是否正常； （2）请检查系统服务器软件是否正常运行
3	半自动售票机乘客显示器没有显示	可能是由于乘客显示器电源没有打开或者连接错误	打开乘客显示器电源或者检查线缆连接
4	半自动售票机不能打印凭条	可能是由于打印机电源没有打开或者打印纸已经用尽	打开打印机电源或者正确安装打印纸
5	半自动售票机无法发售单程票	单程票发售模块内没有放入车票或者票箱没有正确安装	（1）放入发售用车票； （2）正确安装票箱
6	半自动售票机启动后显示"暂停服务"，不能进入工作状态	可能是由于维修门没有关上	检查维修门并将维修门全部关紧上锁
7	半自动售票机打印的凭条没有内容	打印机色带没有安装或者已经用尽	正确安装色带或更换色带
8	半自动售票机启动后操作员显示器没有显示	半自动售票机内部工控机没有开机或显示器处于关闭状态	打开工控机电源或打开显示器电源

小资料

诚信是中华民族的传统美德，也是社会主义核心价值观的重要内容，更是大学生立身为人、成长成才的必备品质。2021年12月3日，一网友发布了自己不小心将天津地铁的单程票带回了家，随后天津地铁运营在评论区留言，"请将票还给任意地铁站的客服"，10h后，天津地铁运营再次在评论区留言，"快还给我！"网友看到天津地铁运营的"可爱"回复后纷纷调侃，"天津地铁急了""才十个小时，它急眼了"。12月5日，天津地铁运营专门拍摄了一段还票视频。随后天津地铁运营更新了一条还票视频教程，呼吁大家出站后不要把票带回家，可以把票放到"单程票收集箱"。

任务操作

完成表4.4.3实训工单。

表4.4.3 实训工单 BOM机的操作

功能	操作步骤	步骤展示（照片）
车票异常处理	（1）进入界面操作步骤	
	（2）非付费区异常处理	
	（3）付费区异常处理	
退票退款	（1）单程票退票退款	
	（2）储值票退票退款	
补收票款		
乘客事务退款		

任务考核

一、单选题

1. 半自动售票机的核心是（ ）。
A. 主控单元　　　B. 车票读写器　　　C. 乘客显示器　　　D. 电源
2. （ ）用于车票发售、加值单据打印，也用于打印班次报表或其他有关信息。
A. 桌面IC卡读写器　　　　　　　　B. 乘客显示器
C. 操作员触摸屏显示器　　　　　　D. 票据打印机

二、多选题

1. 半自动售票机的英文简称是（ ）。
A.POST　　　　　B.BOM　　　　　C.TVM　　　　　D.AG
2. 半自动售票机以主控单元为核心，由（ ）等模块组成。
A. 车票读写器　　　B. 乘客显示器　　　C. 打印机　　　D. 电源

三、判断题

1. 半自动售票机的主体安装在站厅的车控室里。（   ）
2. 半自动售票机在车站中以自动方式为乘客提供服务的售补票设备，放置于车站售票和补票室内。（   ）

四、思考题

1. 说明半自动售票机的内涵及其基本功能。
2. 半自动售票机常见故障有哪些？如何处理？

任务4.5　使用与管理车站现金

 知识目标

1. 掌握车站现金运作处理及备用金的管理；
2. 掌握车站现金交接规定、票款交接与解行流程及收益管理。

 能力目标

1. 能根据规定使用与管理车站现金；
2. 会填写现金使用与管理相关报表。

 素质目标

培养学生标准化、规范化的操作意识，树立正确的价值观。

 任务引入

乘坐城市轨道交通（地铁、轻轨等）出行，了解不同的车站现金的使用范围。

 任务分析

城市轨道交通车站的现金主要由两个部分组成：一部分是车站的票款，另一部分是用于车站日常票务运作的备用金。车站的现金管理要严格执行财务管理规定，严禁做支票款，挪用备用金和弄虚作假；票款和备用金要分区管理，避免备用金发生误解行的情况；备用金的交接必须双方当面清点和确认。

一、车站现金安全管理

1. 现金流程

车站的现金的流程如图4.5.1所示。

图4.5.1　车站现金流程

2. 现金日常安全管理

① 车站现金只能存放在车站现金安全区域，如点钞室、售票室/问询处、TVM 等。

② 车站现金安全区域在操作时必须做好安全保护，非操作时必须处于安全锁闭状态。

③ 售票/问询处营业时，应将现金存放于专门的现金抽屉或器皿中，不得将现金放在乘客可触及的地方。

④ 点钞室内处理完毕的现金，客运值班室员应立即放入上锁的保险柜中。

⑤ 现金需从一个安全区域转移到另一个安全区域或者送到银行解款时，必须做好途中安全保护，降低现金被劫的风险。

⑥ 运营时间内，非当班票务工作人员或非票务工作人员需进入点钞室和售票/问询处时，必须得到车站一定级别的人员（值班站长及以上人员）的许可，并由一名当班客运值班员或以上级别的员工陪同方可。

⑦ 除需在点钞室进行现金处理外，在非运营时间内任何人员都不得进入点钞室（当班客运值班员除外）。

⑧ 点钞室摄像监控设备必须 24h 开启，票款的清点、交接必须在监控下进行，票款在清点后应立即放入保险柜内保管。

二、车站的现金运作处理

1. TVM 现金的处理

（1）钱箱的更换

① TVM 的钱箱分纸币钱箱和硬币钱箱两种。由客运值班员负责安排更换 TVM 钱箱。更换钱箱完毕后，须确认自动售票机已恢复正常服务状态。更换完毕后，立即将钱箱送返点钞室。

② 更换钱币纸箱、硬币纸箱　打开 TVM 维修门（凭操作卡和 TVM 钥匙）时必须输入指定密码和操作员号码登录，严禁同时操作多台设备。

③ 更换纸币钱箱、硬币钱箱的操作由客运值班员和值班站长（站务员）共同完成。客运值班员负责具体操作，值班站长（站务员）负责监督和安全保护，同时须在《TVM 清点记录》（见表 4.5.1）上记录设备相关数据。

④ 更换钱箱的时机　车站计算机（SC）提示 TVM 钱箱将满时；本站最后一列载客列车开出后的规定时间内。

⑤ 更换钱箱的注意事项　更换钱箱的工作须在计算机设置的系统运营结束时间之前全部完成；每日运营结束后，必须更换所有投入服务的 TVM 的钱箱；各站结合本站具体情况制定的更换钱箱的固定路线。

 想一想

概括一下 TVM 钱箱更换流程。

（2）钱箱的清点

① 当班客运值班员和值班站长两人进行钱箱的清点工作，值班站长负责监督，客运值班员负责清点。清点钱箱必须在点钞室的监控状态下进行，由客运值班员填写《TVM 清点记录》及《站务员缴款单》（见表 4.5.2），将票款封入专用封包，双方在封签上签字后由客运值班员

表4.5.1 TVM清点记录

_____线____站 TVM清点记录

报送时限：次日8：30前
单位：元

序号	编号	硬币钱箱实点金额（1）	纸币钱箱实点金额（2）	吞币（3）	TVM备用金					小计（4）	补款	其他（7）	备注
					备用找零器钱箱		循环找零钱箱						
					壹元	五角	壹元（1）	壹元（2）	五角（1）	五角（2）			
1													1. 游戏币、残损款的备注
2													2. 吞币处理单号
3													3. 未清点情况如故障等情况备注
4				"吞币"为现场确认退还的卡币钱款，备注处理单号									4. 运营期间清空钱箱备注
5													5. 清鼓备注
6													6. 会造成数据差异的其他情况备注
7													
8													
9													
10													
11													
12													
13													
14													
15													
合计	—												

昨日备用金（5）：　　　　今日备用金（6）=1400×$N^{①}$－（4）：

票款收入（8）＝（1）＋（2）－（3）＋（5）－（6）＋（7）：

备注：一式两联　　第一联——票务中心（白色）　　第二联——车站（蓝色）
制表人：　　　　　　　　审核人：　　　　　　　　报送时间：
① N表示开的设备数。

放入保险柜保管。

② 在清点过程中若发现钱款有明显的失真特征或通过验钞机识别为伪钞的，值班站长确认后做好记录，与客运值班员双方签字确认加封后（加封内容为日期、车站名、设备号、伪币种类、金额、数量、值班站长与客运值班员签章），在当日TVM清点报告上备注说明，按实际清点数目解行，并随当日报表一并上交票务中心。票务中心做好记录后每月上报计财部。

③ 纸币钱箱和硬币钱箱需分开并逐一清点。

④ 车站备用金换零工作必须在TVM清点完毕后进行，换零时由当班客运值班员和值班站长两人进行，值班站长负责监督。

（3）副找零器的更换

① TVM的副找零器分为1元和5角，由客运值班员负责更换TVM副找零器。更换完毕后，须确认自动售票机已恢复正常服务状态。更换完毕后，立即将副找零器送返点钞室。

表4.5.2　站务员缴款单

_____线_____站务员缴款单

年　　月　　日

站务员姓名		员工号		班次		钱袋号码	

金额（大写）：人民币	千	百	十	万	千	百	十	元	角	分

票面	张数	金额	票面	张数	金额
100元			2元		
50元			1元		
20元			5角		
10元			2角		
5元			1角		

备注：

值班站长/客值签名：　　　　　　　　　员工号：

一式两联　　　第一联——银行（白色）　　　第二联——车站（蓝色）

填写要求：① 早班售票员收入 →客值填记，值班站长确认。由白班客值负责封包，值班站长监督，"班次"填记为"白班"。

② 中班售票员收入+TVM收入 →客值填记，值班站长确认。由夜班客值负责封包，值班站长监督，"班次"填记为"夜班"。

③ IC卡充值员收入 →每个充值员单独填记，客值确认。由充值员负责封包，客值监督，"班次"填记为相应班次，如"白班"。

② 更换副找零器打开TVM维修门（凭操作卡和TVM钥匙）时，必须输入指定密码和操作员号码登录。

③ 更换副找零器的操作由客运值班员和值班站长（站务员）共同完成。客运值班员负责具体操作，值班站长负责监督（站务员）和安全维护，同时须在《TVM清点记录》上记录设备相关数据。

④ 补充副找零器硬币的时机：每天运营结束后车站进行副找零器的检查工作；运营期间，当SC上TVM设备状态显示副找零器将空或车站工作人员报告TVM处于不找零模式时，需及时进行补币。

⑤ 更换副找零器的注意事项：更换副找零器的工作须在车站计算机设置的系统运营结束时间之前全部完成；各站结合本站具体情况制定更换副找零器的固定路线。

（4）副找零器的加币

① 当班客运值班员和值班站长负责副找零器的加币工作。由客运值班员负责具体操作，由值班站长负责监督和安全工作。

② 客运值班员和值班站长应在点钞室的监控状态下进行清点和补币工作，由客运值班员填写《TVM清点记录》及《TVM补币记录》，并双方签字确认。

2. 收到的其他票款

一般情况下，值班员在收到AFC维修人员或站台安全人员上交的现金后（在TVM出币或出票口或其他地方拾获），必须要求拾获人员在《车站营收日报》上备注并签名，严禁售票员收取AFC维修人员或站台安全人员上交的现金。

三、备用金的管理

车站票务运作的备用金主要用于自动售票机找零、乘客兑零、储值票和特殊情况下的退票款以及乘客异常事务退款。备用金的适用范围应严格控制,不得挪用,各站之间不得调拨和借用。车站备用金的保管要指定专人负责,每班进行交接。备用金的使用和借出要登记备案。

1. 备用金的配发

① 车站备用金由车站根据客流及其他相关情况提交配备需求,经中心审核报公司批准,由公司统一配发至车站。

② 车站备用金为固定数额,分为票务备用金、TVM备用金、应急备用金。遇大型节假日可根据需要增配临时备用金,由车站根据预计客流情况确定各车站的临时备用金需求量,按规定提前10个工作日提出申请。大客流过后,车站必须将领用的备用金在5个工作日内交还计财部。

2. 备用金的使用

① 与银行兑换的硬币。
② 补充到TVM,满足TVM找零需要。
③ 车站售票,问询处的乘客兑零找零。
④ 特殊情况下站间借用。

3. 备用金的清点与交接

① 车站票务备用金的清点与交接 备用金的清点与交接必须由交接双方在点钞室内的监控状态下进行。在交接备用金时,须双方当面清点,按规定填写交接台账(《车站客值与售检票员交接簿》《车站客运值班员交接班簿》),并由双方签字确认。

② 与银行兑换的硬币,必须两人(其中一名为客运值班员)确认封条正确完好后,才能开封共同清点。清点后若发现金额不符,应立即报告站长或值班站长,由开封人及站长或值班站长在《客运值班员交接班簿》备注栏中注明并签名确认。

4. 备用金的保管

① 车站站长为车站备用金的领用负责人,值班站长和客运值班员负责保管和配发车站备用金。

② 车站员工因工作调动或其他原因离开本岗位时,应及时办理备用金缴还或移交手续。

四、车站现金交接规定

1. 纸币交接

纸币交接需双方当面清点后签认。交接时若发现数目有误,应及时上报上级主管部门,并调查处理此事。如差额原因无法查明,则所短款项由交班人当场补足,长款随当日票款上交。

2. 硬币交接

硬币交接需双方当面清点后签认。交接已加封的硬币时,接班人确认加封正确完好后可凭加封金额交接;对零散硬币按实点数交接。

3. 具体操作

(1)客运值班员之间的现金交接

① 接班客运值班员应根据《客运值班员交接班簿》上的记录在监控范围内与交班客运值班员当面清点点钞室内的所有现金、核对封包数量及金额等,确认无误后进行签收。

表4.5.3 售票员结算单

_____站___班站务员结算单
年　月　日

	BOM 编号：		员工操作号：		备用金（1）		客值签章	
单程票	票箱号	开窗数	关窗数	废票数	出售数	金额
						—
						—
	小计					—
预赋值单程票	票价	开窗数	关窗数	废票数	出售数	金额
	2元					
	3元					
	4元					
	5元					
	小计金额					
其他车票	票种	开窗数	关窗数	废票数	出售数	金额
	纪念单程票					
	纪念计次票					
	爱心票					
	现役军人					
	老人					
	一日票					
	三日票					
	团体票					
	赠票					
	小计金额					
	乘客票务事务金额				预收票款（2）			
	实点金额（3）			实收金额（4）		钱袋号码		
备注	1.使用《乘客票务事务处理单》_____张，编号：从_____至_____；							
	填报人签章					审核人签章		

一式两联　　　第一联——票务室　　　第二联——车站
注：（4）＝（2）＋（3）－（1）。

② 交接时若发现数目有误,应急报站长或当班值班站长到点钞室进行确认,同时按实际数量进行签收。站长或值班站长应及时上报站务、票务和安保部门并调查处理此事。若差额原因无法查明,则所短款项由交班人补足,长款随当天票款解行。

(2) 客运值班员与售票员之间的交接

① 结账时的票款交接:客运值班员与售票员在监控范围内当面清点所收票款后,以实点数填写《售票员结算单》(见表4.5.3)的"解行金额"栏,双方盖章确认,现金由客运值班员保管。

② 预售票款的交接:客运值班员向售票员收取预计票款时,双方当面清点和交接所预收的款项后,由客运值班员在《售票员结算单》上签收。

③ 备用金的交接:客运值班员与售票员交接备用金时,双方应当面清点确认后,在《车站客值与售检票员交接簿》的"备用金"栏填写金额,并盖章确认。

想一想

车站现金交接过程中涉及哪些岗位?应该注意什么?

> 杭州地铁通过与交通银行合作,成功完成了对车站终端设备的升级改造。只需下载注册数字人民币APP并开通数字人民币钱包后,乘客即可在自动售票机上或客服中心使用数字人民币支付。数字人民币是中国人民银行发行的数字形式的货币,具有依法可溯、可控匿名、无手续费等优势,可为市民线上线下消费提供高效、便捷的支付方式。数字人民币是未来支付方式的引领者,在各大商场、餐厅、出行等场景都可以使用数字人民币,这不仅方便了用户的使用,也有利于数字经济的发展,它具备快速、方便、安全等优势,同时有利于企业和人民的利益。科技改变生活,人们从中受益,作为新时代的少年,我们应该努力学习,坚定意志,不断探索新的知识领域,为科技进步做贡献。

五、票款交接与票款解行

1. 票款交接

为确保票款安全,票款每日上午解行一次,由地铁公司指定的银行到各车站收款;车站与银行的票款交接人员应相互固定,并做好记录,所有票款的清点、交接都需在监控下进行。

票款交接具体流程:①售票员轮班结束后,到车站AFC点钞室清点所收票款,并由客运值班员进行监督;②售票员清点结束后,按实点金额填写相关报表,将票款和报表交当班客运值班员;③客运值班员在值班站长的监督下取出TVM钱箱的票款,在AFC点钞室进行清点;④客运值班员清点完毕后,填写《站务员缴款单》,并将票款及《站务员缴款单》放入打包袋中封好,在封条上签字后,存入专用保险柜;⑤客运值班员根据《站务员缴款单》汇总填写《封包明细表》(见表4.5.4),当班值班站长审核签字后,在当班值班长的监控下与银行进行交接。

表 4.5.4 封包明细表

_____站封包明细表
年　　月　　日

客运值班员姓名		员工号	班　次				钱袋号码（大）				钱袋数量（小）		
			夜班										
总金额（大写）：人民币			千	百	十	万	千	百	十	元		角	分

钱　袋　明　细　表（小）

号码	金额	号码	金额	号码	金额
封包钱袋号	早班售票员收入				
封包钱袋号	充值员 A 收入				
封包钱袋号	充值员 B 收入				
封包钱袋号	中班售票员收入、TVM 收入				

备注：
站长/值班站长签名：　　　　　　　　　　　银行签字：
员工号：

一式两联　　　　第一联——银行（白色）　　　　第二联——车站（蓝色）

填写要求：① 夜班客值填写，将当天《站务员缴款单》汇总，计入《封包明细表》；
② TVM 收入较多，尤其是硬币较多的车站，视具体情况封包，并将实际封包数量和封包钱袋号填入《封包明细表》；
③ 钱袋号码（大）　解行时，将所有钱袋一起封装的钱袋号码；未将钱袋统一封装的车站不需填记；
④ 钱袋号码（小）　封装钱袋总数，不分大小钱袋。

2. 票款解行

车站票款主要有自动售票机售票收入、自动充值机储值票充值收入、票务处理机售票收入、临时处理处售票收入等。对于车站的票款收入，要求每日运营结束后进行清点、登记、系统录入、封装和解行。

票款收入一般要求每日按时解行，不得在车站过夜保管。解行方式由各个地铁视情况而定。
（1）解行方式　打包返纳或直接送行。
（2）解行时间　各站结合本站的特点及银行的服务时间确定解行时间。
（3）解行负责人　一般由车站客运值班员和一名车站员工负责，另一名车站员工负责运送途中的安全（也有规定解行负责人为车站值班站长和客运值班员，值班站长负责票款的安全）。
（4）解行流程
① 核对确认解行人员的身份。
② 当班客运值班员、值班站长与解行人员双方共同确认封包数量、金额与《封包明细表》的一致性，同时还需确认《车站收入日报》（见表 4.5.5）的"解交银行款"与《封包明细表》的金额相一致。
③ 核对无误后，与解行人员办理交接手续。
注意事项：各站所有的隔夜票款、早班 TVM 钱箱收入以及 BOM 收入（隔夜票款可视各站情况，尽量在上午解行），必须在每日下午银行停止营业时间前全部解行（或直接解行）。

六、收益管理

1. 伪钞的识别原则与处理程序

车站工作人员应认真学习中国人民银行发布的各版本人民币真伪的识别方法。对乘客交

付的现金,均需经过人工及设备的识别,发现伪钞应交还给乘客,请乘客另换一张。对于设备及人工都不能识别真伪的钞票,请乘客另换一张。车站相关人员要严格把关,执行"谁收取谁补还"的原则,杜绝伪钞流入。

某地铁公司的具体规定如下:

(1) 售票员在进行票款清点打包时,发现票款有明显的失真特征或可通过验钞机识别为伪钞的,由客运值班员以上人员共同确认,并做登记,由该售票员补足票款。

(2) 客运值班员清点 TVM 钱箱时,发现钱款有明显的失真特征或可通过验钞机识别为伪钞的,值班站长确认后做好记录,与客运值班员双方签字确认加封后(加封内容为日期、车站名、设备名、伪钞种类、金额、数量、值班站长与客运值班员盖章),在当日《TVM 清点记录》上备注说明,按实际清点数目解行,并随当日报表一并上交票务中心。票务中心做好记录后每月上报计财部。

(3) 银行清点票款时发现伪钞,由相关票款的封装人负责补足票款。

(4) 同银行兑换的硬币必须当日由客值与值班站长共同清点,并加以辨识,一旦发现假币,应立即上报票务中心。清点结束后,所有原加封封条一同放入该袋(箱)中,保存至该袋(箱)硬币使用完毕为止。

表4.5.5 车站收入日报

_____线_____站收入日报

单位:元
报送期限:次日八点半前

年　月　日

种类	班次	早班	中班	合计
TVM	票款收入		来源《TVM清点记录》	
	小计(1)			
BOM	普通单程票	来源《售票员结算单》	来源《售票员结算单》	
	单程票补值	来源《售票员结算单》	来源《售票员结算单》	
	一卡通补值	来源《售票员结算单》	来源《售票员结算单》	
	小计(2)			
其他票款收入	①普通纸票	来源《售票员结算单》	来源《售票员结算单》	报表审核:1.完整性审核,车站、日期、填报人、审核人是否登记完整。 2."小计""合计"有无漏填,数据是否正确。 3.须备注的项有无遗漏,备注内容是否清晰、完整
	②预制单程票	来源《售票员结算单》	来源《售票员结算单》	
	③加收票款	来源《售票员结算单》	来源《售票员结算单》	
	④团体票	来源《售票员结算单》	来源《售票员结算单》	
	⑤其他钱款	须备注说明详情	须备注说明详情	
	小计(3)			
营销纸票	出售金额	来源《售票员结算单》	来源《售票员结算单》	
	小计(4)			
营销卡	出售金额	来源《售票员结算单》	来源《售票员结算单》	
	售卡押金	来源《售票员结算单》	来源《售票员结算单》	
	充值金额	来源《售票员结算单》	来源《售票员结算单》	
	小计(5)			

续表

种类	班次	早班	中班	合计
一卡通	售卡押金	来源《售票员结算单》	来源《售票员结算单》	充值员的收入日报，须备注发票使用、库存的张数及编号。《售票员结算单》不须重复填记发票使用情况
	充值金额	来源《售票员结算单》	来源《售票员结算单》	
	卡套售卖	来源《售票员结算单》	来源《售票员结算单》	
	小计（6）			
补短款	补银行差异数	须备注说明详情	须备注说明详情	
	补机器差异数	须备注说明详情	须备注说明详情	
	小计（7）			
残损款	退款	须备注说明详情	须备注说明详情	
	残损币	须备注说明详情	须备注说明详情	
	游戏机币	须备注说明详情	须备注说明详情	
	小计（8）			
应收总金额（9）				
解交银行款（10）		—	—	

说明：1. 边门进站客流的明细备注；
2. 红色底纹的详情备注（如涉及的处理单号、退款通知书退款笔数及金额等）；"种类"有增加项目的（如应退票款等）也须备注详情；
3. "早班"列由白班客值填记，"中班"由夜班客值填记，其他钱款、大客流退款统一由夜班客值填记；
4. 不区分白、夜班的，所有差错由报表所签的"填报人""审核人"负责。

备注：1. 此表一式两联，第一联上交收益组，第二联车站留存；
   2. 应收总金额（9）=（1）+（2）+（3）+（4）+（5）+（6）+（7）-（8）。
审核人：白班值班站长姓名及工号　　　　　　　填报人：白班客值姓名及工号
     夜班值班站长姓名及工号　　　　　　　　　　　夜班客值姓名及工号

2. 钱箱运送及回收规定

检票终端设备中涉及现金交易的自助设备只有自动充值机和自动售票机。在车站日常票务运作中或运营结束后，需要回收设备内的钱箱，以便清点现金和票款解行。设备钱箱主要有自动充值机纸币钱箱、自动售票机纸币钱箱和硬币钱箱。为确保现金安全，操作员在钱箱回收和运输过程中需遵循如下规定。

① 根据需要准备一定数量的空钱箱，以便回收售检票终端设备内的钱箱时做替换用。
② 回收设备钱箱须两人在场，同时要严格按设备操作规程的要求进行操作。
③ 回收钱箱要详细填记记录表中的内容，包括日期、时间、钱箱号和经办人签名等。
④ 钱箱从设备上取下要立即放入运营小车中上锁，并按规定操作要求装上空钱箱。
⑤ 运营下车应紧跟操作员，避免无关人员接近。
⑥ 钱箱回收完毕后，设备后门要及时上锁。
⑦ 不要粗心大意，确保回收所有钱箱。
⑧ 将运营小车推回票务室的途中要两人进行，并选择安全的路线且任何一人都不得擅自离开。

 任务操作

完成表 4.5.6、表 4.5.7 实训工单。

表4.5.6　实训工单1　更换TVM纸币钱箱

功能	操作步骤	步骤展示（照片）
开门	打开维修门	
更换纸币钱箱（每次需要装新的钱箱前均需操作）	1. 在＜主菜单＞屏幕点击"钱箱"	
	2. 点击"更换纸币钱箱"	
	3. 输入新钱箱纸币张数，点击"更换"	
取下纸币钱箱操作	1. 拉出纸币模块	
	2. 插入钥匙顺时针旋转，打开钱箱锁	
	3. 取下钱箱，此时钱箱灯为红色；钱箱未打开前不能再次安装至TVM	
	4. 用打开钱箱钥匙打开钱箱，取出纸币后关闭钱箱，此时钱箱灯变为绿色（票务室内进行）	
安装纸币钱箱操作（单独进行此项操作前也要先进行前面的输入数据操作）	1. 将钱箱放入图示位置，钥匙旋转锁闭	
	2. 将纸币模块推回原位	

表4.5.7　实训工单2　站务员缴款单填写

_____线_____站务员缴款单
　　　　年　　月　　日

站务员姓名	员工号	班　次	钱袋号码

金额（大写）：人民币		千	百	十	万	千	百	十	元	角	分

票面	张数	金额	票面	张数	金额
100元			2元		
50元			1元		
20元			5角		
10元			2角		
5元			1角		

备注：

值站/客值签名：　　　　　　　　　　　　　　　　　　　员工号：

一式两联　　第一联——银行（白色）　　　　　　　　　　第二联——车站（蓝色）

 任务考核

一、单选题

1. 由（　　）负责安排更换TVM钱箱。
A. 行车值班员　　　B. 站长　　　C. 客运值班员　　　D. 值班站长

2. 车站相关人员要严格把关,执行(　　)的原则,杜绝伪钞流入。
A. 站长补还　　　　　　　　　　　B. 谁收取谁补还
C. 及时上报　　　　　　　　　　　D. 车站备用金补足

二、多选题

1. 城市轨道交通车站的现金主要由(　　)两个部分组成。
A. 车站的票款　　　　　　　　　　B. 车站日常票务运作的备用金
C. 车站的零钱　　　　　　　　　　D. 车站的车票
2. 车站现金只能存放在车站现金安全区域,如(　　)等。
A. 车控室　　　　B. 点钞室　　　　C. 售票室/问询处　　　　D.TVM

三、判断题

1. 票款和备用金要分区管理,避免备用发生误解行的情况。(　　)
2. 车站的所有工作人员都可以进入点钞室。(　　)

四、思考题

1. 说明车站现金管理流程及日常安全管理。
2. 说明车站现金交接具体操作要求。

任务4.6　使用与管理车站车票

知识目标

1. 掌握车票的类型及使用规定;
2. 掌握车票的管理流程及相关规定。

能力目标

1. 明确车票的使用规定;
2. 能进行车票的配送、回收及废票的处理。

素质目标

培养学生具有高度的责任感和敬业精神,沟通有效,热爱本职工作。

◀ 任务引入 ▶

乘坐城市轨道交通(地铁、轻轨等)出行,了解车票的类型及使用规定。

◀ 任务分析 ▶

一、车票的种类与使用规定

车票是乘客乘车的凭证,乘客出行的各种关联行为如购票、入闸、出闸等,都反映在车票的不同状态变化上。

1. 车票种类

（1）营销类车票

① 电子车票：有奖单程票、纪念单程票、广告单程票、计次卡、纪念卡、特种卡、委制卡、免费卡、期限票。

② 纸质车票：计次纸票、纪念纸票、特种纸票、免费纸票。

（2）非营销类车票

① 电子车票：单程票（预赋值单程票）、工作卡、外服卡、委外工作卡、培训工作卡、安保工作卡、临时卡、参观卡、操作卡、一卡通票、测试票、一票通储值卡。

② 纸质车票：应急纸票、团体票。

2. 各种车票的使用规定

（1）单程票　单程票适用于所有乘客，如图4.6.1所示。主要供乘客单程乘坐城市轨道交通，经过发售、入站检票环节，在乘客出闸地通过出站闸机予以回收。

(a) 南京地铁单程票

(b) 西安地铁单程票

图 4.6.1　地铁单程票

① 购买：在TVM、BOM或临时售票、问询处售卖。

② 使用规定：只能在本站进出闸机一次，且当天有效。

③ 回收：出站时由出闸机回收。

（2）预赋值单程票　预赋值单程票是指为应对法定节日及各种活动产生的可预见大客流而由票务中心提前预制的单程票，一般情况下不能使用，车站值班站长可根据车站现场客流情况决定是否使用预制单程票。预赋值单程票的管理应遵循单独制作、单独入库、单独配送、单独回收、单独注销的原则。

① 购买：在TVM、BOM或临时售票问询处售卖。

② 使用规定：只能在本站进出闸一次，且当天有效。

③ 回收：一是整装未拆封。未出售完的整装未拆封的预制单程票确认封装完好，在当日库存日报上注明库存数量、车票使用期限（起止时间），由票务中心3个工作日内（节假日顺延）回收预赋值单程票。二是已拆封未售完。未售完的已经拆封的零散的预制单程票需按照不同票价、不同使用期限（起止日期）用票务专用袋单独封装，客运值班员与当班售检票员

项目4　城市轨道交通车站票务管理

当场清点确认,并在票务专用袋上注明车票数量、车票使用期限(起止时间)、票种、封装日期、金额等说明后,在封条上双方签字确认,客运值班员在当日库存日报上注明库存数量、车票使用期限(起止日期)。

(3)储值票　储值票是指预先赋值较大金额,发售后可供乘客多次消费、反复充值、长期循环使用的车票,如图 4.6.2 所示。

① 购买:在售票或问询处售卖(储值票统一在编码机上预赋初始值)。
② 充值:在售票/问询处可以对储值票充值。
③ 使用:车票有规定的有效期,使用该票可在任何地铁站进站乘车,由出闸机按规定票价扣除车费。出闸时车票不回收,可供乘客多次使用。

图 4.6.2　武汉地铁储值票

图 4.6.3　苏州地铁计次票

(4)一卡通　由一卡通公司发行,在地铁的使用与地铁储值票相同。

(5)计次票　计次票是指有固定使用次数的车票,一进一出记为一次,不论车程长短,使用完规定次数后回收或作废,如图 4.6.3 所示。

① 购买:在售票/问询处售卖(计次票统一在编码机上预赋初始值)。
② 使用:车票有规定的有效期,使用该票可在任何地铁站进站乘车,由出闸机扣取次数,不计站数。出闸时车票不回收,可供乘客多次使用,用完为止,不可重复充值。

(6)纪念单程票
① 购买:在售票/问询处售卖。
② 使用:车票规定有效期,使用该车票在任何地铁站进站乘车时可乘坐全程,由出闸机按规定票价扣除次数。出闸时车票不回收,只可供乘客使用一次。

(7)纪念计次车票
① 购买:在售票/问询处售卖。
② 车票有规定的有效期,使用该票可在任何地铁站进站乘车,由出闸机扣除次数,不计站数。出闸时车票不回收,可供乘客多次使用。

图 4.6.4　应急纸票

(8)应急纸票　应急纸票可分为普通纸票以及通用纸票两种,如图 4.6.4 所示。

① 使用要求。普通纸票印有站名章,只可在本站售卖;通用纸票未印站名章,可在售卖车站加盖站名章后售卖。

② 应急纸票使用范围。纸票一般情况下不使用,只有在下列情况下才能使用:车站自动售票机、半自动售票机全部故障或部分故障导致无法满足乘客进站要求时,可使用纸票;车站出现有预见或临时性大客流、票务系统无法应付等特殊

情况时，可使用纸票；根据公司签发的大客流运输方案，可使用纸票；车站遇到大客流团体票时，经批准可使用纸票。

③ 应急纸票售卖。纸票售卖采用与单程票相同的票价制，通用纸票发售时须加盖本车站的站名章和日期章（站名章可提前盖好，日期章在需售卖时加盖）；普通纸票发售时需加盖当日日期章，纸票仅在日期章当日及售卖站使用。售票员应单独开窗售卖纸票，原则上须按配票序列号顺序连号售卖，不准倒售、不准跳号、不得拼票、不得借他人使用，直接从事票务管理和稽查的人员不得售票。

小资料

> 随着城市轨道交通建设的飞跃发展，地铁在积极承担社会责任，给市民出行带来便利的同时，也在不断创新各项人性化服务。2023年6月1日起，上海地铁1、2、8号线人民广场站试点启用5台"多功能售票机"，乘客可在该设备上扫码购买"纸质二维码单程票"，还可查询基本出行信息。"纸质二维码单程票"以纸质票面印制的二维码为识别通行"钥匙"，可扫码乘坐上海地铁全网络所有线路（不含磁浮线）。"纸质二维码单程票"采用"照进照出"的方式，出站不回收，乘客可自行留存纪念。"纸质二维码单程票"可根据实际直接打印显示票价、发售时间、站点等关键内容，相比传统单程票信息更加透明直观，乘客单次使用也更加清洁卫生。

想一想

为何地铁车票要有各种类型的？你所在城市地铁有哪几种？

二、车站车票管理

车站车票管理涉及车票的接收、保管、发售和回收等内容。车票流程如图4.6.5所示。

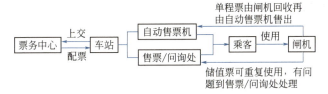

图4.6.5　车票管理流程

车票是AFC系统票务收益的载体，也是联系乘客与AFC系统的载体。因此车票需要进行妥善保管，以保证车票的安全。

1. 车票管理安全规定

① 车票出库须经布袋封装，封条上须注明内容（车票类型、数量）、加封人、加封日期，严禁拆开封条。

② 车票配送途中，一律放在封条完好的布袋内。

③ 车票配送途中，应有相对固定的人员。

2. 车站车票清点

① 从闸机直接回收的车票原则上不需清点实际数量，按照设备显示数据进行台账登记，

存放在车站点钞室固定位置，不得擅自打开票箱取票；若超过《车站车票保有量一览表》最高保有量时需上交票务中心，在监控范围内由两人负责（其中一人须为值班员）从出票箱中取出单程票，清点数量并加封存放在规定区域或文件柜中。

② 客运值班员负责每天运营结束后回收车站所有 TVM、GATE、废票箱中的废票，在监控范围内由两人负责（其中一人须为值班员）清点废票数量，并用布袋加封存放在固定的文件柜中。

3. 车站车票存放

① 任何时间，车票只能存放于车站点钞室、售票/问询处、TVM、BOM、出站闸机，除非有特殊原因，否则不得在其他地点放置车票。

② 对有值车票，均应根据票种及票面金额归类存放于上锁的专用文件柜或保险柜中。

4. 票卡配送

（1）票务中心、站务中心负责对车站各类车票库存数量的日常监控与管理工作 车站填写《车站车票库存日报》（见表 4.6.1）并上报票务中心，报送票种包括单程票、营销票以及应急纸票（库存发生变动时需报送）。每月 25 日盘点车站车票及备品的库存数量，将车站所有票种的库存数量填记《车站车票库存日报》并报票务中心，票务中心汇总并填写《线路车票库存月报》，然后分别发送至票卡清分部和站务中心。

表 4.6.1 车站车票库存日报

_____站车票库存日报
年 月 日

报送期限：次日八点半前

项目 票种	可循环使用的车票（张/枚）						不可循环使用的车票（张/枚）					本日结存
	AFC室库存	闸机回收	TVM结存	BOM结存	其他	小计	设备及人工回收废票	BOM废票	乘客事务处理产生的废票	其他	小计	

1. 定额发票每月最后一天日报库存数量。定额发票已配发给售票员的，在客售交接班簿上作好登记，不计入车站库存。
2. 应急纸票，在有售卖当天须报车站库存数量，另每月最后一天日报库存数量。
3. 每月最后一天还需上报车站其他票、卡的库存情况（不记名卡、计次卡）。

值班站长签字：   职号：   客运值班员签字：   职号：

备注：一式两联，第一联交票卡组，第二联车站留存。

（2）票种 有值车票票种包括预制单程票、应急纸票、金陵通记名卡、计次票，由票务中心配送到各车站；非有值车票票种包括定额发票、充值发票、普通单程票、充值收据、学生卡附卡，由票务中心配送至各线路指定区域站。

5. 车票调拨

（1）线路内车票调拨　调拨车票仅限于非有值车票，区域车站内车票配送按照线路内车票调拨流程进行操作。

当 A 车站非有值车票的数量低于《线路保有量一览表》的最低保有量时，A 车站将调拨需求电话报票务中心票卡配送回收小组，票卡配送回收小组根据库存日报中各车站库存车票数量同意调拨 B 车站的车票。A 车站方可到 B 车站调配车票，调入车站填写《车站车票调拨明细单》（见表 4.6.2），次日连同票务报表放入布袋上交票务中心，原则上车站需在工作日期间申请车票调拨且在本线路邻近车站进行调拨。

表 4.6.2　车站车票调拨明细单

年　月　日

调入线路名称				调入车站名称		
调出线路名称				调出车站名称		
序号	名　称	金额/次数/天数	有效期	数量	起号	止号
1						
2						
3						
4						
5						
6						
7						
调入车站客运值班员：				职号：		
调出车站客运值班员：				职号：		
车票配收员：				职号：		

备注：此表一式三联，第一联票务中心保存，第二联交调入车站留存，第三联交调出车站保存。

说明：1. 仅限单程票的调拨。

2. 线路内的调拨：本站单程票库存不足时，由票务中心告知可调配的车站名后，线路内车站之间进行调拨工作，调入车站将"票务中心联"随当日报表上交，其余联各自保管。

3. 线路间的调拨：由票务中心配收员进行调拨。①"调出车站"填写《车票调拨单》，调出车站客值和配收员双方签字后，第三联由调出车站留存。第一联、第二联由配收员暂留存；②配收员将车票调拨至"调入车站"，双方清点无误后，调入车站客值签字确认，第二联由调入车站留存，第一联由配收员留存；③线路间的车票调拨前，须报中心票务组分管线路人员备案。

（2）线路间车票调拨　当线路 A 车票的数量低于《线路车票保有量一览表》合计最低保有量时，CCS 根据库存日报中线路库存车票数量确定调拨线路 B，票务中心票卡配送回收小组接收 CCS 调拨名单后到车站调拨车票，填写《车站车票调拨明细单》，双方清点无误后，签字确认。

6. 车票交接

（1）客运值班员应依据《客运值班员交接班簿》上的记录与交班客运值班员当面清点点钞室内所有车票的数量以及编号、当日车票的上交单、车票配送单，确认无误后进行签收。

对已加封的车票进行交接时，确认加封正确完好后交接。

接班客运值班员应检查每一包车票封装盒的封口是否完好，若有破封的情况或数量与实际清点有误时，应立即报班长或值班站长，该包车票严禁使用，等站长或值班站长核查清楚后方可使用。

（2）客运值班员与车票配送员或车站调拨车票人员的车票交接　票务中心需双人共同将初始化好的有效单程票装入布袋中，按照每个布袋1000枚进行封装。封条上注明车票数量、日期，加封人签字盖章。车站客运值班员与车票配送员或车站调拨车票人员确认加封正确完好后交接。

车站票卡及车站其他物品的配送及回收工作必须做好台账登记，车票配送员或车站调拨车票人员与客运值班员在点钞室监控范围内办理票卡及车站其他物品的交接，确认加封正确后进行交接，交接时对票卡种类、数量签字确认。

（3）其他票卡交接

① 一卡通车票。一卡通车票按整盒进行配发，确认无误后办理签收交接手续。零散的一卡通车票按照实际清点数量进行交接。

② 计次票。计次票必须当面清点车票数量，确认车票信息无误后办理签收交接手续。

③ 预付值单程票。车站客运值班员确认票盒加封正确完好后凭封条上的加封车站、加封数量、加封金额交接，确认车票信息无误后办理签收交接手续。

④ 纸票。对整包加封的纸票交接时，车站客运值班员确认加封正确完好后凭加封数量、纸票编号交接；对零散的纸票，车票配送员与客运值班员应当面清点纸票数量以及编号，确认纸票信息无误后办理签收交接手续；对纸票的存根联也应当面清点数量，确认信息无误后办理签收交接手续。

⑤ 发票。对整包加封的发票交接时，车站客运值班员确认加封正确完好后凭加封数量、发票编号交接；对发票的存根联也应当面点清数量，确认信息无误后办理签收交接手续。

三、单程票废票管理

1. 单程票废票类型

（1）与乘客事务处理相关的废票　BOM、TVM出售的无效票、乘客退票（授权后）、超时等单程票。

（2）AFC设备产生的废票　TVM废票、GATE废票、编码分拣机废票。

（3）已拆封的预赋值单程票废票　票务中心预赋值未售完的单程票。

（4）其他废票　车站废票箱内回收的单程票及其他非正常情况回收的单程票。

2. 交接流程

① 与乘客事务处理相关的废票、BOM产生的废票及已拆封的预赋值单程票废票，由当班售票员将车票分类封入票务专用信封，并在信封上注明设备编号、加封内容（废票类型、车票分析后显示的拒绝码、金额、张数）、加封车站、加封人和加封日期，当班结束后，随售票员结算单据统一交客运值班员。

② 除与乘客事务处理相关的废票外，其他所有的废票由客运值班员负责收集，与当班值班站长当面清点、核对后，分类封装。

③ 客运值班员根据信封封面的张数与售票员进行核对，确认无误后，在《车票库存日报》上做好记录。

④ 票务中心票卡组人员到各车站配发或回收车票时，当班客运值班员的废票交票卡组人员，双方签字确认，并填写《线路车站上交单》（见表4.6.3）一式两联，第二联车站留存，第一联交票卡组人员。

表4.6.3　线路车站上交单

年　　月　　日

序号	名　称	计量单位	数量	起号	止号	上交原因

客运值班员：　　　　　　　　职号：
车票配收员：　　　　　　　　职号：
值班站长：　　　　　　　　　职号：

备注：一式两联，第一联交票卡组，第二联车站留存。

3. 处理流程

与乘客事务处理相关的废票、BOM产生的废票，次日连同票务报表一起上交票务中心收益组，其他废票由车票配收员一周回收一次。

 任务操作

完成表4.6.4实训工单。

表4.6.4　实训工单　填写车站车票库存日报

_____站车票库存日报
年　　月　　日

报送期限：次日八点半前

项目 票种	可循环使用的车票（张/枚）					不可循环使用的车票（张/枚）					本日结存
	AFC室库存	闸机回收	TVM结存	POST结存	其他	小计	设备及人工回收废票	POST废票	乘客事务处理产生的废票	其他	小计	

1. 定额发票每月最后一天报库存数量。定额发票已配发给售票员的，在客售交接班簿上做好登记，不计入车站库存。
2. 应急纸票，在有售卖当天须报车站库存数量，另每月最后一天报库存数量。
3. 每月最后一天还需上报车站其他票、卡的库存情况（不记名卡、计次卡）。

值班站长签字：　　　　　　职号：　　　　　　客运值班员签字：　　　　　　职号：

备注：一式两联，第一联交票卡组，第二联车站留存。

任务考核

一、单选题

1.（　　）主要供乘客单程乘坐城市轨道交通，经过发售、入站检票环节，在乘客出闸地通过出站闸机予以回收。
  A. 计次票　　　　　B. 储值票　　　　　C. 单程票　　　　　D. 工作票

2.（　　）是指固定使用次数的车票，一进一出计为一次，不论车程长短，使用完规定次数后回收或作废。
  A. 计次票　　　　　B. 储值票　　　　　C. 单程票　　　　　D. 工作票

二、多选题

1. 以下属于营销类车票的有（　　）。
  A. 有奖单程票　　　　　　　　　　B. 广告单程票
  C. 工作卡　　　　　　　　　　　　D. 计次纸票

2. 纸票一般情况下不使用，只有在（　　）等情况下使用。
  A. 车站自动售票机、半自动售票机全部故障或部分故障导致无法满足乘客进站要求
  B. 车站出现有预见或临时性大客流时票务系统无法应付等特殊情况
  C. 根据公司签发的大客流运输方案
  D. 遇到大客流团体

三、判断题

1. 售票员应单独开窗售卖纸票，原则上须按配票序列号顺序连号售卖，可以拼票和借他人使用。（　　）

2. 单程票只能在本站进出闸机一次，始终有效。（　　）

四、思考题

1. 举例说明车票的种类及其使用规定。
2. 说明车票交接流程。

任务 4.7　应急处理车站票务

 知识目标

1. 掌握票务应急处置类型；
2. 掌握票务应急处置程序。

 能力目标

1. 能识别票务应急处置的类型；
2. 能按票务应急处置程序进行操作。

 素质目标

培养学生安全、责任意识，提升独立分析问题、解决问题及综合创新能力。

任务引入

乘坐城市轨道交通（地铁、轻轨等）出行，了解车站票务应急处置的类型。

 任务分析

一、票务应急处置类型

1. 线网级故障

线网瘫痪是指整个线网内所有 AFC 系统因为某种原因不能提供正常服务的情形。线网 AFC 系统瘫痪的原因可能是 CCS 下发的参数、系统时间不同步、系统感染病毒或其他不明原因等。一旦在运营中发生线路瘫痪，将直接影响该条线路上的乘客正常进出站服务。

2. 线路级故障

单线路瘫痪是指在线网运营下某一条线或几条线 AFC 系统因为某种原因不能提供正常服务的情形。线路 AFC 系统瘫痪的原因可能是线路中心（LC）下发的参数、线路时间与 CCS 系统时间不同步、线路系统感染病毒、线路内类终端设备（如 GATE、TVM、BOM）不能使用或其他不明原因等。一旦在运营中发生线路瘫痪，将直接影响该条线路上的乘客正常进出站服务。

3. 车站级故障

车站级瘫痪是指在线网运营下一条线或几条线 AFC 系统因为某种原因不能提供正常服务的情形。车站级 AFC 系统故障的原因可能是车站服务模式设置错误、车站系统时间与线路系统时间不同步、车站内某一终端设备（如 GATE、TVM、BOM）不能使用或其他不明原因等。一旦在运营中发生线路瘫痪，将直接影响该条线路上的乘客正常进出站服务。

4. 设备类故障

设备类故障分为车站终端设备 GATE、TVM、BOM 因为某种原因不能正常提供服务的情形。

二、票务应急处置程序

1. BOM 故障

BOM 故障的处理流程如图 4.7.1 所示。

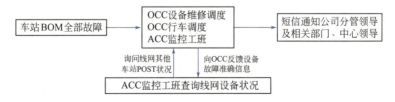

图 4.7.1　BOM 故障处理流程

（1）故障车站对持单程票无法进站的乘客边门放行出站时处理。对持单程票无法出站的乘客，直接回收单程票边门放行，人工回收的单程票需单独清点封存，次日由票卡组回收。

（2）故障车站对持 IC 卡无法进站的乘客边门放行，到出站车站处理。对持 IC 卡无法出站的乘客边门放行，请乘客下次乘车时付费更新处理。

2.TVM 全部故障

TVM 故障的处理流程如图 4.7.2 所示。

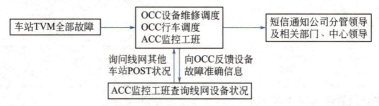

图 4.7.2　TVM 全部故障处理流程

① 故障车站立即启动 BOM 进入人工售票，并安排人员引导乘客到售票亭购票。
② 当人工售票无法满足乘客购票需求时，立即组织当班员工开始发售应急纸票。

3.GATE 故障

（1）GATE 故障分类　GATE 故障按故障严重程度可分为：单站进站 GATE 全部故障；单站出站 GATE 全部故障；单线进站 GATE 全部故障；单线出站 GATE 全部故障；全线网进站 GATE 全部故障；全线网出站 GATE 全部故障单线进；出站 GATE 全部故障；全线网进；出站 GATE 全部故障。

（2）GATE 故障处理　GATE 故障处理流程如图 4.7.3 所示。

图 4.7.3　GATE 故障处理流程

GATE 故障类型及处理方法见表 4.7.1。

表 4.7.1　GATE 故障类型及处理

序号	故障类型	处理
1	单站进站 GATE 全部故障	a. 故障车站正立即组织工作人员开始发售应急票。 b. 车站所有 TVM 开始售票。 c. 对于购买单程票的乘客，直接由边门进站，出站时直接回收。 d. 当售票速度不能满足乘客购票需求时，对持 IC 卡的乘客可直接从边门进站，出站时处理
2	单站出站 GATE 全部故障	a. 持单程票的乘客在故障车站，出站时直接边门放行，人工回收单程票。 b. 对持持 IC 卡的乘客在补票亭进行更新，不填《乘客事务处理单》，使用《车站紧急情况票务登记表》（见表 4.7.2）登记，报表随车站报表次日上交票务中心收益组。 c. 更新工作量较大时，可直接边门放行，告知乘客下次乘车时付费更新
3	单线进站 GATE 全部故障	a. OCC 行车调度确认故障情况后通知全线网各车站，按单线进站刷闸机故障进行现场处置。 b. CCS 设置故障车站进行年检模式，并通知全线网其余车站。 c. 持 IC 卡乘客从故障站进站，出站时一律按票种最低收费率进行扣值。 d. 当进站免检模式不可以设置时，故障车站 TVM 正常售卖单程票，并根据实际客流情况及时组织员工发售应急纸票，密切注意纸票的存数量和售卖速度。 e. 对已购买单程票的乘客，直接由边门进站，出站时直接回收。

续表

序号	故障类型	处理
3	单线进站 GATE 全部故障	f. 车站要加强宣传，请持 IC 卡的乘客购买纸票或单程票进站，当售票速度不能满足乘客购票需求时，对持 IC 卡的乘客，可直接从边门进站，出站时处理。 g. 对持老人票、学生卡的乘客，直接由边门进站，出站时按照规定处理
4	单线出站 GATE 全线故障	a. OCC 行车调度确认故障情况后通知全线网各车站，按单线故障闸机故障进行现场处置。 b. 全线网各车站立即启动销售故障线路车站的应急纸票，做好乘客广播，要求乘车前往故障线路车站的乘客购买应急纸票乘车。 c. 全线网各车站 TVM 正常售票。 d. 故障线路内各车站，持单程票出站的乘客直接边门放行，人工回收单程票。 e. 故障线路内车站，对持 IC 卡的乘客在补票亭进行更新。不填《乘客事务处理单》，使用《车站紧急情况票务登记表》登记，报表随车站报表，次日上交票务中心收益组更新，工作量较大时，可直接边门放行，告知乘客下次乘车时付费更新。 f. 故障线路内各车站，持老人票、学生票出站的乘客直接边门放行，下次乘车时按规定处理。 g. 故障当日运营结束后，由 CCS 统计故障当日无出站信息 IC 卡数量，判断次日是否设置日期免检模式
5	全线网进站 GATE 全部故障	a. OCC 行车调度确认故障情况后通知全线网各车站，按全线进站闸机故障进行现场处置。 b. CCS 设置权限全线网车站进站免检模式。出站一律按票种最低费率进行扣值。 c. 当进站免检模式不可以设置时，车站 TVM 正常售卖单程票，车站根据实际客流情况及时组织员工发售单程票，密切注意纸票的站存数量和售卖速度。 d. 对持老人卡、学生卡等优惠票种的乘客，直接由边门进站，出站时老人卡免费放行，学生卡按规定处理。 e. 车站广播通知所有乘客到应急售票点购买应急纸票。 f. 对已购买单程票的乘客，直接由边门进站，出站时直接回收
6	全线网出站 GATE 全部故障	a. OCC 行车调度确认故障情况后通知全线网各车站，按单线故障闸机故障进行现场处置。 b. 全线网各车站立即启动销售故障线路车站的应急纸票，做好乘客广播，要求乘客购买应急纸票乘车。 c. 全线网各车站 TVM 正常售票。 d. 持动车票的乘客直接边门放行，人工回收单程票。 e. 对持 IC 卡的乘客在补票亭进行更新，不填《乘客事务处理单》，使用《车站紧急情况票务登记表》登记，报表随车站报表，次日上交票务中心收益组更新，工作量较大时，可直接边门放行，告知乘客下次乘车时付费更新。 f. 持老人票、学生卡的乘客，直接由边门进站，下次乘车时处理。 g. 故障当日运营结束后，由 CCS 统计故障当日无出站信息 IC 卡数量，判断次日是否设置日期免检模式
7	单线进、出站 GATE 全部故障	a. OCC 行车调度确认故障情况后通知全线网各车站，按全线进站闸机故障进行现场处置。 b. 全线网各车站立即启动销售故障线路车站的应急纸票，做好乘客广播，要求乘客购买应急纸票乘车。 c. 全线网各车站 TVM 正常售票。 d. CCS 设置权限全线网车站进站免检模式，并通知全线网其余车站，IC 卡出站一律按票种最低费率进行扣值。 e. 若进站免检模式不可以设置时，故障车站体 TVM 正常售卖单程票，并根据实际客流情况及时组织员工发售应急纸票，密切注意纸票的站存数量和售卖速度。 f. 故障线路内各车站，持程票进站的乘客直接边门进站，出站时处理；持单程票出站的乘客直接边门放行，人工回收单程票。 g. 故障线路内车站，对持 IC 卡的乘客，直接边门进站，出站时处理；对持 IC 卡的乘客在补票亭进行更新，不填记《乘客事务处理单》，使用《车站紧急情况票务登记表》登记，报表随车站报表，次日上交票务中心收益组更新，工作量较大时，可直接边门放行，告知乘客下次乘车时付费更新。 h. 故障线路内各车站，持老人卡、学生卡进站的乘客，直接边门放行，出站时处理；持老人卡、学生卡出站的乘客，直接边门放行，下次乘车时按规定处理。 i. 故障当日运营结束后，由 CCS 统计故障当日无出站信息 IC 卡数量（具体时间和人数），判断次日是否需要设置进站免检及日期免检组合模式

表 4.7.2　车站紧急情况票务登记表

_____年____月____日　　　　　　　　　　　　　　　____时____分起至____时____分止

序号	单程票处理		IC 卡处理		备注
	退票	补值	处理方式	收取金额	
1	□2元 □3元 □4元	□1元	□免费更新	□1元 □1.9元	
		□2元	□付费更新	□2.8元 □3.8元	
2	□2元 □3元 □4元	□1元	□免费更新	□1元 □1.9元	
		□2元	□付费更新	□2.8元 □3.8元	
3	□2元 □3元 □4元	□1元	□免费更新	□1元 □1.9元	
		□2元	□付费更新	□2.8元 □3.8元	
4	□2元 □3元 □4元	□1元	□免费更新	□1元 □1.9元	
		□2元	□付费更新	□2.8元 □3.8元	
5	□2元 □3元 □4元	□1元	□免费更新	□1元 □1.9元	
		□2元	□付费更新	□2.8元 □3.8元	
6	□2元 □3元 □4元	□1元	□免费更新	□1元 □1.9元	
		□2元	□付费更新	□2.8元 □3.8元	
7	□2元 □3元 □4元	□1元	□免费更新	□1元 □1.9元	
		□2元	□付费更新	□2.8元 □3.8元	
8	□2元 □3元 □4元	□1元	□免费更新	□1元 □1.9元	
		□2元	□付费更新	□2.8元 □3.8元	
9	□2元 □3元 □4元	□1元	□免费更新	□1元 □1.9元	
		□2元	□付费更新	□2.8元 □3.8元	
10	□2元 □3元 □4元	□1元	□免费更新	□1元 □1.9元	
		□2元	□付费更新	□2.8元 □3.8元	

填表人：售票员姓名及工号　　　　　　　　　　　　　　　审核人：客值姓名及工号

想一想

概括一下不同车票的处理方法。

4. 单线 BOM、TVM、GATE 全部故障

① OCC 行车调度确认故障情况后通知全线网各车站，按单线 BOM、TVM、GATE 全部故障进行现场处置。

② 故障车站立即启动应急纸票售票，密切注意纸票的站存数量和售卖速度。

③ 当售票速度不能满足乘客购票需求时，对持 IC 卡的乘客可直接从边门进站，出站时处理。

④ 全线网其他非故障车站也需立即启动应急纸票销售工作，并做好乘客广播要求乘车前往故障线路车站的乘客（包括持 IC 卡的乘客）购买应急纸票乘车。

⑤ CCS 发布命令，网络广播通知全线网各车站 TVM 上禁止发售到故障线路车站的单程票。

⑥ 持老人卡、学生卡进站的乘客，直接边门放行，出站时处理；持老人卡、学生卡出站的乘客，直接边门放行，下次乘车时按规定处理。

⑦ 持单程票的乘客在故障车站出站时，直接边门放行，人工回收单程票。

⑧ 持 IC 卡的乘客在故障车站出站时，直接边门放行，并告知乘客下次乘车时处理。

5. 其他特殊情况下的应急处理

（1）列车晚点，本站受影响的候车乘客要求退票时的处理

① 车站接到控制中心通知列车晚点后，值班站长安排员工给需要退票的乘客办理事务处理。

② 凡涉及退款处理，从当日票款扣除，登记报表随车站报表次日上交票务中心收益组。

③ 现场办理退款流程：一是单程票在 BOM 上分析余额，若为故障日当日出售的单程票，办理退票手续，并登记《车站紧急情况票务登记表》；二是 IC 卡储值票在 BOM 上分析进站信息，当日本站进站记录，且在故障时间两小时内，免费换新车票，登记《车站紧急情况票务登记表》；三是当日列车恢复运营后，车站应及时向控制中心报告退票及更新人数。

④ 非现场办理退票流程（七日之内）：一是单程票在 BOM 上分析车票出售日期和余额，若为故障当日出售的单程票，办理手工退费、退票手续，填写《乘客事务处理单》；二是 IC 卡储值票在 BOM 上分析进站信息，若为故障时间两小时内，则免费更新车票，登记《乘客事务处理单》。

（2）地铁发生运营故障，需要清客的处理

① 车站接到控制中心需要清客的命令后，值班站长安排员工给需退票的乘客办理事务处理。

② 凡涉及退款处理，从当日票款扣除，登记报表随车站报表次日上交票务中心收益组。

③ 现场办理退票流程：一是单程票在 BOM 上分析余额，若为故障当日出售的单程票，办理手工退票手续，并登记《车站紧急情况票务登记表》；二是 IC 卡储值票在 BOM 上分析进站信息，若为故障时间两小时内，则免费更新车票，登记《车站紧急情况票务登记表》；三是当日列车恢复运营后，车站应及时向控制中心报告退票及更新人数。

④ 非现场车票处理（七日之内）：一是单程票在 BOM 上分析车票出售日期和余额，若为故障当日出售的单程票，办理手工退票手续，并登记《车站紧急情况票务登记表》；二是 IC 卡储值票在 BOM 上分析进站信息，若在故障日进站，且在故障时间段前后两小时内，则免费更新车票，登记《车站紧急情况票务登记表》；三是车站在七日之内可按非现场办理退票流程办理车票处理（操作同上）。

（3）车站出现火灾等紧急情况时的处理

① 车站出现火灾等紧急情况时，立即向控制中心汇报，并根据火势情况使用车控室 AFC 紧急按钮打开车站所有闸机。

② 车站关闭所有自动售票机、半自动售票机，停止售票/问询处的售票、兑零工作，同时打开边门放行。

③ 紧急情况处理完毕后，车站报控制中心。值班站长接到控制中心"可恢复正常运营"的命令后，由值班站长取消紧急模式，恢复正常运行模式，并上报控制中心。

④ 票务中心将故障日期设置在中央系统内，七日之内乘客可正常持票（单程票、储值票）乘车。

⑤ 车站在七日之内可按非现场办理退票流程办理车票处理（操作同上）。

（4）列车越站时的处理

① 列车越站时，车站及时告知乘客乘坐反方向列车到达目的地。

②若因为特殊原因和经济情况，无法到达所越车站时，控制中心及时通知列车越站后运行前方的第一个站。车站接到控制中心通知后，客运值班员通过车站计算机设置"车费免检"模式。

③车站接到控制中心"列车运行恢复正常"的通知后，客运值班员通过车站计算机取消"车费免检"模式；恢复正常运行模式，并上报控制中心。

④"车费免检"模式的车票处理：一是对储值票，出站一律按票种最低费率进行扣值；二是对单程票，乘客出闸时，不检查车票余额，全部回收；当车费免检模式无法设置时，因超程原因无法出站的单程票直接回收，持IC卡乘客到票亭按需要乘坐的里程，进行付费更新，填写《车站紧急情况票务登记表》，若影响范围加大，无法及时更新时，告知乘客下次乘车前进行付费更新。

任务操作

完成表 4.7.3 实训工单。

表4.7.3 实训工单 车站票务应急处理

序号	故障类型	处理流程
1	BOM 故障	
2	TVM 故障	
3	GATE 故障	
4	单线 BOM、TVM、GATE 全部故障	

任务考核

一、单选题

1.（　　）是指在线网运营下一条线或几条线 AFC 系统因为某种原因不能提供正常服务的情形。

A. 线网级故障　　B. 车站级瘫痪　　C. 线路级故障　　D. 设备类故障

2. 车站出现火灾等紧急情况时，立即向控制中心汇报，并根据火势情况使用车控室（　　）打开车站所有闸机。

A.AFC 紧急按钮　　B. 紧急停车按钮　　C.AFC 关闭按钮　　D. 停梯按钮

二、多选题

1. 以下属于单站进站 GATE 全部故障处理措施的有（　　）。

A. 故障车站正立即组织工作人员开始发售应急票

B. 车站所有 TVM 开始售票

C. 对于购买单程票的乘客，直接由边门进站，出站时直接回收

D. 当售票速度不能满足乘客购票需求时，对持 IC 卡的乘客可直接从边门进站，出站时处理

2. 以下属于列车越站时处理措施的有（　　）。

A. 等列车越站时，车站及时告知乘客乘坐反方向列车到达目的地

B. 客运值班员通过车站计算机设置"车费免检"模式

C. 若因为特殊原因和经济情况,无法到达所越车站时,控制中心及时通知列车越站后运行前方的第一个站

D. 客运值班员通过车站计算机设置"时间免检"模式

三、判断题

1.TVM 全部故障情况下,当人工售票无法满足乘客购票需求时,立即组织当班员工开始发售应急纸票。(   )

2.持单程票的乘客在故障车站出站时,直接边门放行,不回收单程票。(   )

四、思考题

1. 说明车站出现火灾等紧急情况时的票务处理流程。

2. 说明地铁发生运营故障需要清客处理的退票流程。

任务4.8 处理乘客票务事务

知识目标

1. 掌握乘客票务事务处理的内涵及异常交易情况的处理流程;
2. 掌握车票无法通过闸机时的处理方法。

能力目标

1. 能处理票务异常交易的情况;
2. 能处理无法通过闸机的车票。

素质目标

培养学生具有严谨的工作作风,灵活应变的职业能力及按章处理乘客票务事务的实践能力。

  任务引入

乘坐城市轨道交通(地铁、轻轨等)出行,了解车站票务异常交易的情况。

  任务分析

一、乘客票务事务处理的内涵

乘客票务事务处理是指乘客在乘坐轨道交通工具的过程中,因自身原因,或其他特殊原因造成无法正常进出车站时引起的事务处理。

在实际计程票价制的轨道交通企业,常见的乘客票务处理主要有自动售票机卡币、卡票、找零不足、TVM 发售无效票、TVM 多找零以及车票超程、超时、车票进出次序错误等。

车站发生乘客票务事务时,现场车站人员接报后,及时报值班站长(站长),客运值班员与值班站长(站长)应立刻赶到现场。当班值班站长和客运值班员负责接报后现场调查、处

置和后续工作，尽量减少处理时间，对一时无法界定的问题，车站应耐心地做好解释和劝导工作。

办理乘客票务事务时，须由当班值班站长和客运值班员到现场确认并在《乘客事务处理单》（表4.8.1）或《退款申请单》上双人签字。

表4.8.1 乘客事务处理单

_____站乘客事务处理单

NO.

年　　月　　日　　　　　　　　　报送期限：次日八点半前

事件详情（付/非）	处理结果（处理时间：　）
（　）车票无效不能进/出闸；	（　）发售免费出站票_____张
（　）乘客使用过期票（进闸/出闸）	（　）免费发售____元单程票_张
（　）乘客无票乘车	（　）收取现金____元，更新车票
（　）单程票/IC卡超时	（　）收取现金____元，发售付费出站票_____张
（　）单程票超程	（　）加收票款____元
（　）IC卡内余额不足	（　）回收原票
（　）单程票/IC卡无出站信息	
（　）单程票/IC卡无进站信息	
（　）TVM卡币，设备编号_____	

乘客确认以上内容属实后，签名并填写以下资料：

乘客签名：　　　　　　　　　　　　电话：_____

车站确认：　　售票员签章：　　　客运值班员/值班站长签章：_____

备注：此表一式三联，第一联上交收益组，第二联车站留存，第三联交乘客。

票务设备异常交易情况的种类主要有：TVM卡币、TVM少出车票、TVM找零不足、TVM发售无效票、TVM多找零、出闸机扣费不对。

二、票务设备异常交易情况处理流程

1.TVM卡币、找零不足、少出票

（1）出现以上情况时车站人员询问乘客购票情况，客运值班员迅速到现场检查TVM。

（2）若TVM交易记录检查结果与乘客反映情况一致 则办理《乘客事务处理单》（未生成交易记录并且在设备中发现所卡现金的可以不办理《乘客事务处理单》），客运值班员在《乘客事务处理单》注册TVM查询详情及处理结果，车站用备用金退还相应款额给乘客（若TVM交易记录已生成且在设备中发现所卡现金须在《乘客事务处理单》上注明），当晚从TVM票款收入中扣除退款金额，并在《TVM清点报告》"吞币"栏中注明金额，并在备注栏中注明《乘客事务处理单》编号。

（3）若TVM交易记录结果与乘客反映情况不一致，办理《乘客事务处理单》

① 晚班客值填写《退款申请单》，说明原因，并备注当天办理的《乘客事务处理单》编号，客值和值班站长签字确认，若有现场证明人（必须是本站员工、公安、保安、志愿者），需附当时现场情况说明，证明人签字，当班值班站长签字确认，次日随报表一并上交票务中心收益组。

② 乘客来取卡币金额时车站用备用金退还给乘客，在当日的运营收入总金额中扣除退款金额，填写《乘客事务处理单》，并填写在《收入日报》"残损款"栏中的"退款"项。将办理退款的《乘客事务处理单》与当日《收入日报》装订起来，次日随报表一并上交票务中心收益组。

（4）乘客退款时，须有当班值班站长和客运值班员到现场确认并在《乘客事务处理单》上双人签字。

（5）《退款申请单》处理流程

① 票务中心收益组收到《退款申请单》后，通知中央维护工班进行数据调查，并在填写数据查询结果说明，票务中心主任签字确认。

② 票务中心收益组根据查询结果发送《退款申请单》电子档回复给车站及站务中心邮箱是否办理退款，要求在收到《退款申请单》三个工作日内。如有记录证实确实发生TVM卡币、少出票、找零不足、出闸机扣费不对等现象，或具有现场证明人签字说明，则同意退款；否则，不予以退款。

③ 车站接收到《退款申请单》当日通知乘客凭《乘客事务处理单》办理退款。乘客来取卡币金额时车站用备用金退还乘客，在当日的运营收入总金额中扣除退款金额，填写《乘客事务处理单》，并填写在《收入日报》"残损款"栏中的"退款"项，并在"备注"栏中注明当日《退款通知书》总数量及总金额。将办理退款的《乘客事务处理单》与当日《收入日报》装订起来，次日随报表一并上交票务中心收益组。

④ 如不同意退款，车站需耐心向乘客做好解释工作。

（6）特殊情况

① 当乘客反映未出票、未找零。

② 现场未发现钱款和交易记录。

③ 已办理过《乘客事务处理单》。

④ 后期经维修取出所卡钱款。

必须全部满足以上4个条件，晚班客运值班员填写《退款申请单》时备注说明此钱款已取出，票务中心填写《退款通知书》通知车站退款。

2.TVM发售无效票

车站人员询问乘客购票情况和查询TVM的机器交易记录。

若TVM交易记录与乘客反映情况一致，则回收该无效车票，并根据乘客需要在BOM上发售同等面值车票（填写在《售票员结算单》普通单程票栏中"免费有值票"）或退还相应款额给乘客，办理《乘客事务处理单》。

3.TVM多找零

车站人员发现TVM多找零、多出币情况下，询问乘客购票情况和查询TVM的机器交易记录，将该台故障TVM设为"暂停服务"模式，同时需将事情概况通知票务中心中央维护工班。

乘客将现金交给售票员，由售票员通知客值回收多找零数目，并在《客运值班员交接班簿》，注明设备号码、金额、币种，将钱币封包保存，交给接班值班员解行，计入《收入日报》其他票款收入的"其他钱款"，并备注说明。

4.出闸机扣费错误

① 车站人员询问乘客乘车和车票扣值情况，同时在BOM上查询车票使用记录。

② 车站经过分析后，办理《乘客事务处理单》，并填写《退款申请单》，注明卡号等。将该台故障闸机设为"暂停服务"模式，同时需将事情概况通知票务中心中央维护工班。

③ 次日票务中心中央维护工班根据车站提供的 IC 卡卡号查询交易记录，打印该卡交易报表。

④ 票务中心收益组根据卡交易报表查询结果发送《退款通知书》回复车站是否办理退款。

⑤ 车站接收到《退款通知书》后通知乘客凭《乘客事务处理单》办理退款，用备用金将闸机多扣值的金额用备用金退还乘客，在当日的运营收入总金额中扣除退款金额，填写《乘客事务处理单》，并填写在《收入日报》"残损款"栏中的"退款"项，并在"备注"栏中注明当日《退款通知书》总数量及总金额。将《乘客事务处理单》与当日《收入日报》装订起来，次日随报表一并上交票务中心收益组。

三、车票无法通过闸机时的处理

当乘客拿着一张车票刷卡进站或刷卡出站，而车站闸机始终不开，可能是由于：车票超程、车票超时、车票进出站次序错误等造成的。

1. 车票超程

车票超程是指按路程计价时，付费区乘客所持车票余额不够支付按标准计算所得的起点站至终点站之间的单程车费，车票不能正常通过闸机的情况。车票超程处理办法如下。

（1）单程票超程　补足票款，更新车票给予在本站出站。对无法更新车票：原单程票回收，发售付费出站票（与补收所超车程票款相对应），乘客凭付费出站票出站。

（2）储值票超程　乘客所使用的车票，不足以支付所到达车站的实际车费时，须到客服中心办理出站手续；对储值票因余额不足无法从卡内扣值，须根据车票上所显示的进站名，按照所持车票计费金额收相应车费（现金）并更新 IC 卡，发售免费出站票，填写《乘客事物处理单》。乘客凭免费出站票出站。

2. 车票超时的处理

车票超时是指乘客验票进入付费区后，在付费区逗留时间过长，导致车票使用时间超过了系统规定的有效时间，车票不能正常通过出站闸机的情况。车票超时的处理办法如下：

（1）单程票超时　乘客在付费区（出站），车票分析结果超时，原单程票回收，按全程票价发售一张付费出站票，乘客凭付费出站票出站。

（2）储值票超时

① 乘客在非付费区（进站），车票分析结果为尚未出站：若乘客上次出站未刷好，根据乘客所报的上次出站点补收相应车费（现金）并更新 IC 卡，填写《乘客事物处理单》。

② 乘客在付费区（出站），车票分析结果为超时，只乘坐一次（一次超时）：填写《乘客事务处理单》，收取现金，更新车票，发售免费出站票，乘客凭免费出站票本站出站。

③ 乘客在付费区（出站），车票分析结果为超时，乘坐二次（二次超时）：根据乘客所报的第一次出站点按所持车票计费金额补收相应车费（现金）并更新 IC 卡，再按计费金额收取本次乘车费用发售付费出站票，填写《乘客事务处理单》，乘客凭付费出站票出站。

3. 车票无出站信息

对这种情况，售票员应视乘客所处的位置来处理，具体处理办法如下。

① 乘客持车票上次进站是本站，且使用时间为当日，出站未在自动检票机上刷卡或刷卡不成功未扣值，再次进站时会被拒绝，须到客服中心按实际车程费用（按所持车票的计费方式）补交现金，并对该车票进行更新，方可正常使用；若分析车票显示"无错误"或"尚未出站"，确认进站代码为本站且发生时间在 20min 以内，让乘客从边门进站。

② 乘客持车票上次进站时间非当日后非本站，再次进站时会被拒绝，原单程票回收，须重新购票；储值票须按实际车程费用（按单程票计费方式）补交现金并对该车票进行更新，

方可正常使用。

4. 车票无进站信息

对这种情况，售票员应视乘客所处的位置来处理，具体处理办法如下。

乘客持车票进站未刷卡或刷卡不成功，出站时会被拒绝，须到客服中心办理手续。

① 储值票：须以实际车程费用（按所持车票的计费方式）补交现金，凭出站票本站出站。

② 单程票：单程票若为当日车票则直接进行更新，凭原单程票出站；若为非当日车票，按实际车程费用补购出站票后给予本站出站，原单程票回收。

5. 车票无效

车票无效是指车票在使用过程中，因轨道交通设备原因或乘客自身人为原因造成车票异常，无法正常通过进、出闸机，且无法通过半自动售票机进行更新处理的情况。车票无效的处理办法如下。

（1）非付费区　当非付费区乘客持无效车票要求乘车时，站务员需判断造成车票无效的原因是轨道交通设备原因还是乘客自身人为原因，如果属于乘客自身人为原因造成，则回收乘客手中的无效车票，乘客需要重新购票；如果属于轨道交通设备原因造成，例如自动售票机发售的无效车票，则回收无效票，按规定办理乘客事务处理单，在半自动售票机上免费发售一张等值的普通单程票。

（2）付费区　当付费区乘客持无效车票不能出站时，站务员通过判断原因，如果属于乘客自身人为原因造成车票无效，则回收乘客手中的无效车票，请乘客按规定补救后，在半自动售票机上发售一张有效车票供乘客出闸；如果属于轨道交通设备原因造成，则回收无效车票，并在半自动售票机上发售一张有效车票供乘客出闸。

想一想

车票无法通过闸机的情况中由于乘客自身的原因有哪些？

小资料

深圳地铁票卡异常处理规定

1. 超时

乘坐城市轨道交通自进闸时起超过规定时限（210min）的，乘客除须缴交当次车程费用以外，还应当按照普通车厢线网最高单程票价补交票款，但因运营单位原因造成超时乘车的除外（使用优惠票须按优惠后票价补交）。

2. 超程

乘客所持票卡票款不足以支付实际到达车站票款的，应当在出闸前主动补足票款；若未补足票款而出闸的，按照应补票款的5倍补收票款。

3. 既超时又超程

乘客所持票卡既超时又超程，除须缴交已付车资外，应当按照本条前两款规定补交票款。

乘客所持票卡票款不足以支付其所乘车厢种类票款的，应当在出闸前主动补足票款；若未补足票款而出闸的，按照应补票款的5倍补收票款。

四、其他票务事务的处理

1. 车票遗失

因本人原因在付费区内遗失车票,按全程票价补购出站票后给予本站出站。

2. 清客处理

由于地铁运营原因造成清客,乘客在规定时间内可免费在客服中心更新储值票或办理单程票退票手续。

任务操作

完成表 4.8.2 和表 4.8.3 实训工单。

表 4.8.2　实训工单 1　票务设备异常交易处理

序号	票务设备异常交易类型	处理流程
1	TVM 卡币、找零不足、少出票	
2	TVM 发售无效票	
3	TVM 多找零	
4	出闸机扣费错误	

表 4.8.3　实训工单 2　填写乘客事务处理单

_____ 站 乘 客 事 务 处 理 单

NO.

年　　月　　日　　　　　报送期限:次日八点半前

事件详情(付/非)	处理结果(处理时间　:　)
(　)车票无效不能进 / 出闸;	(　)发售免费出站票____张
(　)乘客使用过期票(进闸 / 出闸)	(　)免费发售____元单程票____张
(　)乘客无票乘车	(　)收取现金____元,更新车票
(　)单程票 /IC 卡超时	(　)收取现金_____元,发售付费出站票____张
(　)单程票超程	(　)加收票款____元
(　)IC 卡内余额不足	(　)回收原票
(　)单程票 /IC 卡无出站信息	
(　)单程票 /IC 卡无进站信息	
(　)TVM 卡币,设备编号_____	

乘客确认以上内容属实后,签名并填写以下资料:

　　　　乘客签名:　　　　　　　　电话:_____

车站确认:　　　售票员签章:　　　　　客运值班员 / 值班站长签章:_____

　　备注:此表一式三联,第一联上交收益组,第二联车站留存,第三联交乘客。

任务考核

一、单选题

1. （   ）是指按路程计价时，付费区乘客所持车票余额不够支付按标准计算所得的起点站至终点站之间的单程车费，车票不能正常通过出闸机的情况。
   A. 车票超时   B. 车票超程
   C. 车票进出站次序错误   D. 车票无效

2. （   ）是指车票在使用过程中，因轨道交通设备原因或乘客自身人为原因造成车票异常，无法正常通过进、出闸机，且无法通过半自动售票机进行更新处理的情况。
   A. 车票超时   B. 车票超程
   C. 车票进出站次序错误   D. 车票无效

二、多选题

1. 常见的乘客票务处理主要有（   ）。
   A. 自动售票机卡币、卡票、找零不足   B.TVM 发售无效票
   C. 车票超程、超时   D. 车票进出次序错误

2. 办理事务时，须由当班（   ）到现场确认并在《乘客事务处理单》或《退款申请单》双人签字。
   A. 值班站长   B. 行车值班员   C. 客运值班员   D. 行车调度员

三、判断题

1. 单程票超程，应补足票款，更新车票给予在本站出站。（   ）
2. 乘客所使用的车票，不足以支付所到达车站的实际车费时，可以先出站，后补齐费用。（   ）

四、思考题

1. 说明乘客票务事务处理的内涵。
2. 分别说明车票超时、车票超程、车票无进站信息、车票无效的处理办法。

项目 5
城市轨道交通车站客运服务

任务 5.1 认知客运服务

 知识目标

1. 了解服务及服务质量的内涵；
2. 掌握车站客运服务的流程及基本要求。

 能力目标

1. 明晰车站客运服务流程；
2. 明晰车站客运服务的基本要求。

 素质目标

培养学生具有良好的职业道德素养，遵守职业道德规范，能够保持职业操守，为乘客提供优质的服务。

 任务引入

乘坐城市轨道交通（地铁、轻轨等）出行，了解地铁车站的客运服务要求。

任务分析

一、服务与乘客满意

1. 服务

服务是满足乘客需要的行动、过程与绩效,具有无形特性和交互作用的过程,通过与乘客"合作生产"而使乘客得到利益和满足感。即乘客也参与了服务的过程。服务是一种行为和过程及其造成的结果,而非实物形态,是一种运动形态的使用价值。

服务具有无形性、不可分割性、不可储存性和异质性等四个明显不同于实体产品的特性,这些特性是服务运营的基础。

服务质量是一个复杂的概念,它是指服务满足一定需求的全部特征和性质。服务质量的内涵包含 5 个要素:可靠性、响应性、保证性、移情性、有形性。

2. 乘客满意

乘客满意是乘客将其需要或期望与实际服务过程的感知进行比较而对产品或服务的评价。它的关键内容有 2 个:首先要成功地理解乘客的需求,然后是努力满足乘客的需求。乘客满意与否,取决于乘客接受出行或服务的感知同乘客在接受之前的期望相比较后的体验。通常情况下,乘客的这种比较会出现 3 种感受。

① 当乘客对服务的期望高于实际感知时,表现为对服务质量的不满意,甚至会产生抱怨或投诉;如果对乘客的抱怨采取积极措施妥善解决,就有可能使乘客的不满意转化为满意,直至成为忠诚的乘客。

② 当乘客对服务的期望等于实际感知时,表现为对服务质量的满意。

③ 当乘客对服务的期望低于实际感知时,表现为对服务质量的惊喜。

二、车站客运服务流程及要求

地铁作为城市公共交通系统中的一种速度快、运量大、行车间距小的电动有轨客运系统,作为城市公共交通系统的一个重要组成部分,对缓解城市地面交通压力,减轻城市地面交通拥挤起着十分重要的作用,"更好、更快、更安全、更舒适"是地铁运营服务的宗旨。所以要求地铁车站能安全、快速、方便地组织乘客出行,为乘客乘坐地铁提供良好的服务。

1. 车站客运服务流程

地铁客运服务是指乘客乘坐地铁提供的服务,地铁运营服务人员是直接从事地铁客运服务的工作人员。由于乘客乘坐地铁由"进站—购票—进闸—候车—乘车—下车—出闸—出站"八部曲组成,所以在地铁运营服务中,地铁客运服务人员是相应的按以下六点基本程序来服务的:进站服务→引导购票/应急售票→检票→引导乘车→监护列车→出站服务。

2. 客运服务基本要求

车站的对外客运服务工作主要划分为售票服务、问询服务、检(验)票服务、站台服务、广播服务等几个功能,其基本要求如下:

(1)售票服务 在地铁车站中,售票服务是帮助乘客用有效的货币换取价值等同的车票,以便于乘客进入车站的付费区。由于地铁运营的自动化程度较高，所以车站的售票服务主要由自动售检票（AFC）系统来完成。虽然自动售检票的自动化程度较高，但是人工售检票方式在特殊情况下仍适用。因此掌握各种状态下的售票作业内容，是每个服务人员应有的技能。

① 人工售票服务。售检票员在上岗前要备足零钱、发票等票务用品，整理好内务，用个人密码登录 BOM，在需要时开窗售票。收款、操作 BOM、找零由同一售检票员完成。在出售单程票时必须由售检票员提醒乘客确认金额、报销凭证按实领取。售票时严格执行"一收、二唱、三操作、四找零"的作业程序，见表 5.1.1。

表 5.1.1 售票作业程序

步骤	程序	内容
1	收	收取乘客购票的票款
2	唱	进出票款金额，重复乘客要求的购票张数和车票类型，如未听清乘客的要求，应主动礼貌地询问
3	操作	正确、迅速地操作，包括：检验钞票真伪，如钞票为假钞，则要求乘客重新更换钞票；在半自动售票机上选择相应功能键，处理钞票
4	找零	清楚说出找赎金额和车票张数，将车票和找赎的零钱一起礼貌地交给乘客

想一想

售票时为何规定严格的作业程序？

② 自动售票服务。车站工作人员应经常对 AFC 设备进行巡视检查，保证设备正常运转。对于不会使用 TVM 的乘客应该积极主动地进行引导，如图 5.1.1 所示，当 TVM 不足以应对乘客的购票需求时，在确保站台安全的前提下采取人工售票进行补偿服务。

（2）问询服务 当车站工作人员遇到乘客问询时，应注意倾听乘客所提的相关问题，做到"首问负责、有问必答"。对于涉及票务政策的内容应耐心、清楚地予以解答；对于乘客的问路，应详细告之，当自己也不清楚时要向其他工作人员询问，力争给予乘客满意的回答。而对于乘客的反映意见和投诉，工作人员必须认真听取，并根据乘客的要求给予合理的解释，如图 5.1.2 所示。

图 5.1.1 指导售票服务

图 5.1.2 站务员解答乘客咨询

（3）检（验）票服务 检验票服务是为了维护正常的车站乘车秩序，保证乘客的安全，对乘客所持的车票进行确认，使乘客按规定乘车。

① 人工检（验）票服务。在车站发售纸票或相应人员从边门进出时，售检票员要在边门

外认真核对乘客所持的车票或相关证件,纸票严格执行"一人一票"(团体票除外),售检票员在核对纸票无误并按要求撕口后,开放边门让乘客通过。出站乘客的纸票予以回收,如图5.1.3所示。对于符合边门出入条件的乘客按要求在《边门进出登记本》上登记签名后开放边门通过。在正常情况下售检票员应保证边门处于上锁状态。

售检票员同时要负责检查乘客是否携带超限物品或易燃、易爆、有毒等危险品乘车,对于醉酒、精神病患者、1.3m以下儿童单独乘车等特殊乘客,要及时劝阻其进站乘车。

② 自动检(验)票服务。由于目前地铁车站AFC设备较多,车站工作人员应随时对设备情况进行监督、保持AFC设备的正常运转。要知道乘客按要求正确使用单程票以及储值卡,对不能正常进出闸机的票卡进行分析,正确办理补票、更新等业务。必要时,应采取人工检验票进行补偿服务。同时要阻止携带易燃易爆、有毒等危险品的乘客进站乘车。对已醉酒、精神病患者、1.3m以下儿童单独乘车等特殊乘客,也要及时劝阻其进站乘车。

图5.1.3 人工检票服务

图5.1.4 站台组织乘客上下车

(4)站台服务 站台服务主要为候车乘客提供乘车信息、确保乘客在站台候车时的安全,使车站有一个良好的乘车环境。

① 对候车乘客要做到热情服务、有问必答。对老、弱、病、残、孕等特殊人员重点照顾。注意乘客候车动态,及时发现乘客异动,防止乘客跳下站台,进入区间,候车乘客拥挤时要积极疏导宣传,维护车站正常的候车秩序。

② 列车进站前,做好乘客的疏导工作,监控有关安全事项,引导乘客站在黄色安全线内候车。

③ 列车进站后,组织乘客先下后上,照顾重点乘客,人多拥挤时,积极进行人工宣传,确保乘客安全上下车,如图5.1.4所示。

④ 列车关门时,密切注意列车车门状态。如有车门关闭不上或者夹人夹物,应及时处理或通知司机并协助司机迅速查明原因,争取在最短时间内排除故障。

⑤ 列车启动后,注意乘客候车动态及列车有无异声、异味、异态。如有异常要及时通知行车值班人员,并及时向有关部门汇报。

⑥ 遇到有清客列车或其他站不停站通过列车到达本站时,对需要继续乘车的乘客,要做好解释劝说工作,动员乘客乘坐下次列车。

⑦ 遇到车站发生伤亡事故,应及时向有关部门汇报,找寻目击证人,疏导围观乘客,不扩散事态,并协助公安人员清理现场,把影响降至最低。

(5)广播服务 广播服务是车站客运服务的一个重要组成部分,也是客运服务的一个重要宣传工具。由于其影响面较广,一定要把好关,确保广播内容准确、及时。

① 车站应不断向乘客进行导向广播,如列车到、发情况,换乘介绍等。

② 车站应广播乘车规定、通告、公告等。

③ 车站的电视应按规定播放有关内容，宣传车站设施的使用方法及有关内容，如图5.1.5所示。

图5.1.5　车站广播服务

 任务拓展

"时代楷模"主题列车，致敬楷模之旅

2024年9月24日上午，重庆轨道交通2号线"时代楷模"主题列车正式开通，首班列车从重庆轨道交通2号线大渡口站出发，主题车厢内，展示了王红旭、毛相林、杨雪峰、马善祥4位"时代楷模"的故事，引领广大群众学习楷模精神，共同凝聚谱写中国式现代化重庆篇章的奋进合力。

"时代楷模"的事迹、精神，成为市民思想道德建设最鲜活的教材。"时代楷模"主题列车选取线路为重庆轨道交通2号线，是重庆，也是中国西部首条城市交轨，途经重庆解放碑等多个核心商圈，串联了中山四路等多个人文景点，日均客运量35万人次。

这趟楷模精神、正能量满满的主题列车，将更加生动、鲜活地讲好楷模故事，弘扬楷模精神，推动见贤思齐、崇德向善蔚然成风，吸引、感召越来越多的人争当"最美重庆人"，爱上新重庆，建设新重庆。

 任务操作

完成表5.1.2实训工单。

表5.1.2　实训工单　描述车站客运服务的基本要求

序号	车站客运服务工作	基本要求描述
1	售票服务	
2	问询服务	
3	检（验）票服务	
4	站台服务	

任务考核

一、单选题

1.（　　）是为了维护正常的车站乘车秩序，保证乘客的安全，对乘客所持的车票进行确认，使乘客按规定乘车。

A. 问询服务　　　　　B. 检验票服务　　　　C. 售票服务　　　　　D. 站台服务

2. 以下（　　）不属于地铁客运服务人员的基本服务程序。

A. 进站服务　　　　　B. 引导乘车　　　　　C. 车站商业购物服务　D. 出站服务

二、多选题

1. 服务具有（　　）四个明显不同于实体产品的特性，这些特性是服务运营的基础。

A. 无形性　　　　　　B. 不可分割性　　　　C. 不可储存性　　　　D. 异质性

2. 售票时严格执行（　　）的作业程序。

A. 一收　　　　　　　B. 二唱　　　　　　　C. 三操作　　　　　　D. 四找零

三、判断题

1. 车站应不断向乘客进行导向广播，如列车到发情况、换乘介绍、疏导乘客等。（　　）

2. 在正常情况下边门处于开放状态。（　　）

四、思考题

1. 说明车站售票服务的基本要求。
2. 说明车站站台服务的基本要求。

任务5.2　车站客流组织

 知识目标

1. 掌握正常情况下的客流组织方法与措施；
2. 掌握特殊情况下的客流组织方法与措施。

 能力目标

1. 能在正常情况下进行客流组织；
2. 能在特殊情况下进行客流组织。

 素质目标

培养学生具有较强的团队协作和沟通能力，能在团队中积极配合，有效沟通交流，协同完成乘客服务工作。

 任务引入

乘坐城市轨道交通（地铁、轻轨等）出行，了解车站的客流组织措施。

任务分析

一、客流调查

乘客是地铁运输的主体,正确有效的客流分析会对合理地安排客运组织工作起到重要的作用。

1. 客流的分类

目前,对于客流的分类方法很多,而最直观的是对乘客按出行目的进行分类:即通勤性客流和文化生活性客流。

(1)通勤性客流。包括职工上、下班出行,事务性、业务性出行以及学生上、下学出行。一般情况下此类客流是地铁运输的主要群体,也是最有稳定性和规律性的群体。

(2)文化生活客流。包括来往娱乐场所的出行;到文化和教育机关的出行;商业购物出行;日常生活出行等。这类客流一般集中出现在节假日,具有突发性和不稳定性。

2. 影响地铁客流量的因素

(1)地铁网络涉及面的大小。地铁线路越多,选择性多,客流的增长也就越多。

(2)地铁车站在整个城市公共交通网络中所处的位置。地理位置的合理与否直接影响到地铁潜在消费者的选择。一般地铁站都会设在交通线路交会或居民密集的地方。

(3)地铁列车的运送速度、安全性、舒适性、方便性等。这些因素往往也是地铁比拟其他城市交通工具的又一优势所在。

(4)地铁的票价及其在市民负担交通费用中的比例。很简单,地铁票价越低,在市民负担的交通费用中比例越低,那么对于乘客的吸引也就越大。

(5)与地铁走向相关的其他交通工具的运输能力。两者互为替代,与地铁走向相关的其他交通工具的运输能力直接影响地铁的客流,运输力越差则地铁对客流的吸引越大;反之亦然。

(6)列车的间隔时间长短。间隔越短,乘客等待的时间就越短,对乘客的吸引就越大。

3. 客流的变化规律

(1)一日内各小时客流分布规律。小时客流量用以确定城市轨道交通出入口、通道等设备容量,是计算全日行车计划和车辆配备计划的基础。

小时客流量随城市生活的节奏变化在一日之内呈起伏状分布,夜间客流量稀少,黎明前后渐增,上班、上学时间达到高峰,以后客流渐减,至下班或放学时间又出现第二个高峰,进入晚间客流又逐渐减少。

(2)一周内全日客流分布规律。由于人们的工作与休息是以周为循环周期进行的,这种活动规律性必然要反映到一周内各日客流的变化上来。在以通勤、通学客流为主的轨道交通线路上,双休日的客流会有所减少;而在连接商业网点、旅游景点的轨道交通线路上,双休日的客流又往往会有所增加。另外,星期一与节假日后的早高峰小时客流和星期五与节假日前的晚高峰小时客流,都会比其他工作日早、晚高峰小时客流要大。

根据全日客流在一周内分布的不均衡和有规律的变化,从运营经济性考虑,轨道交通系统常在一周内实行不同的全日行车计划和列车运行图,如图5.2.1所示。

(3)季节性或短期性客流的不均衡。在一年内,客流还存在季节性的变化,如由于梅雨季节和学生复习迎考等原因,6月份的客流通常是全年的低谷。另外,在旅游旺季,城市中流动人口的增加又会使轨道交通线路的客流增加。短期性客流激增通常发生在举办重大活动或遇到天气骤然变化的时候。

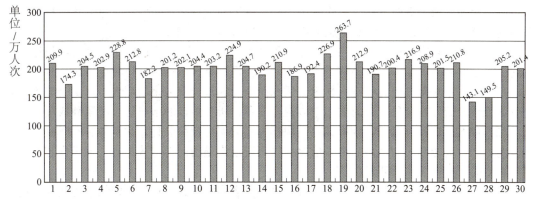

图5.2.1 南京地铁某月每日客流量

（4）各个方向客流分布不均。在轨道交通线路上由于客流的流向原因，各个方向的客流通常是不相等的，在放射状的轨道线路上，早、晚高峰小时的各个方向客流的不均衡尤为明显。

（5）各条线路客流分布不均。轨道交通各条线路客流分布不均包括现状客流分布的不均衡和客流增长的不均衡两个方面，它们构成了整个轨道交通网客流分布的不均衡，如图5.2.2所示。

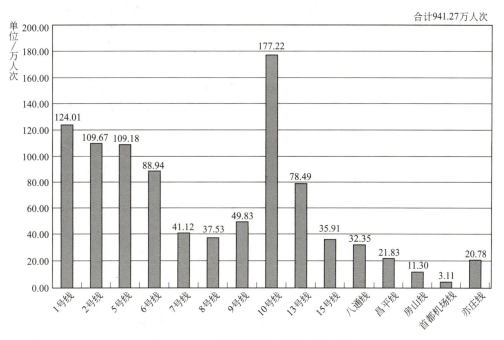

图5.2.2 北京地铁某日各条线路客运量

（6）各个断面客流分布不均。在轨道交通线路上由于各个车站乘降人数不同，线路单向各个断面的客流会存在不均衡现象。

（7）各个车站乘降人数分布不均。在轨道交通线路中，全线各站乘降量总和的大部分往往是集中在少数几个车站上办理。另外，新的居民住宅区形成规模和新的轨道交通线路投入运营，也会使车站乘降量发生较大的变化及带来不均衡的加剧或新的分布不均。

4. 客流调查

（1）全面客流调查。全面客流调查是对全线客流的综合调查，通常也包含了乘客情况抽样调查。全面客流调查时间长、工作量大、需要较多的调查人员。但通过对调查资料进行整理和统计分析,能对客流现状及客流规律有一个全面清晰的了解。

全面客流调查有随车调查和站点调查两种调查方式。随车调查是在车门处对全日运营时间内所有运行列车的上、下车乘客进行调查,站点调查是在车站检票口对全日运营时间内所有在车站上、下车乘客进行调查。轨道交通系统全面客流调查多采用后者,调查一般应连续进行2天或3天,在全日运营时间内,调查全线各站所有乘客的下车地点和票种情况。

(2)乘客情况抽样调查。抽样调查是用样本来近似地代替总体,这样做有利于减少客流调查的人力、物力和时间消耗。乘客情况抽样调查通常是用问卷方式进行,调查内容主要包括乘客构成情况和乘车情况两方面。

乘客构成情况调查一般是在车站进行。调查内容包括年龄、性别、职业、居住地和出行目的等,调查时间可选择在客流比较稳定的运营时间段。

乘客乘车情况调查可以根据需要分类进行,也可在特定的时间、地点进行。调查内容除年龄、性别和职业外,还可包括家庭住址、家庭收入、日均乘车次数、上车站和下车站、到达车站的方式和所需时间,下车后到达目的地的方式和所需时间等。

(3)断面客流调查。断面客流调查是一种经常性的客流抽样调查,可选择1~2个断面进行调查。一般是对最大客流断面进行调查,调查人员用直接观察法调查车辆内的乘客人数。

(4)节假日客流调查。节假日客流调查是一种专题性客流调查,重点对春节、元旦、国庆节、双休假日和若干民间节日期间的客流进行车调度查。调查的内容包括机关、学校、企业等单位的休假安排,都市旅游业、娱乐业的发展程度,城市居民生活方式的变化等,一般通过问卷方式进行。

(5)突发客流调查。突发客流调查主要针对影剧院、体育场馆等客流快速集散的站点进行专项客流调查,该项调查主要涉及影剧院、体育场馆的规模与附近轨道交通车站的客流影响程度和持续时间之间的相关关系。

 想一想

地铁客流调查的目的是什么?比较5种客流调查方法。

5. 客流统计指标

客流调查结束后,对客流调查资料应认真整理,采用适当的统计方法来汇总分析各项指标。轨道交通系统全面客流调查后应汇总计算的主要指标如下:

(1)乘客人数。包括分时各站上、下车人数;全日各站上、下车人数;分时各换乘站换乘人数;全日各换乘站换乘人数;全线全日乘客人数;全线高峰小时乘客人数。

(2)断面客流量。包括分时各区间断面客流量;全日各区间断面客流量;分时最大断面客流量;全日最大断面客流量;高峰小时最大断面客流量。

(3)运送距离。包括本线乘客乘坐不同站数人数及所占比例;跨线乘客乘坐不同站数人数及所占比例;乘客平均运距。

(4)乘客构成。包括全线持不同票种乘客人数及所占比例;车站别按年龄、出行目的等统计的乘客人数及所占比例;车站3次吸引乘客人数及所占比例;从不同距离,以不同方式到达车站的乘客人数;居住在城市不同区域乘客人数及其所占比例。

(5)车辆运用。包括客车千米;客位千米;客流密度;平均满载率;高峰小时最大客流断面满载率。

二、正常情况下的客流组织

地铁的客运组织工作大体上可以分为正常情况下的客运组织和特殊情况下的客运组织两类。

1. 车站客流分析

在对地铁全线乘客分析以及制定出相应的客运计划后,还应该根据各地铁车站的客流组成的实际情况进行具体的预测和分析,如换乘站客流高峰时段的分析等。

2. 车站人员安排

车站客流组织工作坚持集中领导、统一指挥、逐班负责的原则。车站当班值班站长处理本站的客流组织,合理安排人员,做好乘客的疏导工作;其他岗位人员根据各自的岗位的安排,做好各自的本职工作,确保乘客绝对安全,具体可包括:①原则上以当班人员为主,不安排休班人员加班;②遇节假日、重大节日活动等可预见性大客流,在征得站务中心同意的情况下,可安排人员到站参与大客流组织;③遇突发性客流,仅凭当班人员难以应对时,当班值班站长可视具体情况启动应急预案,通知突击队员到场,同时向OCC、中心站长及站务中心等汇报工作;④结合每次客流特点定制大客流组织实施细则。

3. 具体客流组织

(1)出入口开放及客流控制情况　应该根据日常统计数据将每个车站具体出入口的情况、站厅站台的乘客容纳情况以及客流走向等情况加以分析,并制订出一览表,以便对出入口开放及客流情况进行控制(见表5.2.1)。

表5.2.1　某车站客流分布情况表

项目 位置	面积/m²	可容纳人数/人		
		按每平方米2人计	按每平方米3人计	按每平方米4人计
1号口通道	360	720	1080	1440
2号口通道	60	120	180	240
3号口通道	45	90	135	180
站厅付费区	855	1710	2565	3420
站厅非付费区	1073	2146	3219	4292
站台	1420	2840	4260	5680
合计	3813	7626	11439	15252

(2)常见情况以及处理　常见情况客流组织及处理方法见表5.2.2。

表5.2.2　常见情况客流组织及处理方法

序号	客流情况	处理方法
1	非付费区拥挤,而站台不拥挤的情况	①当TVM前面排队的人数达到8～10人时,值班站长通知售票员开通人工售票。 ②加强广播宣传,对进站乘客进行购票引导。
2	站台拥挤,而站厅付费区不拥挤的情况	①站台保安应及时向车站控制室汇报站台拥挤情况,并时刻与车控室保持联系。 ②通知警务室加派人手加强对站台秩序的维护。 ③加强广播宣传、解释工作,加强对站台出站乘客的疏导。 ④通知售票员减缓售票速度,必要时停止人工售票。 ⑤对闸机实行控制,双向闸机全部设置为出站闸机,关闭部分进闸机,限制进站客流。 ⑥通知保卫、保安引导出站乘客快速出站。 ⑦行车值班员监视列车到、发,注意站厅客流变化,及时向行车调度报告。值班站长根据具体客流情况,向行车调度请求加开列车。

续表

序号	客流情况	处理方法
3	站厅、站台都拥挤的情况	①行车值班员监视列车到、发注意站厅客流变化，及时向行车调度报告。值班站长报告行车调度，报告相关信息，根据具体客流请求加开列车。 ②关闭部分入站闸机，限制进站客流，双向闸机全部设置为出站闸机，必要时打开员工通道门。 ③保卫、保安引导出站乘客快速出站，并配合站务人员回收单程票。 ④地铁公安、站台保安在站台维持秩序，加快客流出站速度。 ⑤加强广播宣传、解释工作，加强对站台乘客的疏导。 ⑥与地铁公安协调，根据需要请求地铁公安在出入口维持秩序，必要时临时关闭车站部分出入口，同时张贴安民告示。

三、特殊情况下的客流组织

在某些特殊情况下，如地铁设施遭到损坏，正常的营运秩序被打乱，乘客的出行时间被扰乱或人身安全遭到威胁，这时站务人员应保持清醒的头脑，在站长或值班站长的领导下，按照应急处理办法有步骤地解决问题，在最短时间内恢复车站正常的营运秩序。

1. 车站发生突发性大客流

① 在列车运行正常情况下，遇有大量集中乘客购票时，要立即委派专人维持售票窗口旁的秩序。售票窗口处要设专人宣传，队尾处设人理顺队伍，如有需要可以增加售票员，加开售票口。

② 在人工售检票情况下，要增加检票通道，售检票员出室站立检票。若售票口秩序混乱有发生危险的可能时，站务员及公安人员来不及补充与调动时，经值班站长批准，可出售纸票，并报 OCC 备案，待售票处稍有缓和，立即恢复凭车票进站正常售检办法。

③ 在自动售检票情况下，每台双向闸机都调整为可进可出状态。若检验票口秩序混乱有发生危险的可能时，可改为人工售票，或者不计里程票价进站，出站口人工回收单程票。

? 想一想

有哪些情况可能导致地铁车站发生突发性大客流？

2. 列车运行秩序不正常导致列车晚点时间较长

当有列车在运行中出现问题，造成正线列车晚点 10 分钟以上时，车站应立即进行"因特殊原因，地铁列车将有较长时间延误，有急事者请乘坐地面交通车辆"的广播宣传，并减少 TVM 的工作数量，降低售票速度。站务人员要在车站出入口和进站闸机处进行宣传和安全巡逻，并做好解释工作。若大厅或站台乘客拥挤不堪难以出入时，马上派人采取把口节流和分批进站的方法，或上报上级领导要求停止售票，临时关闭出入口，引导乘客只出不进。

3. 列车到达乘客密集下车导致站台拥挤及出站困难

车站应立即在咽喉处设人疏导迅速出站，对进出入口分开的车站，如进口客流不大或进出比例在 3∶7 以下的岛式车站，可临时用进站口疏导乘客。利用车站广播进行宣传并监视站台边缘乘客动态，当站台下车乘客不得不处在安全线以外时，不能再由车上下人，行车值班员与调度联系，经同意后立即采取后续列车在机外一度停车，在本站通过或通知到达列车司机，暂缓开启车门的办法。

4. 车站进行临时清客

站台安全员、值班站长、行车值班室无作业时的行车人员要全部出动进行清客并及时要求驻站警务人员予以协助。车站对乘客既要做好宣传解释，又要使之有紧迫感，对下车乘客应主动劝慰，确保清客工作顺利进行。

5. 因特殊原因造成群众不满导致在站集结闹事

除请公安人员协助外，应将个别领头人带到僻静地点进行教育，如确因地铁原因造成的，可主动与其单位联系，讲明情况或开具证明，或给其退票。对大多数乘客进行耐心说明工作，对与司机纠缠的乘客应主动进行劝解工作，缩小事态，让司机及时开车。

6. 车站照明发生故障导致全部熄灭

应立即通知行车调度及有关部门，同时利用广播进行宣传，用以安抚乘客的心理，引导站厅乘客出站。并立即停止售票，派人至车站出入口提示乘客停止进站。站台安全员携带喇叭和电筒，引导站台上的乘客缓慢疏散出车站。行车值班员及时通知调度，使上、下行列车在站通过，如有少量事故照明时，售票处要控制售票，必要时要采取派人值守出入口，引导乘客分批进站的措施。

7. 遇有大风、雪、雨等导致出入口和通道堵塞

在出入口处增派人员防止大量涌入，对下车乘客引导出站，对其余人员加以宣传，让其在两侧避让，疏通出中间通道，电梯暂停使用。大厅混乱时，要着重维持售、检两处的秩序，出现危急情况时，应得到调度同意后，列车在本站不载客通过。

8. 车门在站发生故障

列车在站，车门发生故障，在司机处理故障时，站务员一方面注意乘客安全，一方面做好跟车护送的准备，并及时与行车值班员和司机联系，在行车值班员请示调度后，果断跟车护送至终点站或直至有人替换。岗上抽人跟车后及时补充，无多余人员时，由客运值班员代岗。如2个车门以上故障，确已无人护送要及时向行车调度说明情况，听从上级安排。

 小资料

地铁 2 号线一列车车门故障致停车 8 分钟

某月某日，武汉地铁 2 号线发生临停事件。一列开往光谷广场方向的列车因车门故障，在虎泉站台临停 8 分钟，故障处理完毕后恢复运行，到达光谷广场站后退出服务（如图 5.2.3）。受此影响，2 号线部分班次出现晚点。地铁指挥调度中心第一时间调整列车间隔并加开一列备用车上线后，地铁恢复正常运行。据不完全统计，这是我市今年第四次地铁临停事件。

图 5.2.3　地铁车门故障

> 由于光谷广场站站台没有工作人员解释列车晚点原因,站厅也无广播提示,大家纷纷猜测列车晚点原因,站务人员则忙着维持秩序。大约等了6分钟,光谷广场站才有列车进站,乘客下车后没再上人,此时车上已有几名维修人员,直到第二辆列车进站,乘客才相继上车,"当时人太多,一趟车没装完。"
>
> 事发后,"武汉地铁运营"在新浪微博发布列车晚点原因,称由于事发列车在虎泉站因车门故障进行了8分钟的故障处理。15时18分故障处理完毕,列车恢复正常运行。

9. 发生客伤事故

列车在站内或区间发生乘车伤害事故时,除按公司规定处理确保对运营影响最小外,站务人员还要及时疏散围观乘客,注意他们的动态,防止再发生事故。此外,站务人员要积极配合相关部门的调查和善后处理工作,不得声张事态情况,更不得离岗躲避或离岗观看。处理结束后应及时对事故地点清迹复原。

10. 列车因故在区间、隧道内停车

列车在区间或隧道内由于线路、设备故障无法运行时,值班站长接到通知,应立即组织人员,做好应急措施的准备工作,听候行车调度命令。如一时无法恢复牵引动力,列车须在区间、索道内停留较长时间时,车站接到行车调度命令,安排工作人员携带荧光衣、应急灯、喇叭等备品下线路赴现场救援。同时,列车上应加强安全宣传,稳定乘客情绪,采取有效措施使车内空气流通,必要时疏散乘客。

11. 车站发生火灾

车站行车值班员接到火情报告后,应立即向119、120、OCC等部门汇报,并广播宣传提醒乘客保持镇静。车站值班站长应立即组织站务人员、驻站工作人员携带灭火器具赶往火情现场,进行初期灭火。当初期无法扑救时,应及时汇报并疏散乘客出站。车站应打开所有的疏散通道引导乘客在最短时间内离开,同时安排人员在出入口劝阻其他乘客进站,并注意观察,待消防救援人员赶到后引导其去火灾现场。当火灾被扑灭时,车站应尽快清理现场,恢复运营。

 任务操作

完成表5.2.3实训工单。

表5.2.3 实训工单 特殊情况下的客流组织

序号	车站特殊情况类型	处理步骤
1	车站发生突发性大客流	
2	列车运行秩序不正常,导致列车晚点时间较长	
3	列车到达,乘客密集下车,导致站台拥挤及出站困难	
4	车站进行临时清客	
5	因特殊原因造成群众不满,导致在车站集结闹事	
6	车站照明发生故障,导致全部熄灭	
7	遇有大风、雪、雨等,导致出入口和通道堵塞	
8	车门在站台发生故障	

续表

序号	车站特殊情况类型	处理步骤
9	发生客伤事故	
10	列车因故在区间、隧道内停车	
11	车站发生火灾	

 任务考核

一、单选题

1. 职工上、下班出行，事务性、业务性出行以及学生上、下学出行属于（   ）。
   A. 大客流　　　　　　B. 文化生活客流　　　C. 通勤性客流　　　D. 突发客流
2. 在一年内，客流还存在季节性的变化，如由于梅雨季节和学生复习迎考等原因，（   ）月份的客流通常是全年的低谷。
   A.3　　　　　　　　　B.4　　　　　　　　　C.6　　　　　　　　D.1

二、多选题

1. 以下属于文化生活客流的有（   ）。
   A. 来往娱乐场所的出行　　　　　B. 到文化和教育机关的出行
   C. 商业购物出行　　　　　　　　D. 日常生活的出行
2. 客流调查主要包括（   ）几种类型。
   A. 全面客流调查　　　　　　　　B. 乘客情况抽样调查
   C. 断面客流调查　　　　　　　　D. 突发客流调查

三、判断题

1. 一般地铁站都会设在交通线路交会或居民密集的地方。（   ）
2. 在以通勤、通学客流为主的轨道交通线路上，双休日的客流会有所增多。（   ）

四、思考题

1. 描述正常情况下客流组织措施。
2. 描述特殊情况下的客流组织措施。

任务5.3　车站乘客服务

 知识目标

1. 掌握客运服务规范及服务流程；
2. 掌握客运服务技巧。

 能力目标

1. 能运用客运服务规范及流程提供乘客服务；
2. 在客运岗位工作中能充分运用各种客运服务技巧。

素质目标

培养学生较强的语言表达和应变能力,能够进行有效的口头与书面表达,并在复杂环境下有效应对。

 任务引入

乘坐城市轨道交通(地铁、轻轨等)出行,了解车站的客运服务流程。

任务分析

站务员每天要面对成千上万的乘客,一举一动、一言一行都体现着城市轨道交通的形象。因此,所有客运服务人员的言行举止是构成城市轨道交通一流服务质量的重要因素。

一、车站岗位服务要求

1. 基本要求

(1)制服

① 上班时间应按规定整齐统一穿着制服,佩戴领带(丝巾)、肩章、工号牌等。制服在穿着之前应当熨烫整齐,领带长度适宜。

② 穿春秋制服外套应佩戴硬肩章,衬衫佩戴软肩章;夏季制服一律佩戴软肩章。

③ 穿制服时,应衣装整洁,不缺扣,不立领,不挽袖挽裤;穿防寒大衣时,应穿好扣好,不披着、盖着、裹着。

④ 凡着工作制服时,必须穿着工作鞋。工作鞋损坏未补发时,应着黑色皮鞋,前不露趾,后不露跟,并保持光亮、整洁;女员工必须穿低跟、坡跟或平底皮鞋,不得穿高跟、细跟皮鞋上岗。

⑤ 女员工配穿肉色无花纹丝袜;男员工配穿深色袜子,不可穿白色或浅色袜子。

⑥ 佩戴标志要清洁平整,肩章佩戴于肩上,工号牌和党徽佩戴于衣服左胸上方,党徽佩戴于工号牌的中上方;在车站站厅、站台等公共区域当班的员工(含在此范围内巡视的员工)当班时需佩戴帽子。在办公区域、票厅等封闭空间内,可以不戴帽子,但女员工仍需要按规定将头发盘起并束于头花网内。

二维码5.1

⑦ 原则上只能在工作地点、工作时间穿着工作制服,参加总公司或公司组织的重大活动时必须按要求着统一工作制服。

⑧ 各站应该根据公司相关规定,在规定的时间内统一换相应季节的制服,如图5.3.1所示。

(2)发型

① 女员工发型:留长发的女员工身着工作服时,必须将长发盘起并束于头花网内,短发以简单大方为主,不染、不烫夸张的颜色和发型。

图 5.3.1 杭州地铁制服

② 男员工发型：不留长发、大背头、大鬓角和胡须，两侧头发必须露出耳朵，后面头发不得超过衬衫衣领边缘，也不可剃光头，不得染、烫夸张的颜色和发型。

（3）其他要求

① 员工上岗时只能化淡妆，不能化浓妆，不可用颜色过于夸张的唇彩、眼影、腮红。

② 女员工穿着制服时，只能佩戴式样简洁大方的项链（不可露出制服外）、戒指（只可戴一枚）、耳钉（无坠，只可在耳垂上戴一副），其他饰品和款式夸张的项链、戒指，一律不允许佩戴。

③ 员工在正常上岗时，必须保持 10 根手指指甲干净，女员工不允许涂有色指甲油，涂无色指甲油时，必须保持指甲油完好，不缺损。

④ 给乘客做手势时，应手势规范，五指并拢，手臂伸直，掌心斜向上，身体向前微弓。

2. 对乘客服务的礼貌和禁忌

① 用微笑面对乘客，回答乘客问题的时候，"知之为知之，不知为不知"，向别人请问后再向乘客解答。

② 同事之间不当乘客面说家乡话和争吵。

③ 不许在乘客的背后做鬼脸，不能有讥笑乘客的表情。

④ 交给乘客物件应双手送上。

⑤ 主动帮助老弱病残的乘客。

⑥ 处理投诉时努力记住乘客的姓名。

⑦ 十字文明用语："您好""请""谢谢""对不起""再见"。

二、客运服务流程及要求

乘客从进站到出站的过程中，各流程的服务要求见表 5.3.1。

表 5.3.1 客运服务流程及要求

流程	服务项目	操作指南	备注
1. 进站	乘客进站	（1）确认本站各出入口的地面导向标志指引是否清晰、正确，是否能够正确地指引乘客找到地铁进站口，若地面导向标志损坏，指示错误或不明晰，车站员工应及时上报。 （2）确保各出入口在该站首班载客列车到站之前 10min 开启完毕。 （3）确认出入口公告栏信息（票价、时刻表等）、地下导向标志的指引是否正确，若有误，同第一点的处理方式处理。 （4）确保通道、站厅处的乘客乘车守则等宣传清晰、齐备。 （5）确保通道照明设施状态良好，有足够的光亮度。 （6）确保各种悬挂设施牢固稳定、完整，非悬挂设施完整无缺，没有伤及乘客的危险。 （7）水浸出入口时，车站员工应该做到：关停出入口处的电扶梯；在出入口与地面、站厅交界处放置"小心地滑"的告示牌；在出入口设置挡水牌（木板、沙袋等），并通过保洁人员清扫积水。 （8）确保通道、站厅卫生清洁，无杂物、纸屑，无积水，若发现地面不清洁或有积水，立即通知保洁处理，并在有积水处放置"小心地滑"的告示牌。 （9）由乘客询问如何乘车或巡厅在巡视时发现有不明乘车程序的乘客，应主动耐心地上前询问："您好，请问有什么可以帮您的？"	应该多巡站

续表

流程	服务项目	操作指南	备注
1. 进站	乘客携带大件行李进站	（1）当乘客携带超长、超重的行李时，向乘客解释："对不起，您不能携带超长（超重）的物品，请您改乘其他交通工具。" （2）必要时协助携带允许的大件物品的乘客进站	发现乘客携带行李，应主动引导
	乘客携带气球（宠物）进站	及时制止，并向乘客解释："对不起，为了您的安全（保持车站的环境），请不要携带气球（宠物）乘车，多谢合作。"	
	乘客进站时乱扔乱吐	（1）及时制止，并解释："对不起，按市政府规定，在公共场所乱扔乱吐，将处以罚款，请您下次注意。" （2）立即通知保洁进行清扫，不得影响车站的美观环境	
	当乘客询问你不熟悉的乘车线路	按服务标准，对乘客的问题做到有问必答，如果出现你不熟悉的地址或乘车线路，不能主观臆断地告知乘客，应告诉乘客"对不起，我不清楚，我帮你问其他工作人员"；立即询问车站其他员工。若车站其他员工都不知道，此时应礼貌地向乘客解释	
	当乘客要求找人、找物时	真正树立"想乘客之所想，急乘客之所急，帮乘客之所需"的主动服务意识。车站记录乘客的找人、找物信息，立即向行车调度或服务热线汇报，将此信息通报各站，发动各站进行寻找。并请乘客留下地址、联系电话，以便联系	
2. 购票	当乘客询问如何购票时	（1）当乘客询问如何购票时，车站工作人员耐心回答："如果您需要买单程票，请您先在售票亭兑零，然后到自动售票机处购买，如果你需要买IC卡，可直接在代办点购买。" （2）对老人、小孩应给予积极主动的服务	应该多巡视，主动指引乘客到自动售票机购买单程票
	当乘客使用的设备不良时	（1）当乘客使用的TVM、GATE等设备不良时，应该立即将该设备设为"暂停服务"，并请乘客使用另一部机器。 （2）同时申报车控室设备故障，及时通知相关人员维修	应及时巡视，确保TVM、GATE等状态正常
	乘客兑换硬币	售票员严格执行"一收、二唱、三操作、四找"的程序，当排队的乘客超过5人，售票员要立即站立服务	
	开启人工售票	售票员严格执行"一收、二唱、三操作、四找"的程序，确认无误后，说："找您××元，一张××元的车票。"	
	如何处理乘客在票亭前排长队	（1）排队超过5人时，售票员立即站立服务，加快兑零速度，排队超过8人时，请示值班站长加人实施双人兑零方案，或者加设临时兑零点。 （2）在出售及分析车票时尽可能使用功能键，使操作准确而快捷	加强引导，尽可能使两端票亭乘客数均衡
	当找不到零钱时	售票员应有礼貌地询问乘客："请问您有零钱吗？"或者说："对不起，这里的零钱刚刚兑完，请您稍等，我们马上备好零钱或麻烦您到对面票亭或银行去兑换。"	车站尽量避免出现零钱储备不足的情况
	如何处理硬币不足的情况	（1）向乘客耐心解释："对不起，这里的硬币刚好兑换完了，麻烦您稍等。" （2）立即通知客运值班员增配硬币	值班员科学配币，及时巡视，避免出现售票员硬币不足的情况
	如何面对兑换大量硬币的乘客或商铺	售票员耐心向乘客解释："如果您不乘坐地铁，请到银行兑换硬币，否则会给我们的工作带来不便，影响了对其他乘客的服务。"	
	如何缩短办理乘客事务的时间	（1）值班站长或值班员接到处理乘客事务后3min赶到站厅处理。 （2）通过海报，各种警示牌等形式加大对票务政策的宣传力度，同时在办理前，车站员工应耐心向乘客解释我们的票务政策，让乘客明白办理的程序，避免让乘客感到不满，进行投诉而耽误的时间	各岗位加强服务意识，对闸机多巡视

续表

流程	服务项目	操作指南	备注
2. 购票	如何应对不排队兑零、购票的乘客	售票员应该礼貌地向乘客指出应该排队等候购票,不给予其超前办理	应该做好相应的引导工作,维持排队秩序
	如何处理乘客付给的假钞、残钞	(1) 除缺损四分之一以上、破旧辨认不清面值的纸币不收外,其余都应按规定收取。 (2) 售票员发现乘客使用假钞,应耐心向乘客解释:"您这张是假币不能使用,请您另外换一张人民币。" (3) 如若解释无效,可报告值班站长或请求公安人员出面处理。 (4) 若遇到面值较大或数量较多的假币,应立即报告站长或请求公安人员出面处理	
	因票款不符而与乘客产生纠纷	(1) 车站工作人员向乘客解释:"对不起,我们的票款是当面点清的,请您再确认一下,您的票款是否正确,如果确实有误,我们立即进行封窗查票。" 乘客认为票款确实有误时,值班员以上人员立即进行封窗查票,并查出售票员藏款,车站员工应马上把钱退还给乘客,并向乘客解释:"对不起,由于我们工作的疏忽给您带来的不便,希望得到您的谅解,我们一定会避免下次再发生这类事件。"若售票员的票款吻合,我们的工作人员要耐心向乘客解释,做好安抚工作:"对不起,经我们查实,售票员的票款没有差错,请您谅解。"若乘客故意为难员工,可找公安人员配合	在票亭显眼处张贴"票款当面点清"的告示;要求售票员遵守"一收、二唱、三操作、四找"的原则
	如何处理乘客卡币(票)	(1) 检查设备状态,如显示卡币,则按规定办理。 (2) 如显示正常,则填写相关表格,并向乘客解释:"对不起,我们目前无法核查,按我公司的票务政策规定,须经夜间清点确认后才能办理。"留下乘客联系方式,次日回复	
	乘客要求退票	按照公司票务规定办理乘客退票	
3. 进闸	乘客进闸	(1) 对第一次使用车票进闸的乘客,特别是老年乘客,应协助他们使用车票,耐心告诉乘客:"请将车票放置在读卡区,然后拿回车票通过扇门,并妥善保管好车票。" (2) 对携带了大件行李而不便进闸的乘客,可以让乘客在闸机读卡区读并待扇门关闭后(以防其他无票乘客进站),为该乘客打开通道门进站,并告诉乘客保管好车票	
	处理超高小孩选票、成人逃票或违规使用车票的乘客	(1) 发现无票的超高小孩或故意逃票的成年人,应马上上前制止,并要求重新到售票亭买票:"对不起,您超过了1.3m(或'您好,成年人应该买票');请您购票,请配合我们的工作。" (2) 若发现违规使用车票的乘客(特别是成年人使用学生票、年轻人使用老人或老人半价票等有意逃票的行为),可按执法程序执法,必要时找公安人员配合	在进闸机、票亭设立明显的1.3m标尺;加强对进闸机的巡视
	乘客进闸时正在饮食	应该马上制止,并向乘客解释:"为了保持车站及车厢的卫生,请勿在入闸后饮食,谢谢合作!"	加强对闸机的巡视
	乘客乘坐电梯	乘客进闸后乘坐电梯到达站台,通过电扶梯手处张贴的宣传画、乘电梯守则和站厅广播等向乘客宣传"右侧站稳,左侧通行",车站员工要多加强引导	广播至少每20min播放1次
	残疾人下楼	及时安排并帮助残疾乘客乘坐残疾人专用电梯	
	老年乘客坚持乘扶梯而拒绝走楼梯	(1) 进闸后,劝老人走楼梯或由家人陪同下到站台,或由工作人员陪同老人一起下楼梯,送至站台。 (2) 利用广播宣传"老人乘坐扶梯请由家人陪同"	
	如何处理摔伤乘客	(1) 发现乘客摔伤,立即由车站工作人员搀扶到车控室,若乘客伤势严重,立即报120,若伤势较轻,可由车站提供外伤药品。 (2) 当时立即寻找两位目击证人,若因地铁原因造成的乘客摔伤,通知保险公司,按地铁有关规定处理;若因个人原因造成,则安抚乘客下次小心,有必要时,通知其家人	

续表

流程	服务项目	操作指南	备注
4. 候车	如何确保乘客候车的良好环境	确保站台卫生清洁，无杂物、纸屑，无积水，若发现站台不清洁或有积水，立即通知保洁处理，并在有积水处放置"小心地滑"的告示牌	当班的值班站长应该多巡视，每班不得少于3次
	乘客站在黄色安全线边缘或蹲姿候车如何进行安全教育	（1）通过车站固定录音广播、人工广播不断向乘客宣传，强调指出："为了您的安全，请在黄色安全线内候车（请勿蹲姿候车），请勿靠近站台安全门。" （2）站台岗员工不断加强巡视，发现有乘客越出黄色安全线或蹲姿候车，应立即制止。 （3）发现身体不适，或年龄较大的乘客，可指引他们到候车椅上休息	车站应至少每隔15min播放站台安全广播1次
	乘客候车时吸烟	站台岗员工发现有乘客吸烟，立即制止乘客行为，并礼貌地解释："对不起，为了安全，地铁站不允许吸烟，请您灭掉烟头，谢谢合作！"	
	如何处理小孩在站台追跑的情况	站台岗员工特别提醒家长带好自己的小孩，不要让他们随意在站台上奔跑，及时上前制止正在追逐打闹的小朋友，用人工广播强调："地面很滑，容易摔跤，请家长带好小孩，不要在站台追逐、打闹、奔跑。"	
	当站台有老人、精神异常等特殊乘客时	（1）发现有老人、小孩候车，应重点留意并指引他们到座位上等候。 （2）发现有精神异常的乘客，立即通知车控室处理，并重点留意他们的动态，同时加强维持站台的秩序。 （3）发现有身体不适的乘客，应主动上前询问情况，并指引他们到座椅上休息，若乘客感到很不适，立即通知车控室处理	站台岗员工应加强观察站台候车乘客的动态
	乘客有物品掉下轨道	站台岗员工应立即提醒并安抚乘客："请勿私自跳下轨道，我们的工作人员将会尽快为您拾回物品，多谢合作！"站台岗员工再用对讲机通知车控室处理，同时要确保乘客不能有跳下轨道的行为	站台岗员工应对携带大件物品、推车、球类和在站台打手机的乘客多提醒，多留意
	列车晚点，延误乘客时间	（1）值班站长在列车晚点5min以上，应立即采取措施，通知各岗位列车晚点，做好对乘客的解释工作。 （2）按列车故障、晚点规定，在SC上设置列车故障模式。 （3）用标准广播，向乘客播放相关票务政策，为乘客提供全面的服务让乘客满意	
5. 乘车	列车开门	要求注意力集中，保持良好的站姿，发现有异常情况，马上用对讲机报告车控室并协助司机处理	
	乘客上车	在车门即将关闭时，阻止强行上车的乘客，以防被车门夹伤，请其耐心等待下一趟车	
	车门夹人	乘客被车门夹有两种情况： 一是乘客未被夹伤，要求有个说法。此时要耐心认真听乘客叙述事情经过，并进行分析。如因乘客抢上抢下被夹应向其说明有关注意事项，希望乘客今后乘坐地铁应提前做好上、下车准备，避免再出现此类现象；确因地铁原因造成乘客被夹，应向其表示歉意。 二是乘客被夹伤，要求去看病。此时应安慰被夹伤的乘客，并向乘客讲明自己正在当班，不能擅自离岗，通知值班员或值班站长处理。若因地铁原因造成乘客夹伤，上报安保部，按地铁有关规定处理	
6. 下车	乘客下车	（1）通过站台广播向乘客宣传："乘客下车时，请小心站台与列车之间的空隙，车门和站台门即将关闭时，请不要强行下车，谨防被夹伤。" （2）对下车的老人和小孩，用广播宣传："请老人、小孩走楼梯或由家人陪同乘坐电梯。"	

续表

流程	服务项目	操作指南	备注
6. 下车	列车关门	（1）由司机掌握好关门时机，准确关门，发现有乘客抢上抢下时，要及时采用重开门按钮开关门，避免夹伤乘客。 （2）车门关好后，马上立正姿势再次确认列车所有车门黄色指示灯灭，所有乘客离开黄色安全线，才进入驾驶室	
	乘客乘坐电梯	乘客下车后乘坐电梯到达站厅，通过电梯扶手处张贴的宣传画、乘电梯守则和站厅广播等向乘客宣传"右侧站稳，左侧通行"	广播至少每隔20min播放1次
	残疾人上楼	车站站厅、站台安全员及时安排并帮助残疾乘客乘坐残疾人专用电梯。	
	乘客下车后逗留在站台时	站台岗员工注意下车乘客的动态，若发现有逗留在站台不出站的乘客，应主动上前询问情况，礼貌地告诉乘客不要逗留在车站，应该尽快出站	站台岗员工要提高警惕，避免发生逗留的乘客跳轨追车或跳至另一个站台等紧急情况的发生
7. 出闸	有秩序地组织乘客出站	加强对出闸机的巡视，并通过广播的形式向乘客进行"关于单程票回收和一张票只能一人通过闸机"的宣传	
	如何处理超高小孩逃票、成人逃票或违规使用车票的乘客	（1）发现无票的超高小孩或故意逃票的成年人，应马上上前制止，解释："对不起，您超过了1.3m（或'您好，成年人应该买票'），请您补票，按地铁票务政策规定，补票时补全程×元，请您配合我们的工作。" （2）若乘客态度不好且不愿补票，应耐心向他们解释地铁的票务政策；若乘客故意为难工作人员，可找公安人员配合。 （3）若发现违规使用车票的乘客（特别是成人使用学生票、年轻人使用老人免费票或老人半价票等有意逃票的行为），可按执法程序执法，必要时找公安人员配合	加强对出闸机的巡视
	携带大件物品的乘客	对携带大件物品且不便出闸的乘客，应马上为乘客开边门，对需要买行李票的行李，应向乘客收回车票，并将车票放入出闸机回收	
	如何处理乘客卡票（含如何辨别是否真伪卡票）	（1）在车站计算机上或到现场看闸机状态，发现确实卡票可按照规定办理。 （2）找到车票后，向乘客询问有关车票的信息，确认车票是否为该乘客的，并做好相应的解释工作。 （3）若车站计算机无报警，打开闸机时也没有找到车票，请AFC维修人员到现场确认，情况属实，则对乘客做好解释工作	
	乘客手持的车票出不了站	向乘客做好解释工作："对不起，您的车票已超乘，按规定须补款×元。"或者"对不起，您的车票有问题，我现在为您办理。"	
	售票员处理补票口车票	（1）当付费区与非付费区均有人时，要向乘客做好解释工作，首先处理付费区内的乘客，并向非付费区的乘客解释："请稍等，马上帮您处理。" （2）将车票分析后，通过显示器告诉乘客，需要补票或者票过期等信息	
8. 出站	乘客出站	（1）确认站厅的出入口导向标志牌等标志信息是否正确，是否完整，若导向标志损坏，或指示出错，车站员工应及时通过运营日况、书面报告、口头报告等形式报至站务室。 （2）若乘客不确定自己出站的方向，车站员工应给予主动、热情的指引，不能欺骗或敷衍乘客	车站员工熟悉地铁连接的各大建筑物、商场、学校、医院等场所，以及采取的换乘方式
	如何处理乘客在地铁站逗留	若发现乘客在地铁站逗留时间较长不出站，或坐在站厅的地上时，应及时间清乘客逗留的原因，礼貌地请乘客不要坐在站厅地面，请乘客尽快出站，以免影响车站的正常客运	

续表

流程	服务项目	操作指南	备注
8. 出站	如何面对有投诉倾向的乘客	全体站务人员应具备预防服务冲突的两种优质品质，即宽容大度、与人为善。 处理问题时应注意方式、方法，采用"易人、易地、易性"的方式，耐心地做好乘客解释工作。寻求最佳的处理时机，避免投诉事件的发生。 易人处理：必要时，交给其他站务人员处理。 易地处理：将乘客请到房间内或僻静处置，给乘客留面子。 易性处理：原则性和灵活性有机结合	处理投诉尽量避免在乘客聚集的场所

三、车站各岗位服务技巧

1. 站厅巡视时的服务技巧

① 巡视时要多看、多听、多巡、多引导。

多看：看有无异常情况，看有无需要帮助的情况和需要处理的设备故障。

多听：多听乘客对我们服务的意见、建议。

多巡：即多走动，巡视了解站厅客流情况。

多引导：引导乘客到乘客较少的站厅或临时售票点购票乘车。

② 多名乘客同时求助时，根据实际情况分清轻重缓急依次处理，必要时报告车控室，不得对乘客不理不睬。

③ 受到乘客的责骂、殴打，应做到"打不还手，骂不还口"，同时注意自我保护；若乘客行为危及员工人身安全，及时报警处理。

④ 要及时查看 AFC 设备中的钱箱、票箱情况，以便及时更换。

⑤ 当所有 TVM 前乘客排长队时，请示值班站长开启人工售票。

⑥ 能自己解决的问题要及时、果断处理，避免处理时间过长，不能处理的问题及时通知值班站长。

2. 站台顶岗时，站台岗位的服务技巧

（1）"四到"

① 心到：精神高度集中，随时应变异常。

② 话到：提醒乘客按排队箭头候车，不要越出候车线，礼貌疏导客流，向违章乘客制止解释。

③ 眼到：三步一回头，密切注视乘客情况及列车运行状态。

④ 手到：主动处理问题，如发现地面有水，及时设置"小心地滑"的告示牌，设备故障放置"暂停服务"告示牌，地面有脏物时及时找保洁工清除。

（2）"四多"

① 多监控：密切监督站台乘客情况，必要时采取控制措施。

② 多提醒：提醒乘客看管物品，看好小孩，不得跑闹、追逐，到人少的一端候车等。

③ 多联系：发现异常情况及时与车控室及其他岗位联系。

图 5.3.2　北京地铁站台瞭望台

④ 多巡视：在每次列车到达间隙巡视站台一遍，巡视时"三步一回头"。如图5.3.2为站台瞭望台。

（3）站台发现乘客伤亡事件或其他异常情况时，及时寻找目击证人并记录。

（4）遇蛮横不讲理的乘客及时与车控室联系，不与乘客发生正面冲突。

（5）站台客流不均匀时，及时引导控制，防止乘客拥挤和扒门。

3. 售票员岗位的服务技巧

① 排队超过8人，并维持3min以上，请示值班站长开启人工售票。
② 在出票及分析车票时尽可能使用功能键，使操作准确而快捷。
③ 在兑零空余时间尽可能把硬币盘摆满硬币。
④ 所兑硬币不散放，而是垒成柱形，使顾客取币方便、快捷，不得有丢、抛的动作。
⑤ 充分利用点币盘兑零，同时台面适当放置几个硬币。
⑥ 减少售票亭交接班时对乘客服务的影响，如交接班时间安排在车站非高峰期；交班前做好有关准备；接班人先准备好一盘硬币。
⑦ 应优先处理付费区内乘客，并要礼貌地让非付费区内乘客稍等。
⑧ 应预备充足的零钱和车票，掌握存量，及时通知值班员追加，保证兑零工作顺畅。

四、乘客沟通

1. 基本要求

城市轨道交通的乘客，可以分为持有"一卡通"的乘客，购买单程票的乘客，老人、学生以及持有效证件免费乘坐地铁的乘客，购买单程票的乘客有的熟悉轨道交通系统，有的不熟悉轨道交通系统（如外地乘客、游客、很少搭乘轨道交通的乘客），对不熟悉轨道交通系统的乘客就要求能提供咨询等服务。

对熟悉轨道交通系统的乘客，他们乘坐地铁可以通过熟悉轨道交通车站的导向系统，自助完成旅程。为这类乘客提供服务时，沟通的语言简洁明了，最好直奔主题。

对不熟悉轨道交通系统的乘客提供服务时，服务人员要注意采用规范用语和语音语调，力求语言亲切，采用商量的语气，言辞委婉、恰到好处、留有余地，语言幽默、注意自责、顾全大局。

首先，注意掌握和分析乘客的心理需求，满足乘客及时进站上车、安全方便换乘、快速顺利出站或特殊服务的需求。

其次，服务环节中必须规范用语，讲究语言技巧。

语言是为乘客服务的第一工具，服务人员与乘客的交流沟通主要借助语言进行，语言对做好服务工作有十分突出的作用。得体的语言会使乘客倍感亲切，反之截然不同。俗话说，"一句话让人笑，一句话让人跳"。因此，客运服务人员在工作中应做到亲切和蔼、语言文雅，使用普通话。

2. 站务员服务禁忌

（1）服务人员应做到　不讲有伤乘客自尊心的话；不讲有伤乘客人格的话；不讲怪话、埋怨乘客的话；不讲粗话、脏话、无理的话和讽刺挖苦的话。

（2）服务人员忌用　撞语、冷语、辩语。

（3）服务人员忌用　责难的语言、污蔑的语言、冷漠的语言、随意的语言。

（4）坚决杜绝客运服务中某些态度　不热情的态度、不耐烦的态度、不主动的态度、不负责的态度、不尊重的态度。

想一想

对照乘客沟通要求,你能做到哪些?还有哪些欠缺?

五、乘客投诉处理

车站员工服务行为的优劣将直接影响地铁公司的整体形象,一名优秀的员工应具有与公司身份相适应的职业素质,应具有无可挑剔的服务礼仪和应具有合乎规范的与乘客交往的工作技巧。

1. 投诉处理的重要性

能够有效处理乘客投诉对车站的好处主要有:使处理投诉者增强自信心,提高处理投诉者对工作的满足感,维持乘客对地铁良好印象使乘客再次光临,保持地铁服务良好声誉。

2. 乘客类型及应对方法

(1)普通型　采用正常的服务方法。

(2)自大型　首先做到不卑不亢,不能生乘客气,不能斗气,按合理的要求去做,及时说明解决。

(3)寡言型　以中年学者为多,有主见,这时事事征求乘客的意见,且处处表示对他的尊重。

(4)性格急躁型　讲究效率,生活马虎,以青年学生多,易发火,这时应保持镇静,宜事后进行解释。

(5)社交型　善于攀谈,周到仔细,这类人比较通情达理。

(6)固执型　以老年人为多,不宜争论。

(7)啰唆型　以中老年人为多。不宜长谈,否则会影响工作。

想一想

对照站务员服务禁忌,想一想平时跟同学交往中存在哪些不足?

3. 乘客投诉的心理分析

(1)生理需求　基本生理需要即衣、食、住、行。在车站内要求舒适的环境和出行的便捷。

(2)安全需求　乘客财物不会受到损失,保证人身安全不受到威胁。

(3)群体需求　乘客需要得到服务人员礼貌接待有受欢迎的感觉,就如同家人的关心和朋友的帮助一样。

(4)自尊需求　人需要得到别人尊重意志,觉得受到重视。

4. 乘客投诉处理技巧

当发生投诉时,我们应当去勇敢地面对该起投诉。实事求是,尽量得到投诉人的理解。尽量大事化小,小事化无。处理投诉可以采用"易人、易地、易性"的方式处理。易人处理是指必要时,交给其他站务人员处理;易地处理是指将乘客请到房间内或其他僻静处处置,给乘客面子;易性处理是指原则性和灵活性有机结合。

(1)乘客事务处理的一般流程与处理原则　一般流程:倾听——道歉——同情——调

查——提出解决方案——磋商——达成共识——执行解决方案——再次道歉——检讨。

处理原则：①接到异议时，首先要假定我们的工作存在问题；②出现异议，一定要及时向上反映信息；③面对重大的异议问题，车站站长（值班站长）要负责亲自处理；④在处理异议的过程中，应正确把握好与新闻媒体的关系；⑤在满足乘客的要求时，应遵循公司的原则办理，若乘客的要求违背了公司的原则，则应寻求相应的轨道交通管理条款援助；⑥将异议事件及时编成案例分析，列入岗位培训教材。

（2）避免投诉的技巧　避免投诉的发生，就需要时刻做好服务。尤其在服务第一线的车站售票员、值班员需要注意做好服务工作。顺从乘客意愿、首问负责、文明用语常挂于口，待乘客走后，千万别吐言。工作人员服务要热情、周到、仔细、认真，切莫说不知道。

（3）提高服务的技巧　一线工作人员是受理和处理顾客投诉的主体，南京地铁的服务理念和服务质量通过他们得以实现。因此，应从四方面来提升工作人员的服务技能。

①"看"的技巧。无论是在受理乘客的投诉还是在处理乘客的投诉时，我们都要与乘客进行沟通，而沟通的重要环节就是察言观色。要通过乘客的表情、神态、语言和动作等细节来观察和判断乘客的心理活动。眼神的沟通往往能够向乘客传递关注、尊重等非语言的信息和起到稳定情绪的作用，并通过运用"看"的技巧可以对乘客的性格、需求、喜好等做出一个基本的判断，及时调整沟通的策略。

②"听"的技巧。"听"是了解乘客经历和需求的重要手段，也是尊重乘客的重要表现，一个不会"听"乘客说话的人，不可能成为一个优秀的工作人员。对于工作人员来说，掌握了"听"的技巧能够很融洽地与乘客建立良好的沟通氛围，同时也是缓解紧张气氛的润滑剂。

③"说"的技巧。"说"是工作人员需要掌握的一项非常重要的职能，在受理和处理乘客投诉时，工作人员如果说得恰当，不仅可以平息乘客的愤怒和抱怨，营造一种融洽的沟通氛围，同时也有利于乘客更容易接受解决方案。说话有说话的技巧，假如说话不够谨慎，没有顾虑到乘客的立场，就很容易在无意中伤害乘客，使投诉升级，产生一些误会。

④"动"的技巧。身体动作和姿态是一种比口语更重要的肢体语言，它显示出工作人员的涵养、身份、公司的对外形象和对人对物的态度。同时，工作人员的一举一动也能反映出服务态度是否热忱，服务水准够不够专业，乘客是否感受到对他的尊重，是不是真诚地在为乘客解决问题，作为工作人员对这项技巧需要重点掌握和运用。

 任务拓展

地铁车站里的"数字员工"

"数字员工"是国家重点研发计划项目——"超大城市轨道交通系统高效运输与安全服务关键技术"示范应用工程，基于语音识别、知识图谱、语义理解等技术打造的动态自学习智能客服。该项目的启动建设对于北京地铁的科技创新和管理创新具有里程碑式的意义。

"数字员工"主要围绕乘客核心诉求，建设站内导航、多元信息发布、快速进站、智能召援交互、爱心预约等服务功能。在北京地铁，"数字1号员工"的上岗，也将深入推动北京地铁服务细节优化。比如依托智能客服中心平台，汇聚线上、线下服务，为乘客提供更加精准化、个性化服务。"数字1号员工"还可以及时提供预警信息。例如，当遇到极端天气，该系统可接入气象数据，车站的智能检测设备可对站外雨量和水位进行监测，遇到险情时，还能够自动启动相应设备，解决现场突发情况，并且让乘客可以实时接收天气预警信息，避免突发状况。

"数字员工"的研发，正是为了增进民生福祉，以信息化、智能化、智慧化促进地铁运营朝着服务更优质、设备更智慧、出行更便捷、更安全、更绿色的方向发展，深入贯彻以人民为中心的发展思想，持续打造地铁服务品牌，不断实现人民对美好生活的向往。

 任务操作

完成表 5.3.2 实训工单。

表5.3.2　实训工单　岗位服务及乘客投诉处理

任务训练一：模拟站厅巡视、站台顶岗及客服中心服务
（说明：通过分组模拟站厅巡视、站台顶岗及客服中心服务，注意服务技巧的运用。）
任务训练二：模拟乘客投诉处理
（说明：通过分组模拟乘客投诉处理，注意乘客投诉处理技巧的运用。）

 任务考核

一、单选题

1.（　　）是指必要时，交给其他站务人员处理。

A. 易人处理　　　B. 易地处理　　　C. 易性处理　　　D. 灵活处理

2. 针对自大型乘客的服务技巧是（　　）。

A. 不宜争论

B. 保持镇静，出现问题事后进行解释

C. 做到不卑不亢，不能斗气，按合理的要求去做，及时说明解决

D. 善于攀谈，周到仔细

二、多选题

1. 以下属于车站岗位服务基本服务要求的有（　　）。

A. 上班时间应按规定整齐统一穿着制服

B. 凡着工作制服时，必须穿着工作鞋

C. 男员工可穿白色或浅色袜子

D. 穿制服时，应衣着整洁

2. 站厅巡视时服务技巧包括（　　）。

A. 多看　　　B. 多听　　　C. 多巡　　　D. 多引导

三、判断题

1. 站台发现乘客伤亡事件或其他异常情况时，应及时寻找目击证人并记录。（　　）

2. 留长发的女员工身着工作服时，可以不将长发盘起。（　　）

四、思考题

1. 说明地铁员工着装的基本要求。
2. 举例说明乘客投诉处理的技巧。

任务5.4　认识车站智慧客服

 知识目标

1. 掌握智慧客服的功能及运作流程；
2. 掌握智慧客服的设备组成。

 能力目标

1. 能运用智慧客服更加便捷地为乘客服务；
2. 能对智慧客服设备进行简单维护。

 素质目标

培养学生较强的创新意识，能够运用新兴技术和信息化手段更好地完成车站运作。

 任务引入

开展调研，了解目前已经上线智慧客服的车站，并列出其实现的功能。

 任务分析

智慧客服实现人机之间的无障碍交互与即时信息反馈，极大地提升了服务的便捷性和效率，同时优化运营服务流程，有效降低运营管理成本，节约服务器资源和能源消耗，为地铁运营企业和乘客带来了全新的服务体验。

一、智慧客服设备介绍

随着智慧城市及智慧地铁的发展，互联网、AI、生物识别、大数据、云计算、物联网、区块链等新技术的广泛应用，新一代信息技术作为信息基础设施的底层技术，给地铁为代表的轨道交通体系智慧化转型带来新的基础能力。

1. 智慧客服外观

智慧客服是一款集票卡处理、电子发票、语音问询、资讯查询于一体的设备。其外观多以开放式的窗口为基础，每个地铁公司不尽相同，但大多大同小异。通常，在设计智慧客服外观的时候，多会融入城市的个性元素，以徐州地铁为例，其设计考虑到徐州是华东重要的门户之地，以"窗口"为设计灵感，具体如图5.4.1所示。

此外，除了开放式的窗口外，还有机器人式（南昌地铁）、面板式（昆明地铁）等，见图5.4.2、图5.4.3。

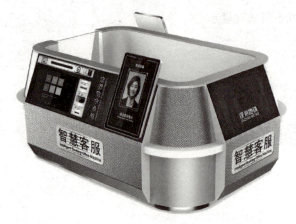

楚风汉韵古彭城，南秀北雄新徐州。徐州是华东重要的门户之地，以"窗口"为设计灵感，为适应不同人群的使用需求，设计四个独立且相连通的窗口操作区，既相互联系而又不互相干扰，结合设计理念，使用经典传统的红黑配色，打造独具徐州历史名城特色，而又大气时尚、极具科技感的智慧票亭。

图 5.4.1　徐州地铁智慧客服整体外观效果图

图 5.4.2　南昌地铁机器人智慧客服

图 5.4.3　昆明地铁面板式智慧客服

2. 智慧客服布局

城市轨道交通车站站厅层可划分为付费区和非付费区，根据位置不同，智慧客服的布局可面向付费区和非付费区。此外，对于开放式窗口式的智慧客服，部分地铁公司增加了人工BOM的功能，以徐州地铁为例，其布局如图5.4.4所示。

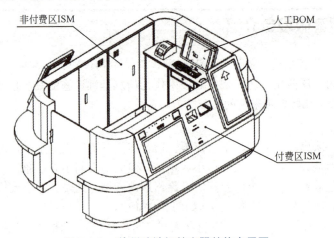

图 5.4.4　徐州地铁智慧客服整体布局图

对于面板式和机器人式，可以根据功能需求，分别布设在付费区和非付费区。

3. 智慧客服设备组成

智慧客服由显示屏、读卡区、二维码扫描区和智能咨询平板等多个部分组成，融合了人工智能、语音识别等技术。

智慧客服设备通常是由面板和机柜组成。面板是与乘客交互的界面，机柜是为智慧客服提供电源、对外通信及控制等。

（1）智慧客服面板（图5.4.5）

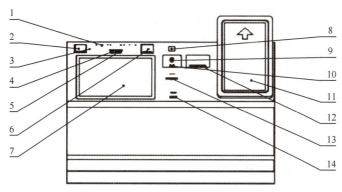

图5.4.5　徐州地铁智慧客服面板布局

1—智能语音模块；2—身份证&NFC读取区；3—语音对讲麦克风；4—唇动摄像头；5—人脸摄像头；6—储值卡读卡区；7—乘客操作显示器；8—二维码扫描器；9—喇叭口；10—指静脉识别器；11—智能咨询平板；12—特殊证件读取模块（预留）；13—凭条口；14—发卡/退卡口（仅非付费区配置）

① 语音识别模块能够自动识别乘客语音并通过识别和理解过程把语音信号转变为相应的文本，提取其中的关键词进行搜索，形成乘客指令。

② 二维码扫描模块具备处理速度快、识别精准等特点。二维码扫描器用于识别二维码信息，完成信息解码并上传至工控机，为乘客提供人机交互界面。

③ 身份证读卡器兼容NFC功能，主要用于注册时读取身份证信息，预留银联Pay、苹果Pay、华为Pay等NFC支付功能。

④ 指静脉识别模块是通过指静脉识别仪取得个人手指静脉分布图，从手指静脉分布图依据专用比对算法提取特征值，通过近红外光线照射，利用CCD摄像头获取手指静脉的图像，将手指静脉的数字图像存储在计算机系统中，将特征值存储。实际上它和初代指纹识别的方式比较接近，依靠的是图像特征比对来进行认证和识别。

（2）智慧客服机柜（图5.4.6）

工控机模块安装设备控制软件，负责运行控制、完成车票处理、现金处理显示、数据通信、状态监控等功能。

发卡回收一体模块具有以下功能：

① 支持IC接触卡和非接平面卡读写、收发功能；

② 具有卡机检测功能，如卡空检测、卡机故障报警；

③ 具备废卡回收通道功能；

④ 可外接读卡器。

维护后台模块是操作/维护人员完成对设备操作、维护、故障诊断和模式设置的工具。设备的后台维护屏由LCD显示器和键盘组成。

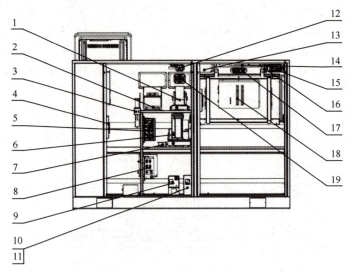

图5.4.6 徐州地铁智慧客服机柜布局

1—打印机；2—读卡器；3—维护照明灯；4—维护后台；5—工控机；6—发卡回收模块（仅非付费区配置）；
7—功放盒；8—电源箱；9—配电箱；10—漏电保护开关；11—接线端子；12—二维码扫描器；
13—储值卡天线板；14—语音购票模块；15—身份证&NFC模块；16—语音对讲模块；
17—摄像头；18—乘客操作显示器；19—喇叭

4. 智慧客服的特点

智慧客服具有无人值守、辅助人工客服工作的特点，可以提升企业管理效能、消除业务短板，降低站内人工服务成本，并有利于延长服务时间，提高乘客的出行体验。

智慧客服是轨道交通信息化、智慧化的重要落地举措，智慧客服能提升地铁智慧服务能力，助力城市智慧交通建设，为乘客提供更快捷、更舒适的出行和问询服务体验。

二、智慧客服功能介绍

智慧客服作为新型的客服中心，集成自助信息查询、票务自助处理、服务预约、远程协助等功能，提供站名识别、购票指引、票务问询、运营信息查询、列车到站时刻实时查询、站内设施咨询、站外导航等自助咨询服务，具备无人值守、辅助人工客服工作的优点，能够有效提升乘客的出行体验。

在车站内遇到车票查询及分析、车票更新、自助购取票、远程视频求助、综合信息查询等这些问题，乘客找智慧客服比查看地图或是人工客服要更加便捷。

1. 车票查询及分析

将车票放置在读卡区，智慧客服会显示车票的类型、状态、余额、进站车站及时间等基本信息。如图5.4.7所示。

2. 车票更新

当遇到刷卡无法进出站时，智慧客服会告诉乘客怎么办。将车票放在读写区，会显示车票的当前状态，如遇到车票未刷卡成功、超程等问题时，智慧客服会提示选择相应进出站车站信息，或显示余额不足。有应补金额的，使用线上支付按照提示支付后即完成票卡更新，然后就可以正常刷卡进出站了。如图5.4.8所示。

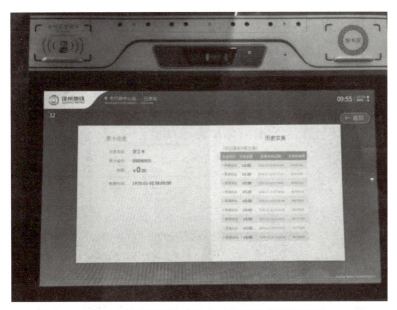

图5.4.7　徐州地铁智慧客服车票查询及分析界面

图5.4.8　徐州地铁智慧客服车票更新界面

3. 自助购取票

此外，智慧客服还具备自动售票机的购票、取票功能。注意：智慧客服只可以进行线上交易，如需现金交易需移至人工 BOM 处。如图 5.4.9 所示。

4. 远程视频求助

当遇到困难需要寻求工作人员时，点击人工服务，选择拨打，接通后就能与车站工作人员进行视频通话。如图 5.4.10 所示。

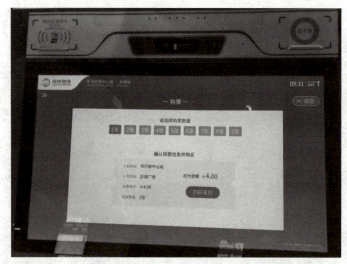

图 5.4.9 徐州地铁智慧客服自助购取票界面

图 5.4.10 徐州地铁智慧客服远程视频界面

5. 综合信息查询

在智能咨询平板上可以查询运营信息、列车实时到站时刻、站内设施咨询、站外导航等自助咨询服务。如图 5.4.11 所示。

乘客可以通过综合信息查询面板查询站内外信息、物品遗失情况，并获取首末班车以及未来 3 班车的到站时间，提供全方位的导向指引服务，确保乘客在车站内能够顺利、高效地完成各项出行活动。

地铁站内的自助查询面板为乘客提供了丰富的站外周边信息。乘客可以查询周边的景点、商圈以及地铁生活圈的详细资讯。无论是大型购物中心还是特色小店，只需轻轻一点，便能获取各类丰富的生活资讯。

乘客引导屏的路径导航功能，精确提供了地铁站周边道路、地标性建筑、公交换乘等信息。公交地铁联程出行导航、到站提醒等功能也即将上线，为乘客提供最优线路规划，实现无缝换乘和高效城市公共交通一体化出行服务。

图 5.4.11　徐州地铁智慧客服综合信息查询界面

 任务拓展

昆明地铁的智慧客服介绍

自 2024 年 1 月 2 日智慧车站在昆明地铁 2 号线火车北站试点上线以来，智能客服系统累计点击量达 7.4 万次，处理票卡业务 500 余次，智能导乘系统引导屏被点击使用 3.6 万次。

昆明地铁智慧车站包含智能客服、远程座席以及智能导乘三大板块。智能客服设备能主动识别票卡问题，通过动画和文字提示，引导乘客自助处理票务业务，并提供车站及周边信息查询服务；远程座席服务包括一键呼叫人工协助、一对一在线服务两个功能；智能导乘服务可以为乘客提供票务、公告等综合信息，以及站点周边景点、商圈等生活资讯。

2024 年"五一"假期期间，智慧车站服务乘客 1700 余次，智能客服系统点击量 300 余次，处理票卡业务 50 余次，简单易用的智能导乘系统引导屏被点击使用 1400 余次。

值得一提的是，昆明地铁在原有功能基础上，持续优化智慧车站功能，利用 AR 技术提升昆明智慧地铁出行水平。2024 年 5 月 1 日升级后的智能视频分析异常事件报警系统、车站运营态势三维动态展示系统以及 VR 全景巡站系统启用后，在应对"五一"期间大客流、保障乘客和运营安全方面发挥了重要作用。

南昌地铁与广州地铁的智慧客服介绍可自行去网上查阅资料查看。

徐州地铁、贵阳地铁的智慧客服介绍视频请扫描二维码 5.2 观看。

二维码 5.2

任务考核

一、单选题
1. 智慧客服的形式不包括（　　）。
A. 窗口式　　　　　B. 机器人式　　　　C. 手持式　　　　D. 面板式
2. 智慧客服的功能不包括（　　）。
A. 车票更新　　　　B. 车票查询　　　　C. 线上支付　　　D. 现金支付

二、多选题
1. 智慧客服应用的技术有（　　）。
A. 人工智能　　　　B. 云计算　　　　　C. 图像识别　　　D. 大数据
2. 工控机模块的功能包括（　　）。
A. 运行控制　　　　B. 数据通信　　　　C. 图像识别　　　D. 状态监控
3. 后台维护模块由（　　）组成。
A. LCD 显示器　　　B. 键盘　　　　　　C. 读卡器　　　　D. 摄像头

三、思考题
智慧客服给车站的乘客服务带来了哪些变化？

项目6
城市轨道交通车站运作与管理

任务6.1　车站开关站作业

 知识目标

1. 掌握开站作业内容及程序；
2. 掌握关站作业内容及程序。

 能力目标

1. 能开站作业操作；
2. 能关站作业操作。

 素质目标

提高自身的专业技能和职业素养，严格遵守企业规章制度。

 任务引入

乘坐城市轨道交通（地铁、轻轨等）出行，了解车站开、关站的作业要求。

任务分析

城市轨道交通一般运营时间在 18h 左右，其余时间用来维护和保养运营的设备、设施。因此，车站的运作表现为运营时间开启，非运营时间关闭。运营时刻表是城市轨道交通运营组织工作的基础，车站的开关作业也必须根据运营时刻表来组织安排。

如南京地铁 1 号线首末班车时间为：八卦洲大桥南→中国药科大学 05：30～23：08；中国药科大学→八卦洲大桥南 05：47～23：27。

一、开站作业

城市轨道交通不同车站的开站时间随着首班车的到达时间不同而不同，一般情况下，应在首班车到达前 10min，完成所有服务准备工作，开启车站所有出入口。

1. 开站程序

车站开站程序见表 6.1.1。

表6.1.1 开站程序

序号	责任人	内容
1	客运值班员	首班载客列车到站前 30min 完成车站 AFC 设备开启及功能测试
2	行车值班员	首列电客车出段/场前 30min 按规定完成试验道岔、安全门开关试验，组织人员检查线路出清情况完毕，并及时报告行车调度（如施工工具、备品有无撤除等）
3	行车值班员	首班载客列车到达前 30min，检查环控设备运行情况；首班载客列车到站前 15min，打开照明开关
4	站台站务员	首班载客列车到站前 10min 领齐备品到岗
5	客运值班员	首班载客列车到站前 20min 巡视出入口，首班载客列车到站前 10min 完成开启出入口大门、电扶梯的工作
6	值班站长	首班载客列车到站前 20min 巡视全站，重点检查站台及车站轨行区
7	行车值班员	向乘客广播候车的注意事项

2. 开站的各项准备

（1）行车准备　根据控制中心行车调度员的指令，车站开展行业作业准备检查工作，由值班站长负责组织。

① 运营线路巡视。由行车值班员在车控室确认站内及区间影响行车的各类施工已经作业完毕，线路出清，并已销点。值班站长携带对讲机与保安巡视站台区域，包括接触网链接正常；线路无异物侵入限界、隧道有无渗漏水、轨面有无积水现象；站台等场所无施工遗留工器具，无存放影响行车物品。确认正常后通知行车值班员。

图6.1.1 站台门状态检查

② 站台门状态检查如图 6.1.1 所示，行车值班员在车控室检查控制盘状态：故障指示灯未亮红灯；站长和保安在站台区域检查站台门状态，包括检查安全门就地控制盘（PSL）使用正常、滑动门开启正常、应急门锁闭正常、端门锁闭正常等。确认站

台门及端门处于正常锁闭状态，确认一切正常后通知行车值班员。

③ 联锁站道岔功能测试。联锁站行车值班员在车控室进行道岔功能测试，包括：联锁终端操作设备能正常登录，各项指令可正常操作；道岔转换后道岔位置显示正常，转换后无短闪、长闪现象；排列进路后整条进路显示连续绿色光带。

④ 重要设备状态检查。由行车值班员在车控室进行，检查车站工作照明及各项设备供电正常；冷水机组和风机运作正常，环控系统工作站上无红色、黄色报警显示。

⑤ 行车备品检查。值班站长返回车控室检查：行车台账、行车备品齐全；行车备品功能正常。

⑥ 收尾工作。按值班站长指示，行车值班员向控制中心行车调度员汇报检查情况。

（2）票务准备　客运值班员在车站票务室进行开站票务准备工作，为早班售票员准备上岗用品，包括客服中心钥匙、相关票务钥匙、备用金、待售储值票等。准备自动售票机票箱、钱箱，与值班站长或厅巡一起完成售票设备的加币、加票工作，确保投入运营的设备都能正常使用。

车控室行车值班员开启自动售检票设备，包括进出站闸机、自动售票机、自动验票机等。

早班售票员在首班车到站前15min到车站票务室客运值班员处领取上岗用品，同时检查对讲设备、票务设备、备品的状态和数量，检查客运中心内来历不明的现金、车票，如有问题立即报告值班站长处理，严禁带私款、私人车票进入客服中心；取下"暂停服务"告示牌，插入本人工号牌，开启票务处理机并用自己的工号、密码登录。

（3）服务设备、设施准备　行车值班员在车控室开启车站正常照明，开启相应的环控系统，在监控终端查看各联动设备的运行状态，确保开启模式正常，无设备故障。

保安开启车站各出入口，并与厅巡开启自动扶梯和垂直电梯，在开启过程中要做好安全防护，观察运行情况，有异常情况立即报车控室。

小资料

　　地铁车站是人流密集场所，是防疫工作的重点，运营结束后夜班保洁工作人员需操作专业保洁设备清洗车站和消杀，行车值班员每日通过监控监督清洁消毒是否全面，有没有遗漏，为乘客提供安全整洁的乘车环境。由于列车服务的影响，列车与轨道等设备的施工与维护保养只能在夜间停运后进行。行车值班员需要时刻监控行车设备，所以熬夜是行车值班员的家常便饭，这是对毅力的考验，更是对责任的践行。地铁人牢记安全条例，居安思危，时刻把安全放在首位，致力于守护广大乘客的乘车安全。莫道君行早，更有早行人，正是所有地铁人的坚守与汗水，保障了整条城市大动脉平稳有序地运行。

二、关站作业

1. 关站程序

车站关站程序见表6.1.2。

表6.1.2　关站程序

序号	责任人	内容
1	行车值班员	末班车开出前10min开始广播
2	客运值班员	末班车开出前5min关闭TVM、进站自动检票机

续表

序号	责任人	内容
3	行车值班员	末班车开出前5min，广播通知停止售票和进站检票工作
4	站台站务员	末班车开出前进行检查，确认站台乘客均已上车，无异常情况，末班车开出后负责将站台乘客清上站厅
5	客运值班员	末班车开出后负责站厅清站工作，关闭车站电扶梯和出入口
6	行车值班员	运营结束后，执行车站节电照明模式
7	值班站长	末班车到达前5min到站厅检查，确认所有TVM、进站自动检票机已关闭，播放停止售票和进站检票广播
8	值班站长	检查清站情况，确认电扶梯、出入口关闭，照明转换为节电模式。关站后到票务室与客运值班员一起结账

 想一想

明确关站程序的目的是什么？需注意哪些问题？

2. 关站各项工作

城市轨道交通不同车站的关站时间随末班车的到站时间不同而不同。一般情况下，在末班车开出前10min，车站启动关站工作。至末班车到站后，在确认所有乘客都离开车站后，关闭车站出入口，停止对外服务。

末班车开出后，厅巡和站厅保安进行车站清客，在站内按站台、站厅、通道的顺序进行清客，确保车站范围内无滞留乘客，已全部出清车站，这时可以关闭车站自动扶梯、垂直电梯及各出入口。

（1）关站前的准备

① 末班车开出前10min，行车值班员开始在全站播放末班车提示广播，提醒需要乘车的乘客抓紧时间购票进站。

② 末班车开出前5min，行车值班员关停自动售票机和进站闸机，并通知售票员停止售票，播放运营结束广播。

③ 末班车开出前，值班站长、站台保安进行站台检查，确认站台乘客均已上车，无异常情况。

（2）票务关站工作

① 客服中心。关站后，售票员在窗口放置"暂停服务"的告示牌，退出票务处理机，收好收银箱的现金和车票，清点携带的票务钥匙、票务设备、对讲设备，离开客服中心时确认门关闭、锁好。

② 自动售检票设备。客运值班员对自动售检票机的纸币钱箱进行更换，剩余的硬币及车票进行回收；回收出站闸机单程票箱的车票，如图6.1.2所示。

3. 关闭车站的规定

① 运营时间内，必须保证车站出入口开放，除非行车调度命令关闭车站。

② 在运营时间内关闭车站出入口，值班站长要确保入口处已张贴通知或已将信息通知乘客。

③ 运营结束关闭车站出入口时，必须确认清站完毕后方可关门加锁。

④ 非行车时间站内只允许员工或获得批准的施工单位或有地铁领导陪同的人员登记后进出车站。

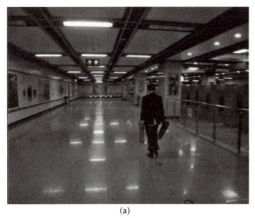 

图6.1.2　更换闸机票箱

 任务拓展

人工智能推动车站管理智慧化

在贵阳，某网络科技公司打造了15种车站自主运行场景，帮助地铁车站运营开站、关站从半小时减少到5min，巡视提效80%，预计一条标准线降本提效2000万元以上。这一巨大变化是如何实现的呢？目前该公司将贵阳地铁2号线省人民医院站作为示范点，将智慧车站解决方案进行充分应用。原先，该站每天开站、关站需依靠人工解决，其中包含了现场设备检查、控制卷帘门、控制扶梯、人员到岗情况确认等流程，耗时超半小时。公司基于视频AI、光栅对射、人工验证视频等多种手段，实现站务人员对出入口实时情况的全面监控，远程开关站门、电扶梯等关键设备，利用视频分析、智慧厕所人体感应，业内首个实现了自动清客，开站、关站时间缩短到了10min以内。

在安全防护方面，该公司梳理了20余种安全隐患场景，通过视频AI覆盖了贵阳地铁2号线省人民医院站重点区域，实现了对扶梯上乘客摔倒、推婴儿车上扶梯、隔栏递物、非法过闸等安全事件的秒级发现，很好解决了依靠站务人员现场巡视或乘客上报等方式不及时的问题。此外，关键事件报警后，可通过站务人员定位系统，自动推送给距离最近的人员，提醒他们快速到现场处置，保障乘客安全。

 任务操作

完成表6.1.3实训工单。

表6.1.3　实训工单　车站开关站作业训练

任务训练一：模拟车站开站作业流程
（说明：通过分组模拟车站开站作业流程，注意做好开站的各项准备工作。）
任务训练二：模拟车站关站作业流程
（说明：通过分组模拟车站关站作业流程，注意做好关站的各项准备工作。）

任务考核

一、单选题

1. 城市轨道交通一般运营时间在（　　）h 左右，其余时间是用来维护和保养运营的设备设施。
   A.10   B.18   C.24   D.20

2. 一般情况下，应在首班车到达前（　　）min，完成所有服务准备工作，开启车站所有出入口。
   A.5   B.20   C.10   D.30

二、多选题

1. 以下属于开站前的行车准备的有（　　）。
   A. 运营线路巡视　　　　　　　　B. 安全门状态检查
   C. 联锁站道岔功能测试　　　　　D. 重要设备状态检查

2. 关闭车站的规定包括（　　）。
   A. 运营时间内，必须保证车站出入口开放，除非行调命令关闭车站
   B. 在运营时间内关闭车站出入口，值班站长要确保入口处已张贴通知或已将信息通知乘客
   C. 运营结束关闭车站出入口时，无需确认清站完毕
   D. 非行车时间站内只允许员工或获得批准的施工单位或有地铁领导陪同人员登记后进出车站

三、判断题

1. 客运值班员应在首班载客列车到站前 5min，完成车站 AFC 设备开启及功能测试。（　　）
2. 早班售票员在首班车到站前 15min，到车站票务室客运值班员处领取上岗用品。（　　）

四、思考题

1. 描述开站作业流程。
2. 描述关站作业流程。

任务6.2　车站岗位作业

知识目标

1. 掌握车站各岗位作业标准及程序；
2. 掌握车站岗位交接班制度和巡视制度。

能力目标

1. 能明晰车站各岗位作业标准，并按程序作业；
2. 能执行车站岗位交接班与巡视制度。

素质目标

培养严肃认真、爱岗敬业、一丝不苟的职业精神。

任务引入

乘坐城市轨道交通（地铁、轻轨等）出行，了解车站售票员的作业程序。

任务分析

一、车站各岗位作业标准及程序

1. 值班站长

（1）班前

① 到车控室在《车站工作人员签到簿》（表6.2.1）上签到，与交班值班站长碰面了解情况。

表6.2.1　车站工作人员签到簿

年　　月　　日　　　　　　　　　　　　　　　　　　　　白班：　　夜班：

序号	姓名	班次	接班					交班					签名
			到岗时间	领用物品				下班时间	归还物品				
				对讲机	扩音器	钥匙	其他		对讲机	扩音器	钥匙	其他	
备注：													

② 查看并填写《值班站长日志》（表6.2.2）。

表6.2.2　值班站长日志

年　　月　　日　　　　　　　　　　　　　　　　　　　　星期　　天气

	行车		客运、票务		设备、设施			
运营生产日况	运行图		进站客流		安全门		风水电	
	运营情况		出站客流		电扶梯		卷帘门	
	备品、备件		票款收入		BAS/FAS		AFC	
	其他		其他		其他			
安全巡视情况	站房机房		消防设施		施工情况			
好人好事								
存在问题								

③ 到会议室，组织召开接班会。

④ 与交班值班站长进行交接，交接内容：钥匙、对讲设备等备品；文件、通知、电子邮件，核实上一班完成和未完成的工作，在接班中模糊、有疑点的问题要问清楚；其他一些有必要作口头说明的事项；安全注意事项和工作重点要求。

⑤ 完成交接后要在《值班站长日志》上签名。签名后如出现因交接不清产生的问题时由接班值班站长负责。

（2）班中

① 安排好各岗位的工作。突发事件、事故发生时及时到现场了解清楚后处理，需要时报告行车调度，并按应急信息汇报程序向站长、客运中心主任（副主任）、安全监察部汇报。

② 巡站。主要包括：按要求巡视车站（每次间隔不得超过 2h），检查、指导各岗位的工作，及时帮助各岗位完成工作任务；巡视检查各岗位工作情况，落实各岗位职责的执行，填写《值班站长日志》，做好本班组的考勤记录和考核工作。

③ 五检查。包括：检查边门进出及《车站边门登记簿》（表 6.2.3）的登记情况；检查本班所填写的台账：《车站工作人员签到簿》《施工登记簿》《调度命令登记簿》《行车日志》《设备故障登记簿》（表 6.2.4）《消防（车控室）值班记录簿》（表 6.2.5）；检查本班票务工作，审核本班报表；检查指导各岗位安全、行车、票务、乘客服务工作；按照岗位分工，检查各岗位开关站的准备情况及开关站工作。

④ 八注意。主要包括：按要求处理好车站的工作和当班事务并做好记录。属于本班处理的工作不留到下一班；利用关站后时间组织本班员工学习文件、开展培训和演练；整理文档，做好车站内务工作，监督文明办公和车站卫生，监督其他部门员工在车站的工作情况；整理总结本班工作，有条理地记录需交接的事项，做到不漏项。对一些需下一班完成的工作和注意事项要重点注明；向行车值班员交代好日班施工及夜班施工的注意事项。督促保洁做好站台、站厅、出入口等卫生工作；及时与驻站公安进行沟通和协调，互通有无，信息共享。下班前与接班值班站长进行工作交接，交接清楚、完整后签名。

表6.2.3　车站边门登记簿

月	日	姓名	证件种类	证件编号	进/出站原因	进/出站	进/出站时间	经办人签名	备注
			□老年人□革命伤残军人□盲人□其他			□进□出			
			□老年人□革命伤残军人□盲人□其他			□进□出			
			□老年人□革命伤残军人□盲人□其他			□进□出			
			□老年人□革命伤残军人□盲人□其他			□进□出			
			□老年人□革命伤残军人□盲人□其他			□进□出			
			□老年人□革命伤残军人□盲人□其他			□进□出			
			□老年人□革命伤残军人□盲人□其他			□进□出			
			□老年人□革命伤残军人□盲人□其他			□进□出			
			□老年人□革命伤残军人□盲人□其他			□进□出			
			□老年人□革命伤残军人□盲人□其他			□进□出			
			□老年人□革命伤残军人□盲人□其他			□进□出			
			□老年人□革命伤残军人□盲人□其他			□进□出			
			□老年人□革命伤残军人□盲人□其他			□进□出			
			□老年人□革命伤残军人□盲人□其他			□进□出			

表6.2.4 设备故障登记簿

登记					销记				
日期	时间	故障现象	通知方式及部门	值班员签名	日期	维修人员到达时间	设备修复状态	维修人员签名	值班员签名

表6.2.5 消防（车控室）值班记录簿

月　　日

	值班人员		值班时间	
工作情况记录	消防设施运行情况			
	故障及排除情况			
	其他情况			
交接班留言				
接班人				

（3）班后
① 组织召开班后总结会，做好本班的班后总结，具体内容见表6.2.6。
② 到车控室在《车站工作人员签到簿》上签名下班。

表6.2.6 总结会内容

序号	内容
1	总结本班安全生产、客运服务、设备情况等情况
2	公布本班"两纪一化"情况
3	表彰本班好人好事

2. 值班员

值班员岗位要求、作业标准及程序见表6.2.7。

表6.2.7　值班员岗位要求、作业标准及程序

值班员	项目		内容
行车值班员	通用标准		1. 按规定统一着装，挂牌上岗； 2. 上岗时精神饱满、举止规范、态度和蔼； 3. 遵章守纪、坚守岗位、服从车站管理； 4. 认真负责、履行岗位职责、遵守职业道德； 5. 扶老携幼、遵守公德、服务为本、不损害乘客利益； 6. 服务语言文明、讲普通话，使用"10字文明用语"
	岗位技能		1. 车站突发或紧急情况下的处理方法； 2. 熟悉列车时刻表，并严格按照列车时刻表办理行车； 3. 掌握LOW工作站的操作使用，CCTV、BAS、FAS等系统的监控； 4. 熟练使用车站广播系统，能够做到及时广播； 5. 做好对现场施工及施工过程的监控； 6. 其他需要掌握的技能
	岗位职责		1. 执行分公司、部、中心、车站的有关规章制度，做到有令必行，有禁必止； 2. 在值班站长的领导下，负责车站行车工作； 3. 服从行车调度指挥，执行行车调度命令，严格按列车运行图组织行车； 4. 严格执行一次作业程序，熟悉行车设备的性能，掌握操作方法； 5. 控制车站广播，密切关注监视屏，掌握站台乘客动态，并视情况及时广播； 6. LOW停用时负责现场人工排列进路； 7. 非运营时间做好通道、设备维修的登记和注销手续； 8. 保管使用行车设备备品，正确填写各种行车日志、字迹清楚； 9. 值班站长不在车控室时代理其职责； 10. 完成上级领导临时交办或外部门需协办的其他工作
	作业标准及程序	班前	① 上岗前到车控室在《车站工作人员签到簿》上签到； ② 到会议室，参加班前接班会； ③ 与交班行车值班员进行交接，交接内容包括行车备品情况；钥匙、对讲机、扩音器的领用及归还情况；《钥匙借出登记簿》《施工登记簿》《行车日志》《设备故障登记簿》《手摇把使用登记簿》《消防值班记录簿》《调度命令登记簿》《收文登记簿》等台账；上级命令、指示、文件和通知；上一班未完成的内容（施工作业、设备故障等）；安全注意事项和工作重点要求； ④ 在《行车日志》上签名，登记进入LOW
		班中	① 正常情况下监控LOW、各设备系统终端界面、IBP盘，通过CCTV监视各区域情况； ② 首列电客车出段/场前30min，按规定完成试验道岔、安全门开关试验，组织人员检查线路出清情况完毕，并及时报告行车调度（如施工工具、备品有无撤除等）； ③ 首班载客车到达前30min，检查环控设备运行情况； ④ 首班载客列车到达前15min打开车站照明，与客运值班员联系，确认AFC设备、电扶梯已开启； ⑤ 全面负责车站行车组织、负责车站广播播放、文件收发； ⑥ 做好各项施工请销点登记手续，做好施工和工程列车开行的安全防护措施； ⑦ 检查、管理对讲机、应急灯、红闪灯等需要充电设备的充电情况； ⑧ 末班车开出前10min开始广播，末班车开出前5min通知客运值班员关闭TVM、进站自动检票机； ⑨ 末班车开出后按时广播，关闭一般照明、广告照明； ⑩ 做好车站的钥匙、对讲机等借、使用登记手续； ⑪ 发生突发事件时第一时间内报告行车调度和值班站长，并按指示处理； ⑫ 检查《钥匙借出登记簿》《施工登记簿》《行车日志》《设备故障登记簿》《调度命令登记簿》等台账是否漏填、错填； ⑬ 与下一班行车值班员做好交接班，注销退出LOW
		班后	① 参加班后总结会； ② 到车控室在《车站工作人员签到簿》上签名下班

续表

值班员	项目		内容
客运值班员	通用标准		1. 按规定统一着装，挂牌上岗； 2. 上岗时精神饱满、举止规范、态度和蔼； 3. 遵章守纪、坚守岗位、服从车站管理； 4. 认真负责、履行岗位职责、遵守职业道德； 5. 扶老携幼、遵守公德、服务为本、不损害乘客利益； 6. 服务语言文明，讲普通话，使用"10字文明用语"
	岗位技能		1. 能够处理简单的 AFC 设备故障； 2. 掌握相关的票务报表、账册的填写； 3. 掌握车站 SC 的有关知识，能够熟练操作车站 SC； 4. 按照公司规定掌控车票、钱款的操作，确保车票、现金安全； 5. 处理与乘客相关的票务事宜； 6. 掌握车站的客流动态，协助值班站长合理安排售检票员岗位； 7. 其他需要掌握的相关技能； 8. 掌握车站周边的地理环境及交通状况
	岗位职责		1. 执行分公司、部、中心、车站的有关规章制度，做到有令必行，有禁必止； 2. 在值班站长的领导下，主管车站客运管理，组织站务员从事客运工作； 3. 负责车票的收发、回收和保管工作； 4. 本班组售票组织及车站营收统计工作，各种票务收益单据填写及保管； 5. 车站收益解行的实施和安全； 6. 协助值班站长组织管理安全员、售票员，处理乘客问题，提供优质服务； 7. 监督售票员、安全员在岗行为； 8. 在非运营时间值守车站，统计汇总当日的客运量和营收情况报行车调度； 9. 每班巡视车站两次，维护车站安全防止意外事件发生； 10. 完成上级领导临时交办或外部门需协办的其他工作
	作业标准及程序	班前	① 上岗前到车控室在《车站工作人员签到簿》上签到； ② 到会议室，参加班前接班会； ③ 与交班值班员进行交接，交接内容：车票、现金、钥匙、票务设备备品情况；票务报表、台账和备用金交接；上级命令、指示、文件和通知；上一班未完成的内容（乘客事务、设备故障等）；安全注意事项和工作重点要求； ④ 与交班值班员交接清楚后，在《客运值班员交接班簿》上签名
		班中	① 准时填写车站票务报表、车票申报计划，并审核； ② 检查客服中心服务员工作情况，进行必要的复核、查账、监督票务政策的执行，每班至少详细抽查一次客服中心的工作； ③ 及时交报表、更换钱箱和票箱、清点钱箱、结账； ④ 协助值班站长处理车站票务事务； ⑤ 巡视车站，检查指导站务员工作； ⑥ 监督保洁人员打扫票务室卫生，交班时与接班值班员进行交接； ⑦ 统计好本班的车票、现金、发票及票务设备、备品情况，并在《客运值班员交接班簿》上作相应的记录； ⑧ 收车后做报表，按要求封好要加封的车票、现金； ⑨ 末班车开出前 5min 关闭 TVM、进站自动检票机； ⑩ 检查客服中心电器、电源、卫生及有无遗漏的车票、现金； ⑪ 首班载客列车到站前 30min 完成车站 AFC 设备开启及功能测试； ⑫ 首班载客列车到站前 20min 巡视出入口，首班载客列车到站前 10min 完成开启出入口大门、电扶梯的工作； ⑬ 最后一趟载客列车开出后，负责站厅的清客工作，关闭车站出入口、电扶梯； ⑭ 与下一班客运值班员做好交接班，并注销退出 SC
		班后	① 参加班后总结会； ② 到车控室在《车站工作人员签到簿》上签名下班

3. 客服中心服务员

（1）班前

① 上岗前到车控室在《车站工作人员签到簿》上签到。

② 了解当天工作注意事项和票务、服务通知，领取对讲机。

③ 到票务室领取车票、备用金、钥匙、发票等。

④ 到客服中心做好开窗准备工作：检查对讲设备能否正常使用；检查票务设备、备品的状态、数量（如验钞机、票盒、发票等）；检查客服中心卫生、客服中心外栏杆、立柱的摆设；检查客服中心内有无来历不明的现金、车票；登记进入BOM；摆放好车票；将备用金（纸币）放入抽屉，硬币整齐放入硬币盘；发现异常情况立即报告值班站长或客运值班员。

⑤ 开窗售票。

（2）班中

① 工作中注意事项包括：保持客服中心的整洁，票证、报表、硬币盘等物品摆放整齐；当报表、硬币、车票不足时，提前报客运值班员；锁好门，不能让非当班人员随意进出；严格按售票作业程序工作；发现站厅异常情况（如乘客携带"三品"，乘客纠纷，老、病、伤、残等特殊乘客进闸等）及时通报相关岗位或车控室。

② 与接班客服员进行交接，交接内容：核对票、卡、款、账是否相符，核对库存数量，交接票卡数结存，并进行签认；对各种服务用品、备品等进行交接；对待办事宜进行交接。

③ 退出BOM，将抽屉里的钱（硬币、纸币）和车票整理放入手提金库。

④ 搞好客服中心卫生，整理好客服中心物品。

⑤ 回票务室结账。

（3）班后　到车控室处在《车站工作人员签到簿》上签名下班，晚班人员将对讲机归还车控室。

4. 站厅站务员

（1）班前

① 上岗前到车控室在《车站工作人员签到簿》上签到，阅读文件、接受上级交代工作、注意事项。

② 领取相关钥匙、对讲机、扩音器等备品。

③ 带齐工作备品准时到岗。

（2）班中

① 引导乘客正确操作AFC设备，及时处理AFC设备故障，解答乘客咨询，如遇解决不了的问题马上报值班站长/客运值班员。

② 每2h巡视车站出入口和站厅1次，发现有违反《地铁管理条例》《乘客守则》的行为要及时制止，巡视后将出入口相关情况报车控室。

③ 按要求更换自动检票机票箱。

④ 与下一班交接班工作备品、待办事宜及重点工作等。

（3）班后　到车控室在《车站工作人员签到簿》上签名下班，晚班人员需将钥匙、对讲机等工作备品归还车控室，并在台账上注销。

5. 站台站务员

（1）班前

① 上岗前到车控室在《车站工作人员签到簿》上签到。

② 到会议室，参加班前接班会。
③ 到岗后，检查钥匙、对讲机等行车备品齐全完好，与上一班交接完毕向车控室汇报。
（2）班中
① 站台岗来回巡视站台、引导乘客排队候车、上下车。
② 按照站台岗作业标准监视列车到、发，列车进站时应尽量在靠近车头端墙侧紧急停车按钮附近站岗，车门即将关闭时，提醒制止乘客不要抢上抢下，以防夹伤。
③ 主动疏导聚集在一端的乘客到较空的地方候车，关注乘客动态。
④ 发现站台发生异常情况（包括列车到站时间不正常），影响到车站的正常运作，马上报车控室，并按指示逐步处理。
⑤ 接完最后一趟载客列车后，负责将站台乘客清上站厅。
⑥ 与下一班交接班钥匙及对讲机、待办事宜及重点工作等。
（3）班后
① 参加班后总结会。
② 到车控室在《车站工作人员签到簿》上签名下班。

 想一想

地铁车站岗位作业程序中直接跟乘客相关的有哪些？涉及岗位工作人员需注意什么？

二、岗位交接班制度

（1）清晰、详尽，要做到接班人员能从《值班站长日志》《行车日志》《客运值班员交接班簿》等日常表簿册中清楚知道上一班发生的重要事务，不能有遗漏。
（2）重点突出，主次分明，重要的事情和事务应详细，一般事务要简明扼要。
（3）有跟进，有落实，上一班交班的事情已完成的或仍需下一班接手的应在《值班站长日志》《行车日志》《客运值班员交接班簿》等表簿册上注明情况，包括是否完成或目前处理的进度，或下一班需做出一些怎样的跟进措施。
（4）员工交接班时，接班人员需到作业岗点与交班人员进行对口交接。
（5）不允许交接班的情况有：①因设备故障按电话闭塞法办理行车时，使用路票等书面凭证尚未交付司机；②遇信号设备发生故障需人工准备进路进行折返作业，列车尚未进入上行（下行）站台停妥；③一次折返作业未完成；④一次票务纠纷未处理完；⑤设备、备品、票据、钱款等不清楚；⑥遇设备故障等影响车站正常运营；⑦接班人员未到岗；⑧岗位卫生不清洁。

三、车站巡视制度

值班站长接班前必须巡视一次，班中每2h巡视一次，相关情况记录在《车站、防火巡视登记簿》；客运值班员每班巡视4次，相关情况记录在《车站、防火巡视登记簿》上；原则上站厅站务员每2h巡视出入口、站厅一次，相关情况应立即报车控室行车值班员；站台站务员在接发车间隙来回巡视站台，交接时接岗人员必须先巡视后接岗。
巡视范围见表6.2.8。

表6.2.8　巡视范围

巡视人员	主要范围
值班站长	设备区、管理用房、客服中心、站厅、站台、出入口、风亭
客运值班员	客服中心、站厅、站台、出入口、风亭
站厅站务员	出入口、站厅
站台站务员	站台

 小资料

二维码6.1

地铁站厕所内烟雾弥漫　轨交部门加强巡查制止

市民反映：不久前的双休日下午3时许，乘客在上海地铁1号线上海南站站台内厕所如厕时，发现10位排队等候者中，有4位正在吸烟。浓浓的烟雾充满厕所狭小的空间，让人难以忍受。乘客对吸烟者劝说未果。另厕所内厕位较少，加剧了环境的脏乱。希望轨交部门注意到这一现象，对站台厕所内吸烟情况予以制止；同时希望适当增加厕位，方便乘客。

厕所内吸烟现象的确时有发生。因部分乘客对"地铁车站严禁吸烟"的文明意识较弱，也由于厕所环境的私密性，监控措施无法实施，给执法带来一定难度。为了减少甚至杜绝厕所内吸烟情况的发生，该公司已采取四项措施：首先在厕所内醒目位置大量张贴禁烟标志，最大限度地起到提示和警醒作用；其次，配备厕所专职保洁员，以每隔半小时打扫一次的频率，及时发现并制止乘客吸烟；第三，值班站长及驻站民警每天两次巡视车站，在巡视时有意识加强对厕所吸烟情况的关注度；第四，车站加大广播宣传力度，倡导乘客文明乘车。

巡视时，要做到：认真、细致、周全、及时。即巡视人必须以认真负责的态度去巡视每个角落和所管辖的范围；从细微处着手，做到防微杜渐，从看、摸、嗅、听4觉入手；巡视区域内的设备设施、导向指引、张贴揭挂等都应检查；巡视及时、记录汇报及时、处理及时。同时需填写巡视台账，不能有造假现象，发现问题及时跟进，完成后签名确认。

 任务操作

完成表6.2.9实训工单。

表6.2.9　实训工单　车站岗位作业流程训练

任务训练一：模拟值班站长作业流程
（说明：通过分组模拟值班站长作业流程。）

续表
任务训练二：模拟值班员作业流程 （说明：通过分组模拟车站关站作业流程。）
任务训练三：模拟站务员作业流程 （说明：通过分组模拟站务员作业流程。）
任务训练四：模拟填写各种报表与台账 （说明：通过分组模拟填写各种报表与台账。）

任务考核

一、单选题

1.（　　）在班前应到票务室领取车票、备用金、钥匙、发票等。

A. 行车值班员　　　　　　　　　B. 客服中心服务员

C. 客运值班员　　　　　　　　　D. 站台站务员

2.（　　）应按照站台岗作业标准监视列车到发，列车进站时应尽量在靠近头端墙侧紧急停车按钮附近站岗，车门即将关闭时，提醒制止乘客不要抢上抢下，以防夹伤。

A. 行车值班员　　　　　　　　　B. 客服中心服务员

C. 客运值班员　　　　　　　　　D. 站台站务员

二、多选题

1. 以下属于值班站长交接班内容的有（　　）。

A. 钥匙、对讲设备等备品

B.《值班站长日志》《车站、防火巡视登记簿》台账

C. 文件、通知、电子邮件

D. 安全注意事项和工作重点要求

2. 值班站长班中应检查的台账包括（　　）。

A.《车站工作人员签到簿》　　　　B.《行车日志》

C.《施工登记簿》　　　　　　　　D.《调度命令登记簿》

三、判断题

1. 完成交接后要在《值班站长日志》上签名，签名后如出现因交接不清的问题时由交班值班站长负责。（　　）

2. 员工交接班时，接班人员可在站内任意地点与交班人员进行对口交接。（　　）

四、思考题
1. 说明值班员的作业标准及程序。
2. 说明车站交接班与巡视制度。

任务6.3　管理车站员工

知识目标

1. 熟悉车站班组管理；
2. 掌握车站排班管理及驻站人员管理。

能力目标

1. 能制定班组培训计划；
2. 能进行车站排班。

素质目标

具有良好的职业道德和敬业精神，以及较强的管理水平和分析问题、解决问题的能力。

任务引入

乘坐城市轨道交通（地铁、轻轨等）出行，了解车站的排班情况。

任务分析

一、车站班组管理

1. 班组内涵

班组是指在劳动分工的基础上，把生产过程中相互协同的同工种员工、相近工种或不同工种员工组织在一起，从事某种特定目的生产活动的一种正式组织。它是企业生产经营活动中基本作业单位，是企业内部最基层的劳动和管理组织。班组管理水平的好坏，直接关系到企业经营的成败。

城市轨道交通车站的班组是城市轨道交通企业最基本的作业单位和生产管理组织，直接面对旅客和公众提供客运服务，城轨一线的生产活动都在班组中进行。一般来说，我们把城轨每个车站或某个车站班次的所有人员称为一个班组，成员主要由站长（工长）、值班站长、值班员组成。

车站班组管理主要包括培训管理、安全生产管理、考勤管理、思想管理、公共危机处理等方面的内容。

2. 班组培训

（1）班组培训的内容　班组员工培训主要是指员工的岗位培训，本质是一种根据技能所缺进行有针对性的在职培训，是有针对性地对员工的工作能力、业务水平和基本素质进行的培训，最终实现员工素质与岗位技能要求的匹配。根据员工的工作职责和发展方向，岗位培训可分为管理技能培训和专业技术技能培训。管理技能培训主要针对车站各级管理人员，专业技术技能培训主要针对生产系列、技术系列专业人员。

培训方式可以通过集中（授课）培训、施工现场操作培训和外部培训等，车站根据上级安排和员工需要选择合适的培训方法。

（2）班组培训的实施　班组技术业务培训的组织包括：制订培训计划、开展培训活动、培训考核和奖惩等工作，由班组长全面负责。

① 制订培训计划。班组根据企业或车间的要求去按周、月、季度制订班组的培训计划，内容包括：培训受训对象、目标、内容、形式、方法等。培训计划应切实可行，有针对性，向上级部门申报并得到审批后进行。

② 组织培训活动，主要包括：班组根据制订好的培训计划及实际需要，安排培训方式，实施培训计划，并及时做好培训记录；培训不能按计划实施时，应进行培训计划的变更。培训计划变更包括计划延迟和计划取消；培训记录、资料是班组员工参加各类培训的凭证，包括签到表、考核结果、取得的资格证书等。车站负责保管培训记录表（见表6.3.1），并根据档案管理相关规定，对外部培训记录进行归档、备查、上报；班组长必须认真组织每次培训活动，根据作业需要安排人员参加上级组织的临时性特定业务培训。

表6.3.1　员工培训记录表

职号：_____　姓名：_____　部门：_____　车站：_____　岗位：_____

培训性质	培训类别	岗位	培训课程	课时	培训地点	培训讲师	培训效果/成绩	培训日期
公司级	理论培训	站务员	一级安全教育					
公司级	特殊工种证	站务员	低压电式证取证					
公司级	上岗证	站务员	站务员上岗证取证					
车站级	理论培训	站务员	电梯应急处理及使用管理注意事项					
车站级	理论培训	站务员	AFC 培训					
车站级	理论培训	站务员	车站施工管理					
车站级	理论培训	站务员	LOW 操作					
区域级	理论培训	站务员	车站服务					

③ 培训考核，主要包括：根据参训员工培训过程中投入程度、出勤状况及培训目标的实现程度进行评估。对于培训考核不合格的，将给予其口头或书面批评；员工培训结果将作为员工上岗、任职、晋升及今后继续培训的重要依据，并记入员工档案；车站根据培训记录、考试考核、实际操作情况等对培训计划实施情况进行自查，同时以书面形式进行总结。自查内容包括：培训计划完成情况，培训效果如何、如何改善；一般员工的有效培训时间每年不低于企业规定的培训时间要求；职工培训业绩按制定的奖惩办法给予奖罚，以鼓励职工积极参加培训的热情。培训业绩记入个人技术档案，作为职工应聘、持证上岗及晋升的依据。

如每个车站每月都会对客运值班员进行票务、安全和实操等方面的培训，主要由该站站长担任培训讲师，结合车站实际情况对其培训，最后做一份试卷检验其学习情况。

小资料

地铁新员工培训流程如图 6.3.1 所示。

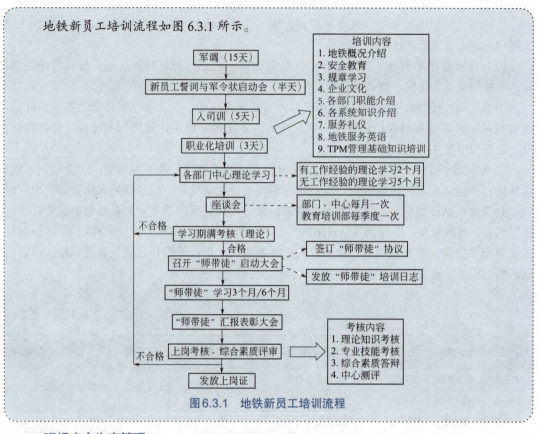

图 6.3.1 地铁新员工培训流程

3. 班组安全生产管理

班组安全生产管理是班组管理的一个重要组成部分。在企业里，绝大部分事故发生在班组。因此班组安全生产管理，必须坚持"安全第一、预防为主"的方针，坚持"管生产必须管安全"的原则，实行"谁主管谁负责"的安全生产责任制。

(1) 建立安全生产责任制　建立健全安全生产责任制度是加强全体员工的安全意识，认真履行各自安全职责的有效方法。根据"人人管生产、人人管安全"的原则，使企业从领导到员工在各自岗位上，真正做到既保证完成生产（工作）任务，又保证不发生各类事故，必须建立和完善安全生产责任制。各部门、中心、车站、班组要相应制定每个岗位、每个员工的安全职责。

(2) 建立安全检查制度　安全生产检查是一项综合性的安全生产管理措施，是建立良好的安全生产环境，做好安全生产工作的重要手段，是预防事故，消除事故隐患，减少职业病的有效办法。

(3) 建立安全例会制度　建立安全例会制度，交流安全生产情况，通报安全生产信息，布置安全生产工作。车站、班组每天召开一次安全生产工作例会，在总结、研究、布置生产工作的同时，总结、研究、布置安全管理工作。班组每天交接班时，在交接生产（工作）的同时，要交接安全生产（工作）的情况。

(4) 建立事故追究制度　事故追究制度是为了惩罚和教育责任者本人，促使有关人员提高责任心,保证有关安全生产的法律、法规得到贯彻执行,有效地保障安全生产。

凡涉及有碍企业安全生产、治安保卫、社会稳定的重大问题,要以快捷的方法向企业领导报告。因麻痹松懈、管理不力而造成生产安全事故的,要追究有关责任人责任。对瞒报、谎报、迟报各类生产安全事故的,要追究有关责任人的责任。

 想一想

说明建立事故追究制度的重要性。

4. 班组思想管理

当前,我国城市轨道交通正处于大发展时期,及时妥善做好工作人员的思想工作,对于提高窗口服务质量和服务水平,提升企业社会美誉度和旅客户忠诚度具有十分重要的现实意义。有效提升班组思想政治工作一般应该着重加强以下四个方面的工作。

① 加强引导与教育。目前,大多数车站工作人员对自己的工作和企业整体还是认同与肯定,而且地铁年轻人多,容易引导和教育,这就要求我们要紧紧抓住这一有利因素,继续通过正面宣传、教育和引导,进一步调动广大车站工作人员工作的积极性与主动性,不断增强车站工作人员的责任意识和大局意识,及时将车站工作人员的思想观念、价值观念和行为准则统一到企业发展轨道上来,让员工的思想成为推进城市轨道交通企业发展的动力。鼓励广大员工立足本职,爱岗敬业,踏实工作。

② 加大岗位培训。加大岗位培训力度,着力提高车站工作人员的岗位履职能力和岗位竞争能力。重点做好以下三点:一是加强人员综合能力培训。通过开展多形式、多层次、多学科的理论学习和技能培训,不断提高他们的理论水平和业务技能,不断提高班组成员的综合素质和能力。二是加强培训机制建设。要建立培训约束机制,不断提高培训质量。三是建立培训激励机制。要进一步完善培训档案和培训证书管理制度,规定所有员工接受培训的情况都要分类分级进行登记与管理,并作为其任职、晋升和轮岗的重要依据之一。

③ 做好心理疏导和减压。针对车站工作人员中普遍存在的工作压力和精神压力较大的问题,我们要重视做好对员工的心理疏导和减压工作,定期在车站工作人员中开展心理健康教育,确保五个到位:一是心理疏导到位;二是交心谈心到位;三是正面引导到位;四是个别教育到位;五是文化到位。通过组织各类寓教于乐、积极向上的活动,努力营造和谐地铁,温馨家园的良好氛围,增强员工的归属感和自豪感,从而使员工的思想得到升华,心灵受到感染,紧张的工作压力和精神压力得到有效缓解。

④ 创建优秀企业和班组文化。努力构建和谐地铁,营造温馨家园,就必须拥有优秀的班组文化。优秀的班组文化具有强大的凝聚力和生命力,它能为班组员工创造充分的发展空间,吸引优秀人才,稳定人才,创造班组竞争优势,提升班组核心竞争力,使班组充满活力,保持领先。

 想一想

从个人角度分析加强员工思想教育的重要性及途径。

二、员工排班管理

站长负责车站员工排班工作，以月为单位安排排班计划，在排班过程中根据车站本月工作计划、员工休假需求以及上司临时交办的工作，统筹安排，做到工作负荷均匀，人员岗位工时满足标准工时要求。

1. 车站排班原则

① 根据本站客流规律与车站运作的实际情况，结合各岗位的工作特点，合理安排各岗位的上岗人数与工作时间，充分利用好车站的人力资源，达到"忙不缺、闲不多"的目标，具体体现为：大客流日期的当班人数比其他日期多；同一工作日，高峰时间段的当班人数比其他时间段多。

② 员工排班尽量均衡，无特殊情况，不允许出现集中上班、集中休息的现象，特殊情况下必须集中上班、休息时，至少要确保员工每周有 1~2 天的休息时间。

③ 车站在进行排班时，两个班次之间最少确保员工有 12h 的休息时间。

④ 员工顶岗只允许高岗顶低岗，不允许低岗顶高岗。

⑤ 因车站工作需要导致员工当月超过标准工作时间或不足标准工作时间的，应在 3 个月内进行调整（安排补休或补班）。

2. 车站班制规定

① 值班站长、值班员岗位采用"四班两运转"的班制轮换排班，其中值班员岗位若无特殊情况，要求客运值班员与行车值班员每两个班次实现一次岗位轮换，达到均衡工作量、培养员工全面发展的目的。

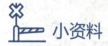小资料

某城市地铁车站岗位设置见表 6.3.2。

表6.3.2 地铁车站岗位设置表

岗位	站长	值班站长	行车值班员	客运值班员	售/检票员	备班值班员	站台安全员	合计
定岗/人	1	4	4	4	13 备班 1	2	10	38
班次	日勤	四班二运转	四班二运转	四班二运转	三班二运转	—	三班二运转	—

② 站务员（售票员、厅巡）岗位一般采用"4 天上班 2 天休息"的班制，按照长、短班搭配的方法进行轮换排班。

③ 备班人员一般采用"5 天上班 2 天休息"的班制。

④ 班次代码及上班时间规定示例见表 6.3.3。

表6.3.3 车站班次代码及班制规定表

岗位	班次	排班代码	上班时间
值班站长	白班	A1	12h
	夜班	A2	12h

续表

岗位	班次	排班代码	上班时间
行车值班员	白班	B1	12h
	夜班	B2	12h
客运值班员	白班	C1	12h
	夜班	C2	12h
售票员	早班	E1/E3/E5… （双客服中心，中间加字母A、B区分）	车站根据实际情况规定
	中班	E2/E4/E6… （双客服中心，中间加字母A、B区分）	车站根据实际情况规定
厅巡	早班	D1/D3/D5…	车站根据实际情况规定
	中班	D2/D4/D6…	车站根据实际情况规定
备班人员	备班	F1/F2/F3…G1/G2/G3…	车站根据实际情况规定

3. 车站排班步骤

（1）确定车站各岗位的轮换班制　各车站根据本站的岗位设置、票亭数量及各岗位员工人数，确定本站各岗位的轮换班制。

（2）按班制进行轮换排班　依据车站实际情况确定各岗位轮换班制后，以月度为单位按照班制进行轮换排班；根据车站客流和运作情况，对循环班次以外人员进行安排，必须保证在高峰客流时段的人员需求；统计每位员工工时，对个别超工时人员进行微调，确保排班均衡，最后形成车站月度排班表。

（3）确定各岗位时段的工作内容　根据排班表及车站运作的实际情况，合理分配各岗位每一时段的工作内容，制定车站各岗位时段工作安排表，确保车站各岗位的在岗人数和员工间歇吃饭时间，形成各岗位工作时段表，最终形成月度排班表。

三、驻站人员管理

驻站部门主要为车站日常运作和服务工作提供支持，车站常驻部门有设备设施维修工班（如机电、信号、车辆、自动售检票系统、接触网等）、地铁公安、银行、商铺等。

1. 设备设施维修工班

设备设施维修工班隶属运营维修部门，一般设置在其专业设备设施较集中的车站，兼顾一个区段，对专业设备设施进行日常维护保养，并在发生故障时进行抢修。工班办公场所在车站设备区，需服从车站整体管理。

2. 地铁公安

由于轨道交通点线结合的特征，许多城市轨道交通都成立了地铁公安分局或大队，专门负责一条线或整个网络的治安工作。为了方便公安干警开展工作，车站专门设置警务室，一方面乘客可就近报警，另一方面车站有需要时也可就近联系到警务人员。地铁公安负责车站治安，以及乘客打架斗殴等事件的处理，遇大客流时也协助车站维持正常秩序。

3. 银行、商铺

银行和商铺都通过招租进驻车站，为乘客提供便民服务，如图6.3.2和图6.3.3所示。服从车站主要提供运输服务的宗旨，在车站运营安全受到威胁或客运组织不畅时，银行、商铺都必须无条件执行车站指令，进行限制或停止营业。

图6.3.2　成都地铁车站ATM机

图6.3.3　地铁车站商铺

车站与驻站部门之间应建立良好的合作关系，定期组织召开协商会议，共同商讨车站综合管理方面存在的问题。车站成立以站长为组长，以车站接口的相关单位负责人为组员的综合治理小组（简称综治小组）。综治小组每月至少组织一次会议，协调车站相关工作。

站长负责与综治小组成员沟通协调，并定期组织综治小组成员学习车站应急处理程序，按规定对驻站人员进行安全管理及行为约束；站长、值班站长可调动驻站设备维修人员、地铁公安、商铺人员参与车站客运组织和应急处理。

任务操作

完成表 6.3.4 实训工单。

表6.3.4　实训工单　制订班组培训计划与车站排班计划

任务训练一：制订班组培训计划 （说明：通过分组模拟，值班站长制订班组培训计划。）
任务训练二：制订车站排班计划 （说明：通过分组模拟，站长制订车站排班计划。）

任务考核

一、单选题

1. （　　）是指在劳动分工的基础上，把生产过程中相互协同的同工种员工、相近工种或不同工种员工组织在一起，从事某种特定目的的生产活动的一种正式组织。

　　A. 班组　　　　　　B. 班级　　　　　　C. 组织　　　　　　D. 部门

2. 班组安全生产管理，必须坚持（　　）的方针。

A. 管生产必须管安全 B. 谁主管谁负责
C. 先通后复 D. 安全第一、预防为主

二、多选题

1. 车站班组管理主要包括（ ）等方面的内容。
A. 培训管理 B. 安全生产管理
C. 考勤管理、思想管理 D. 公共危机处理

2. 站长负责车站员工排班工作，以月为单位安排排班计划，在排班过程中根据（ ），统筹安排，做到工作负荷均匀，人员岗位工时满足标准工时要求。
A. 车站本月工作计划 B. 车站运营时间
C. 员工休假需求 D. 上司临时交办的工作

三、判断题

1. 值班站长、值班员岗位采用"四班两运转"的班制轮换排班。（ ）
2. 车站在进行排班时，两个班次之间最少确保员工有 24h 的休息时间。（ ）

四、思考题

1. 说明班组安全生产管理的内容。
2. 说明车站排班原则及步骤。

项目 7
城市轨道交通车站安全管理

任务 7.1 认知安全管理

 知识目标

1. 掌握车站安全管理的类型；
2. 掌握车站危险源的识别及控制。

 能力目标

1. 能明晰车站安全管理的类型；
2. 能识别及控制车站危险源。

 素质目标

培养学生良好的职业素养，提高学生的安全意识和自我保护能力。

 任务引入

乘坐城市轨道交通（地铁、轻轨等）出行，了解车站安全管理的措施。

任务分析

一、安全生产管理的内涵

安全生产是指在企业生产经营活动过程中，为避免发生人员伤害和财产损失，而采取相应的组织措施和技术措施，以保证从业人员人身安全，保证生产经营活动得以顺利进行的相关活动。

1. 安全生产管理方针

安全生产管理，坚持"安全第一，预防为主"的方针。

所谓"安全第一"就是在生产经营中，在处理安全与生产经营活动的关系上，要始终把安全放在首要位置，优先考虑从业人员和其他人员人身安全，实行"安全优先"的基本原则。在确保安全的前提下，努力实现生产经营目标和其他目标。

所谓"预防为主"就是说对安全生产的管理，主要不是在事故发生后去组织抢救，进行事故调查、处理和分析，而是按照系统化、科学化的管理思想，按照事故发生的规律和特点，千方百计预防事故的发生，做到防患于未然，使得有可能发生的人员伤亡、财务损失不再发生。

2. 安全生产管理重要性

安全生产不仅仅关系到国家、企业、员工个人的经济利益，还切实关系到国家的国际声誉、社会的安定和企业的社会形象。因此安全管理出效益，安全生产无论对国家、企业还是个人都意义重大。

（1）安全生产是企业的生命线，是《中华人民共和国安全生产法》赋予各企业及其各级管理者和生产者神圣的使命和法律责任，轨道交通企业及其从业人员也不例外。

（2）轨道交通运输企业以乘客或货物的（位移）安全运送为产品，安全是轨道交通运输企业完成生产任务，实现一定经济效益和社会效益的前提和保障。试想乘客人身安全或运送物品的安全得不到保证，或者设备安全得不到保证，何从谈起企业的经济效益和社会效益。

（3）安全管理是从业人员从业过程中人身安全及效益的保障。安全管理就是要从业人员自觉遵守安全规章，化解或减少不安全因素的发生，提高防范意识和自我保护能力，减少给家庭、企业、社会带来伤害。

二、车站安全管理分类

通常结合车站生产实际可分为：人身安全（乘客人身安全、员工人身安全）、消防安全、行车安全、设备安全、票款安全等。

1. 人身安全

人身安全包括乘客人身安全和员工人身安全两方面。

做好乘客服务（发现残疾人或行为不便的乘客主动引导使用残疾人电梯），减少乘客出行过程中的不安全因素（如针对中老年人反应速度慢降低电扶梯速度、雨雪天铺设防滑垫、雪天及时扫除出入口积雪），增加提示标识（张贴各类标识、规范导向标志），针对不同条件特点开展广播（雨天播雨天楼梯湿滑、列车开门时播注意列车与站台间隙、无列车在站台时播请不要超越黄色安全线）等，只要能想到的，都尽可能去做，在乘客人身安全方面作为工作人员尽到责任，积极防范减小负面影响。

员工人身安全方面要注意在日常的安全教育中建立员工的安全防范意识。做到不伤害他人、不被他人伤害、防止车辆伤害、防止高处坠落、防止锅炉压力容器爆炸、防止高空坠物伤害、防止触电伤害、防止机具伤害。在工作前进行安全预想，考虑存在的安全风险和必要的防范措施，只要有良好的安全防范意识就能够遇事不惊处之泰然。

2. 消防安全

消防安全是保障员工、乘客生命财产安全，保障设施、设备安全，减少损失的重要组成部分。维护消防安全是《中华人民共和国消防法》赋予从业人员神圣的使命和职责。消防工作贯彻"预防为主，防消结合"的方针，坚持专门机关与群众相结合的原则，实行防火安全责任制。

车站工作人员特别是行车值班员兼职消防控制室值班员在学好各自专业业务知识的同时，还要更多地学习一些消防法规和知识。根据《中华人民共和国消防法》和企业有关消防管理制度，车站在日常的消防管理中要做如下几方面工作：

二维码7.1

① 根据消防管理制度和公司火灾预案结合本车站的特点制定消防安全防范预案。

② 实行防火安全责任制，确定本站各岗位的消防安全责任人。

③ 针对本站的特点对职工进行消防宣传教育，重点对消防控制室值班员进行培训教育，使员工明白；认真从既有案例中吸取教训，对照查找消防管理中的不足。

④ 定期组织防火检查，及时消除火灾隐患。

⑤ 定期开展消防器材和消防安全标志性能情况的检查，确保消防设施和器材数量充足、完好、有效。

⑥ 保障紧急疏散通道、安全出口畅通，通道及出入口安全疏散标志作用良好。

最终使每个岗位员工明白"三懂三会"："三懂"懂得本岗位火灾危险性、懂得预防措施、懂得扑救初起火灾的方法；"三会"即会报火警、会使用各种消防器材、会引导疏散乘客。

3. 行车安全

贯彻"高度集中、统一指挥、逐级负责"的行车组织工作原则，并严格《行车组织规则》《行车设备操作手册》《施工检修管理办法》等规章制度的执行是行车安全的基础。

行车安全包含如下几方面工作：

（1）列车运行安全　即不发生列车正面冲突、掉道、颠覆、挤岔、冒进冒出信号等危及列车运行或线路设备损坏的事件。

（2）轨行区施工安全及施工线路出清　即防止施工及抢险人员受到列车伤害；以及防止施工遗留物侵限或未出清，使列车运行受阻或列车运行安全受到威胁、车站值班员可以通过加强施工过程的安全防护、按规定办理施工请销点登记来防范事故的发生。任何时候未经请点并征得行车调度同意任何人不得进入轨行区进行作业。

（3）站台区段轨行区安全　主要是防止乘客物品掉落轨道危及行车，乘客跌落轨道造成人身伤害。站台轨行区的安全责任主要由站台安全员负责，为此要对其加强两方面教育：其一，没有列车进站时进行走动巡视，发现问题及时联系车控室，在做好相应防护后再进行处理；其二，列车进站前必须站立在紧急停车按钮附近，列车进站发生异常及时敲下紧急停车按钮。

如果夜间有站台及站台区域轨行区施工，开站前应对轨行区出清情况及边门锁闭情况进行检查，特别是红闪灯的设置和撤除按规定的人员、位置、数量进行操作。

三、车站危险源的识别与控制

1. 危险源的类型

危险源是指可能造成人员伤害、职业病、财产损失、作业环境破坏等后果的原因和状态。主要有以下几种类型。

（1）物理性危险源　物理性危险源包括以下类别：设备设施缺陷、防护缺陷（无防护、防护设置缺陷、防护不当、防护距离不当等）、电危害（带电部裸露、漏电、雷电、静电、电火花等）、噪声危害、振动危害、电磁辐射危害、运动物危害、明火、能造成灼伤的高温物质、能造成冻伤的低温物质、粉尘与气溶胶、环境不良、信号缺陷（无信号设施、信号选用不当、位置不当、不清、显示不准等）、标志缺陷（无标志、标志不清楚、标志不规范、标志选用不当、标志位置缺陷、其他标志缺陷）等。

（2）化学性危险源　化学危险源包括以下类别：易燃易爆物质（易燃易爆气体、液体、固体、粉尘与气溶胶等）、自燃性物质、有毒物质、腐蚀性物质等。

（3）生物性危险源　生物性危险源包括以下类别：致病微生物、传染病媒介物、致害动物、致害植物等。

（4）心理和生理性危险源　心理和生理性危险源包括以下类别：负荷超限（体力负荷超限、听力负荷超限、视力负荷超限等）、健康状况异常、从事禁忌作业、心理异常（情绪异常、冒险心理、过度紧张等）、辨识功能缺陷（感知延迟、辨识错误）等。

（5）行为性危险源　行为性危险源包括以下类别：指挥错误、操作失误、监护失误、其他行为性危险和有害因素等。

（6）其他危险源　除了上述类别外，其他危险源包括人为纵火、恐怖袭击、打架、斗殴、盗窃、抢劫等。

想一想

选择某城市地铁车站，从乘坐地铁的经历分析车站存在哪些危险源？

2. 车站危险源的识别

针对车站运营特点主要采用"流程—设备—人员分析法"进行危险源的识别。具体做法为：将行车、客运等活动划分为具体流程，针对流程的人员活动、设备设施、作业环境和能源的输入—输出，分别识别出设备设施的不安全状态、人的不安全行为、作业环境、突发事件、相关方等各种类型的危险源。

（1）直接观察法　直接观察法采用查询资料、现场观察、人员访谈、发调查表等方式，对危险源进行分析，主要分为以下两种：对照与经验法、类比法。

① 对照与经验法　对照有关标准、检查表或依靠分析人员的观察分析能力，直接凭经验对危险源进行识别、评价。

② 类比法　利用相同或相似作业条件的经验和统计资料来类推、分析危险源。

（2）系统安全分析法　采用事件树（ETA）、事故树（FTA）对复杂系统、没有事故经验或认识程度较浅的新系统进行危险源分析。

3. 车站常见危险源及控制措施

车站常见危险源及控制措施见表7.1.1。

表7.1.1　车站常见危险源及控制措施

序号	常见危险源	可能造成的后果	控制措施
1	人工手摇道岔错排列车进路	列车冲突、挤岔、脱轨等	(1) 熟识进路排列中道岔的正确位置。 (2) 手摇道岔排列进路前,了解列车位置和需排列的进路。 (3) 正确掌握人工准备进路操作步骤及安全要素。 (4) 加强联防护控,落实双人确认和复诵制度。 (5) 司机慢速过岔,认真确认道岔开通位置
2	在道岔故障需人工准备进路时,未征得行车调度员同意,擅自进入轨行区准备进路	员工伤亡	(1) 行车值班员在向准备进路人员布置任务时,提醒下轨行区前与行车调度员联系。 (2) 值班站长及准备进路人员进入轨行区,必须征得行车调度员同意。 (3) 随行人员提醒值班站长是否已获得行车调度员同意
3	未认真进行运营前检查工作,线路存有危及行车的障碍物	损坏车辆设备	(1) 值班站长严格按规定进行运营前准备检查。 (2) 行车值班员通过电视监控系统进行监督。 (3) 值班站长完成运营前准备工作检查后,在《值班员登记本》签名确认。 (4) 发现线路存有危及行车的障碍物,报行车调度员后及时处理。 (5) 加强日常抽查落实情况
4	未经行车调度员同意,擅自在运营时间打开屏蔽门进行轨行区拾物	员工伤亡或影响正线列车运行	(1) 运营时间出现物品掉落轨行区须拾物时,值班站长或行车值班员通过电视监控系统监督各岗位人员严格执行轨行区拾物应急处理程序。 (2) 运营时间需经行车调度员同意,按压相应紧停按钮并将打开的屏蔽门进行隔离或断电后,方可进行轨行区拾物。 (3) 行车值班员在得到行车调度员同意后,先按紧停按钮。 (4) 现场人员确认后,在站台按压紧停按钮进行安全防护。 (5) 司机进站时注意控制速度
5	车站发生火灾等公共突发事件	车站停止运营	(1) 各岗位加强岗位巡视,及时发现情况。 (2) 发现火情或险情时,及时正确处理,争取将隐患消除在萌芽状态。 (3) 及时、正确执行相关应急预案
6	施工结束后,车站未及时撤除放置在钢轨上的工器具或防护设备	列车冲突、挤岔、脱轨	(1) 车站严禁在钢轨面上设置红闪灯,值班站长负责检查。 (2) 在工具袋上贴上各类工器具清单,作业完毕收拾工具时与清单逐一核对。 (3) 严格按规定对车站施工进行监督,在施工销点完毕后,值班站长安排车站人员将本站配合施工所设置的防护设备撤消,确认线路出清
7	车站范围施工作业需动火时,车站监督不到位,未做好安全防护措施	车站火灾	(1) 动火施工计划,站长或值班站长要重点交代要求。 (2) 值班站长严格按规定对车站施工进行监督,检查动火令是否有效,对施工负责人进行安全提醒,并检查施工安全防护设置情况。 (3) 施工过程中,车站须安排工作人员对施工现场进行监督和巡视。 (4) 车站范围的施工结束后,值班站长须确认现场无遗留火种
8	在系统计算机上违规下载安装非法软件,影响该系统设备正常运作	运营时间内系统设备全线瘫痪	车站每星期检查一次系统计算机是否安装下载与工作无关的软件,发现后立即删除,及时汇报,查找出负责人,并按相应考核规定进行考核处分
9	错收、错传,或漏收、漏传行车调度命令	正线行车事故	(1) 接受、传达、布置命令严格执行双人确认和复诵制度。 (2) 在接收施工作业中的行车命令后,需对施工作业计划。 (3) 车站每月对行车标准用语进行培训和达标验收,规范行车用语,减少口误。 (4) 递交调度命令时,按规定由车站值班员及以上人员向施工负责人或司机递交,并认真听取复诵
10	站间电话行车法时,前方站进路未准备妥当或未接到前方站电话记录号码,就通知接发车人员填写路票发车	列车冲突、挤岔	(1) 加强联防互控,严格执行呼唤应答复诵制度。 (2) 接到前方站同意接车的电话记录号码(确认前方站接车进路准备妥当,人员出清),列车到站后,方可通知站台接发车人员填写路票,复诵确认无误与司机办理凭证交接手续。 (3) 站台接发车人员接到指令后,提醒行车值班员是否已得到临站的许可

续表

序号	常见危险源	可能造成的后果	控制措施
11	打开屏蔽门进行障碍处理时,未采取安全防护措施	致使人员、物品跌落轨行区	(1)加强站台乘客疏导工作,车控室及时播放安全广播。 (2)设置安全防护栏或专人看护,防止物品和乘客跌入轨行区。 (3)行车值班员通过电视监控系统进行监督
12	运营时间内,未经批准擅自同意抢修人员或闲杂人员进入轨行区	人员伤亡	(1)在所有通往轨行区的门上张贴安全警示。 (2)严格执行轨行区管理规定,未经车控室同意及身份未确定的人员一律不准进入端门。 (3)行车值班员通过电视监控系统进行监督
13	运营期间,屏蔽门端门、应急门未锁闭或擅自打开屏蔽门	致使人员、物品跌落轨行区;屏蔽门受损,影响列车正线运行	(1)严格执行屏蔽门故障处理程序,不得违规操作屏蔽门。 (2)车站加强屏蔽门钥匙的监管。 (3)进出端门时,及时关闭端门并确认处于关闭状态。 (4)按规定进行运营前检查工作和加强站台工作巡视,确认站台设备状态良好

任务操作

完成表 7.1.2 实训工单。

表 7.1.2 实训工单 车站危险源识别与控制

任务训练一:车站危险源识别
(说明:通过分组模拟车站危险源识别,通过巡视的方法检查和识别车站危险源。)

任务训练二:危险源控制
(说明:通过分组模拟车站危险源的控制,说明详细的控制措施。)

任务考核

一、单选题

1.(   )是轨道交通运输企业完成生产任务,实现一定经济效益和社会效益的前提和保障。
A. 安全   B. 快速   C. 便捷   D. 经济
2.(   )是保障员工、乘客生命财产安全,保障设施、设备安全,减少损失的重要组成部分。
A. 人身安全   B. 消防安全   C. 行车安全   D. 设备安全

二、多选题

1. 车站安全管理通常结合车站生产实际可分为(   )等方面的内容。
A. 人身安全   B. 消防安全   C. 行车安全   D. 设备安全

2. 行车安全包含（　　）等几个方面。
　A. 列车运行安全　　　　　　　　　B. 站台区段轨行区安全
　C. 轨行区施工安全及施工线路出清　D. 站外区域安全

三、判断题

1. 车站要定期组织防火检查、及时消除火灾隐患。（　　）
2. 站台区段轨行区安全，主要是防止乘客物品掉落轨道危及行车，乘客跌落轨道造成人身伤害。（　　）

四、思考题

1. 说明安全管理的重要性。
2. 举例说明车站危险源的类型。

任务 7.2　事故预防及处理

 知识目标

1. 掌握事故的内涵及类型；
2. 掌握事故的预防对策及事故发生后的处理对策。

 能力目标

1. 能区分事故类型；
2. 能提出预防与处理事故的对策。

 素质目标

培养学生敏锐的问题识别与处理能力，遵章守纪及具备较强的岗位责任感。

 任务引入

乘坐城市轨道交通（地铁、轻轨等）出行，了解车站预防事故的对策。

 任务分析

一、事故的界定

影响城市轨道交通系统运营安全和可靠性的因素统称为事件。根据其发生的原因、特点以及造成的后果和影响，可分为故障、事故两类。

故障是因设备质量原因或操作不当导致设备无法正常使用，须人工干预或维修的事件，根据表现和影响程度可分为轻微故障、一般故障和严重故障。轻微故障可以迅速排除，一般不会影响运营可靠性；一般故障将造成短时间的列车运行秩序混乱，部分列车运行延误；严重故障则会导致较长时间的运营中断，严重影响系统运营可靠性。按照设备类型和原因，故障又可分为列车车辆故障、线路故障、供电系统故障、信号系统故障、环控设备故障、车站客运设施故障等。

城市轨道交通系统安全管理中所称的事故是指在运营生产过程中,因违反规章制度、违反劳动纪律、违反作业纪律或技术要求,或因人员技能不高、设备技术状态不良及其他原因,造成人员伤亡、设备损坏、影响正常作业或危及安全生产的事件,达到事故规则规定的标准的部分。

二、事故的分类及判定标准

城市轨道交通运营事故按照事故的性质、损失及对运营造成的影响,分为特别重大事故、重大事故、较大事故、一般事故。具体事故等级及判定标准见表7.2.1。

表7.2.1 运营事故等级及判定标准

序号	事故等级	判定标准
1	特别重大事故	凡符合下列情形之一的,为特别重大事故: (a) 造成30人以上死亡; (b) 造成100人以上重伤; (c) 造成直接经济损失1亿元以上
2	重大事故	凡符合下列情形之一的,为重大事故: (a) 造成10人以上30人以下死亡; (b) 造成50人以上100人以下重伤; (c) 造成直接经济损失5000万元以上1亿元以下
3	较大事故	凡符合下列情形之一的,为较大事故: (a) 造成3人以上10人以下死亡; (b) 造成10人以上50人以下重伤; (c) 造成直接经济损失1000万元以上5000万元以下
4	一般事故	凡符合下列情形之一的,为一般事故: (a) 造成3人以下死亡; (b) 造成10人以下重伤; (c) 造成直接经济损失1000万元以下

三、事故的预防

1. 预防事故的原则

"安全第一,预防为主"是安全生产管理最基本的方针,事故预防是做好安全工作的重点,就是要根据具体工作的要求和事故发生的原因,采取积极有效的措施,减少或制止事故的发生。预防事故的原则主要如下:

① 预防事故是任何一个企业实现良好管理,生产出优质产品工作中不可缺少的部分。
② 管理人员与生产人员必须在预防事故中全心全意合作。
③ 企业的最高领导人是负责安全工作的第一责任者,他必须在生产安全活动中起主导作用。
④ 每个工作岗位都必须有一个明确而且为大家所了解的安全目标。
⑤ 必须有一个组织机构来贯彻安全方针,以组织实施并研究对策。
⑥ 尽可能采用最新的安全技术和方法。

2. 影响地铁运营事故的因素

地铁运营安全不仅涉及人—车辆—轨道等系统因素,还受到社会环境和列车运行相关设备(信号系统、供电系统)等因素的影响。近年来国内外地铁事故统计的分析表明:人、车辆、轨道、供电、信号及社会灾害等是地铁事故的主要因素。

(1)人为因素　一般性事故主要是因乘客未遵守安全乘车规则,而险性事故多是由于工作人员疏忽引发的。人为因素是导致地铁事故的主要原因,包括以下几方面:

① 火灾。乘客违章携带危险品上车,乘车时违章吸烟且烟蒂处置不当。另外恐怖袭击、人为纵火、爆炸等都是引发火灾的原因。

② 相撞事故。处于高速移动状态的列车,伴随着高风险,一旦瞬间的设备异常或人员违章操作,可能造成撞车危险。

③ 拥挤。车站内乘客密度过大,超出了各种设备的设计负荷;在大客流的情况下,站台一般十分拥挤,乘客被挤下轨道的事故时有发生。

④ 不慎落入和故意跳入轨道。因人员跳入地铁轨道,造成地铁列车延误的事件时有发生,短则1~2min,长则3~5min。而地铁列车只要一旦受到影响,不能正点行驶,势必影响全局,就需全线进行行车调整。不仅影响当事列车上的乘客,而且使整条线路甚至其他轨道交通线路上的乘客都可能被延误。

⑤ 恐怖袭击。针对地铁的恐怖袭击威胁主要有:爆炸活动、生化及放射性恐怖袭击、纵火。此外,恐怖分子也可能利用地铁安全措施不完善、阻塞轨道制造混乱等手段发动突然袭击。

⑥ 地铁中毒和窒息危险。地铁发生火灾后产生大量的烟雾,如果通风设施故障,可能造成中毒和窒息的危险。人为恐怖袭击使用的有害气体也能造成中毒和窒息。另外,在对空调系统进行清洁时,清洁剂泄漏也有导致中毒事故发生的可能。

⑦ 机械伤害。乘客手持车门、上下车时机选择不当或地铁列车设备故障都可能发生车门夹人等机械伤害。

 想一想

从乘坐地铁经历的角度,你认为乘客哪些行为可能导致运营事故?

(2)系统因素　地铁一般都是采用先进的现代化设备,由于设备的状态不良等原因造成的事故也是非常多见的。一般来说,设备因素主要有车辆因素、轨道因素、供电因素和信号系统因素等。

① 火灾。地铁车辆、供电设备、机电设备内存在的大量电气设备,一旦发生故障,可能导致地铁火灾事故;车站、列车内的建筑装饰材料、广告牌等可燃材料,遇火可能会发生火灾危险。

② 地铁列车脱轨。线路设计或铺设不合格、道岔伤损、轨枕伤损、道床伤损、触轨伤损等均可能导致列车脱轨;列车超速、列车走行部件发生故障,可能导致列车脱轨;地铁轨道周边物侵入运营线路,如电缆坠落等可能会引起列车损坏、列车倾覆、列车脱轨等重大、特大安全事故。

③ 供电停止。地铁列车、线路设备等存在老化或不良现象,旦发生故障将导致停电事故的发生。

④ 触电伤害。地铁电动车辆、地铁变电所、配电室、电缆、三轨以及风机、水泵等设备由于设备缺陷、设计不周、防护不当等技术原因可能导致触电伤害事故的发生。

（3）管理因素　对员工业务进修学习督促不严、安全教育不够，员工危机意识淡薄，常会引起可避免事故，如调度错误、供电停止、信号系统不畅等。此类事故往往是由于工作人员在事故发生后应急处理能力不足，而使得事故进一步扩大，地铁公司应该加强员工的基本能力训练，提高员工的应急处理能力。

（4）社会因素　地铁车站及地铁列车是人流密集的公众聚集场所，一旦发生爆炸、毒气、火灾等突发事件，造成群死群伤或重大损失，将会严重影响社会秩序的稳定。

 小资料

> **北京地铁昌平线事故**
>
> 　　2023年12月14日18时57分，地铁昌平线西二旗至生命科学园上行区间，两辆列车发生追尾事故，造成部分乘客受伤。事故发生后，市委、市政府主要领导立即赶赴现场，指挥调度，成立现场事故处置领导小组，交通、消防、卫健、公安、应急等部门和属地政府迅速响应，全力以赴抢险救援，转运伤员，转移乘客。
>
> 　　据初步调查，事故原因为雪天轨滑导致前车信号降级，紧急制动停车，后车因所在区段位于下坡地段，雪天导致列车滑行，未能有效制动，造成与前车追尾。
>
> 　　市政府已成立地铁昌平线事故调查组，进一步查清事故原因，评估应急处置工作，深刻吸取事故教训，严肃追究责任，切实抓好整改。

3. 预防事故的对策

地铁一旦发生事故，将成为公众舆论的焦点，不仅带来不利的政治影响，而且人员伤亡、车辆损毁带来的经济损失也将十分严重。随着地铁的飞速发展，为提高地铁运营的安全，有效减少事故的发生和降低事故损失，应采取以下几点事前预防对策。

（1）加强对乘客和工作人员的教育　由于乘客素质对地铁安全有很大的影响，所以应加强对市民的地铁安全乘车意识的教育，减少由于乘客的失误而产生的地铁运营事故。例如，2009年6月修改的《北京城市轨道交通安全运营管理办法》中，对乘客的各种危害城市轨道交通安全运营的行为作了规定，并且明确了运营单位工作人员应当履行的安全管理职责。另外，还要加强对乘客在紧急情况下逃生自救知识的宣传教育。

统计表明，几乎每一起重大事故都与地铁工作人员的失职有关。所以务必加强对工作人员的法治教育、技术教育、安全教育和职业道德教育。工作人员要牢记"安全第一"的运营准则，任何时候都不能麻痹大意。

（2）采用先进的设备及其检测体系　地铁的运营涉及众多人员和先进的设备。车辆因素、线路因素、信号标志等设备都直接关联到列车的安全运行。车辆所使用的阻燃材料是否合格，安全装置是否充足有效，车辆是否符合运行要求，车辆技术状况的好坏，都会直接影响到地铁运行安全。

上海地铁有两套自动防火设施，两级自动监控系统，一级设在车站，一级设在中央控制室。自动灭火喷淋系统，有水喷和气体喷两种，可以针对不同的火灾原因进行调度监控。地铁隧

道里还设有专门的排烟装置，一旦发生火灾，隧道内的事故风机系统就会启动，在最短时间内排出有毒烟雾，防止窒息。

北京地铁设有双组变电站供电、紧急照明和应急通风设施，即使在出现两个主变电站同时停电，列车失去牵引力最终停车时，也不会导致出现地铁"失控"现象。地铁的指挥系统，如调度电话、通讯系统等，在失电情况下仍能正常使用，它们全部由蓄电池供电。

(3) 建立自动监测及火灾自动报警系统　为了保证地铁的安全运行，每个地铁系统都应该具备监测及火灾自动报警系统（FAS）。FAS对于确保地铁的安全以及正常运营，具有极其重要的作用，成为地铁各系统中不可缺少的重要组成部分。受FAS系统保护的具体对象是全线车站、主变电所、车辆段及通信信号楼。地铁FAS系统必须是一个高度可靠的系统，接线简单，组网灵活，容易维修和扩展。控制中心（OCC）应有全线示意图，能监控全线的报警情况。

同时应具备无线电通信设备和有线通信紧急电话，车站工作人员和地铁司机可通过无线系统或有线电话向控制中心传递事态信息。车站内应装设全方位的监视器，实时收集站内各方位视频信息，通过站台内的CCTV视频传输系统实时查看和传输，不能出现有地铁发生火灾、爆炸、毒气而控制中心不知情的情况。列车上还配备有紧急报警按钮，发生火灾爆炸等意外事件时乘客可迅速按压此按钮通知司机。

(4) 制订应急方案并进行模拟演练　事故和火灾是难以杜绝的，必须高度重视应急预案的制订。"预防为主"是地铁安全正常运营的原则。"凡事预则立，不预则废。"不同的事故，其应急处理方法不同。只有事先制定多套突发事故应急预案，增强突发性事件的应急处理能力，才能把事故与灾害所造成的人员伤亡和财产损失降到最低程度。迅速的反应和正确的措施是处理紧急事故和灾害的关键。应急预案是对日常安全管理工作的必要补充。它的主要内容应该包括：指挥系统组织机构、应急装备的设置（主要包括报警系统、救护设备、消防器材、通信器材等）和事故处理与恢复正常运行。要做到不发生事故，保证地铁运营安全，除了加强对员工的安全思想教育、提高群体安全意识、健全各项规章制度、严肃劳动纪律和作业纪律、建立安全监督机构工作以外，进行事故应急处理模拟演练是十分必要的。增强全员安全生产意识，逐步提高各有关专业和工种的应变能力、协同配合能力和对事故的综合救援能力，达到锻炼员工队伍的目的。例如，北京地铁就在建国门站进行了名为"列车发生爆炸迫停隧道内的应急先期处置"模拟演习。

四、事故发生后的处理

1. 事故处理原则

发生事故时，要积极采取措施，迅速抢救，以"先通后复"的原则，尽快恢复运营，尽量减少损失。在事故处理的过程中相关人员要沉着冷静，不要急于求成，确保事故处理过程的安全，防止次生事故的发生。例如，在一些行车设备抢修中，车站值班员除了要加强与调度员等相关人员的信息沟通与交流外，还要做好抢修人员的安全防护，防止发生人身伤亡事故。

事故责任的判定，以事实为依据，以有关法规、规章为准绳，按照"四不放过"原则（即事故原因没有查清不放过、事故责任人没有得到严肃处理不放过、广大职工没有受到教育不放过、防范措施没有得到落实不放过）处理事故，查明原因，分清责任，吸取教训，制定措施，防止同类事故再次发生。

2. 事故发生后的处理对策

（1）乘客的安全疏散问题　根据全世界的地铁重大事故的经验和教训，乘客没有得到快速、及时、安全的疏散是造成严重后果的重要原因。所以，乘客快速、及时的安全疏散是整个地铁安全体系中极其重要的内容。一个完善的乘客安全疏散方案要尽可能详尽和具体。在1～2h不能恢复交通的情况下，地铁公司要赶紧联系公交公司，在各个地铁出口处设有开往不同地方的专车，来有效疏导乘客。还有发生事故后，地铁应担负起告知责任，不能以"故障"为借口，忽视甚至漠视乘客的知情权，导致乘客恐惧不安和混乱。

（2）建立事故处理系统　地铁事故的分析和处理是一项复杂的、经验性很强的技术工作，地铁发生事故的原因很多，要求快速、有效、准确地识别故障原因并采取有效措施及时恢复地铁正常运行，这还是一个值得深入研究的工作。近年来，在安全科学领域中计算机技术已与安全管理、安全评价、风险分析预测等工程技术广泛结合，并且推动了安全科学发展的进程。利用计算机准确及高速度的科学计算功能进行安全分析、事故诊断、安全决策等任务。目前，地铁普遍安装了计算机监控系统，但对状态监测的作用没有得到充分发挥，需要有一个后台的故障处理和分析系统来实现对监控信号的处理，充分实现系统的智能化监控，提高整个监控系统的利用率。

 任务操作

完成表7.2.2实训工单。

表7.2.2　实训工单　地铁事故应急预案拟订

任务训练一：拟订事故应急预案
（说明：通过分组以某城市地铁为例，拟订一份事故应急预案。）

 任务考核

一、单选题

1. （　　）是指在运营生产过程中，因违反规章制度、违反劳动纪律、违反作业纪律或技术要求，或因人员技能不高、设备技术状态不良及其他原因，造成人员伤亡、设备损坏、影响正常作业或危及安全生产的事件。

A. 事故　　　　　　B. 事件　　　　　　C. 故障　　　　　　D. 轻微故障

2. 未拿或错拿行车凭证发车属于（　　）。

A. 一般事故　　　　B. 险性事故　　　　C. 大事故　　　　　D. 重大事故

二、多选题

1. 故障是因设备质量原因或操作不当导致设备无法正常使用，须人工干预或维修的事件，根据表现和影响程度可分为（　　）。

A. 重大故障　　　　B. 轻微故障　　　　C. 一般故障　　　　D. 较大故障

2. 城市轨道交通事故按其内容分为（　　）。

A. 行车事故　　　　B. 设备事故　　　　C. 职工伤亡事故　　D. 火灾爆炸事故

三、判断题

1. 发生事故时，要积极采取措施，迅速抢救，以"先通后复"的原则，尽快恢复运营，尽量减少损失。（　　）
2. 事故责任的判定，以事实为依据，以有关法规、规章为准绳，按照"四不放过"原则。（　　）

四、思考题

1. 列举事故类型，并描述行车事故分类标准。
2. 说明事故的预防对策。

任务 7.3　车站突发事件应急处置

知识目标

1. 掌握车站突发事件的类型及处置原则；
2. 掌握车站常见突发事件的应急处置方法。

能力目标

1. 能识别车站突发事件的类型；
2. 能处置车站常见突发事件。

素质目标

培养学生安全第一的责任意识及具有对城市轨道交通应急事件处置的快速反应能力。

　任务引入

乘坐城市轨道交通（地铁、轻轨等）出行，了解车站突发事件的处置方法。

　任务分析

一、城市轨道交通突发事件的类型

城市轨道交通运营过程中的突发事件是指地铁运营管辖范围内突然发生，造成或者可能造成人员伤亡、财产损失和严重社会危害，危及地铁运营安全和公共安全，影响地铁运营秩序的紧急事件（事故）。

城轨运营过程中常见的突发事件分为 3 类：运营生产类、公共安全类、自然灾害类。

运营生产类包括突发性大客流、行车事故、设备故障等影响地铁运营的突发事件。公共安全类包括在地铁运营范围内发生爆炸、毒气、恐怖袭击、火灾、治安事件、公共卫生事件等影响地铁运营的突发事件。自然灾害类包括地震、台风、雷电、大雾、洪水、突发地质灾

二维码 7.2

害等影响地铁运营的突发事件。

各类突发事件按照其性质、严重程度、影响范围和可控性等因素分为4级：特别重大级（Ⅰ级）、重大级（Ⅱ级）、较大级（Ⅲ级）和一般级（Ⅳ级）。

一般级（Ⅳ级）指事态比较简单，运营秩序受到一定影响，依靠公司应急救援力量能够处置的突发事件（比照《行车事故处理规则》行车事故分类中的一般事故和事故苗头）。

较大级（Ⅲ级）指事态比较复杂，运营秩序受到较大影响，以公司应急救援力量处置为主，必要时请求相关外部救援力量支援的突发事件（比照《行车事故处理规则》行车事故分类中的险性事故）。

重大级（Ⅱ级）指事故复杂，运营秩序受到重大影响，已经或者可能造成重大人员伤亡、财产损失等后果，需要多部门联合处置的突发事件（比照《行车事故处理规则》行车事故分类中的较大事故）。

特别重大级（Ⅰ级）指事态非常复杂，运营秩序受到特别重大影响，已经或者可能造成特别重大人员伤亡、财产损失等后果，需要上级应急指挥机构统一协调指挥各方面力量处置的突发事件（比照《行车事故处理规则》行车事故分类中较大事故以上的事故）。

二、车站突发事件的报告

1. 车站突发事件的报告原则

（1）迅速、准确、完整的原则。

（2）逐级上报的原则　事故发生在区间，列车司机应立即上报行车调度员；事故发生在车站内或车厂内，车站值班站长或车厂调度员应立即上报行车调度员。

任何员工发现或接到突发事件信息，均应立即执行规定的通报流程，不得延误、中断或缺漏。

2. 车站突发事件报告前应采取行动

在报告事故前，站务人员应根据事故的严重性，果断采取下列其中一项行动。

① 若发现任何可能影响列车安全运行的情况，例如，信号设备损坏、异物落入轨道等异常情况，必须立即截停可能受影响的列车。截停列车的方法有：操作车站控制室内的紧急停车按钮；按动站台紧急停车按钮；向来车方向显示"紧急停车"手信号，或猛烈摇动任何物品。

想一想

手信号有哪些类型？有何应用？

② 若发现设备或装置有故障，则必须立即停用或隔离有关故障设备或装置。

3. 突发事件的报告内容

报告突发事件时，应尽可能全面，包括下列内容：报告人姓名、职务、单位；事件发生的时间（时、分）、地点（区间、百公尺标、千米标或轨道）；事件发生的概况、原因（若能初步判断）及对运营影响的程度；人员伤亡情况、设备设施损毁情况；已经采取的措施；请求救援的内容（如公安、消防、救护等）；其他必须说明的内容。

4. 车站突发事件的报告程序

突发事件发生后，现场人员应严格遵守报告程序迅速上报，调度控制中心根据当时各部门、各车站上报的情况及时汇总，确认突发事件性质、原因，作出准确判断，高效调动、协调企业内外资源，确保事态得到有效控制，力争将损失降到最低限度。因此，城市轨道交通运营企业内部必须建立起一套严格、高效的信息传递程序，如图7.3.1所示。

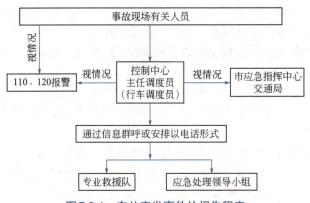

图7.3.1　车站突发事件的报告程序

三、车站常见突发事件的应急处置

1. 车站突发事件应急处置的原则

① 指导思想：先控制，后处置，救人第一。

② 现场应急处置的重点是控制事故源头、危险区域，组织人员撤离抢救受伤人员。

③ 各岗位员工应按规定程序及时间，及时向有关方面报告，迅速开展工作，尽一切可能控制事故的扩大，以减少伤害损失。

④ 各岗位员工应沉着冷静，严格执行规定的标准和程序，优先组织人员疏散、伤员抢救，做好乘客疏导和安抚工作，维持秩序，减少乘客恐慌。

⑤ 各岗位员工应坚守岗位，立即进入突发事件抢险救灾状态，兼顾重点设备和环境的防护，采取一切可能减少损失。

⑥ 兼顾现场的保护工作，以利于公安、消防和事件调查部门的现场取证。

⑦ 员工在应急事件处理时，坚持对外宣传归口管理的原则，不得擅自发布相关信息。

⑧ 坚持就近处理的原则，在上一级事故处理负责人到达现场前，现场人员担负临时事故处理负责人职责。

 小资料

2023年7月6日晚，在厦门地铁2号线吕厝站内，一名乘客突发疾病晕倒，心脏骤停失去意识，吕厝班组迅速使用AED设备（自动体外除颤仪）为乘客紧急救援挽回一条生命！目前，厦门地铁及BRT已实现了所有车站的AED设备全覆盖，按照四分钟可取的原则，设备被摆放在各车站公共区显眼位置，将进一步提高车站内的应急能力，为乘客搭建黄金救援通道。目前，厦门地铁已有1785名员工取得市红十字会颁发的急救证书，取

证率达到88.33%，今年内将实现全员100%的取证率，进一步提升厦门地铁突发事件应急处置能力。俗话说"活到老学到老"，终身学习是一种持之以恒的人生态度，也是让自己不断提升、实现突破的不二法门，作为服务行业的人员，更应当具备突发事件处理能力，不断提升自己，在平凡的岗位上创造不平凡的人生。

2. 车站应急处置流程

① 电客车撞人、压人应急处理流程（见表7.3.1）。
② 车站发现可疑物品应急处理流程（见表7.3.2）。
③ 错开车门事件应急处理流程（见表7.3.3）。
④ 站台火灾应急处理流程（见表7.3.4）。
⑤ 站厅火灾应急处理流程（见表7.3.5）。
⑥ 站台列车火灾应急处理流程（见表7.3.6）。
⑦ 区间列车火灾应急处理流程（列车无法前行）（见表7.3.7）。
⑧ 垂直电梯困人应急处理流程（见表7.3.8）。
⑨ 扶梯客伤应急处理流程（见表7.3.9）。
⑩ 车站大面积停电应急处理流程（见表7.3.10）。
⑪ 站台门故障应急处理流程（见表7.3.11）。
⑫ 站台门/车门夹人夹物应急处理流程（见表7.3.12）。
⑬ 恶劣天气应急处理流程（见表7.3.13）。
⑭ 大客流应急处理流程（见表7.3.14）。
⑮ 车站应急疏散、关站、开站应急处理流程（见表7.3.15）。
⑯ 车站设备房（无高压细水雾）发生火灾应急处理流程（见表7.3.16）。
⑰ 车站设备房（有高压细水雾）发生火灾应急处理流程（见表7.3.17）。
⑱ 车站防汛抢险应急处理程序（见表7.3.18）。

表7.3.1 电客车撞人、压人应急处理流程

值班站长	行车值班员	客运值班员	客服中心	站台岗	保安、保洁
1. 接到OCC的指示，担任现场指挥人指挥事故处理； 2. 执行本应急预案，通知车站员工有关事故； 3. 视现场情况判断，通知站务人员启动客流控制方案； 4. 获得行车调度授权后，立即前往事发地点并穿戴：荧光衣、安全帽、一次性胶手套，带上手电筒、对讲机、照相机、裹尸袋、担架、急救药箱等； 5. 查找伤者，由车头开始搜索列车底部，寻找被撞到的人（如车站为侧式站台，则沿列车两旁同时搜索）； 6. 初步确认列车停车位置、当事人位置，用相机从不同角度进行拍照取证；与司机沟通后，如有需要组织疏散列车乘客，得到行车调度同意后按区间疏散处理；	1. 接到关于发生轧人事件的通知，按压IBP盘的紧急停车按钮并通知行车调度值班站长事故发生的时间、地点及车次，并及时记点； 2. 报（副）站长、地铁公安、120和保险公司及按信息报告程序报相关人员； 3. 通过CCTV密切监视车站现场情况，做好与行车调度的联系工作和与上级的联系汇报工作；	1. 接到通知后组织车站客流控制及票务工作； 2. 合理安排车站人员及驻站人员（保安、保洁）维持车站秩序，做好乘客的引导及解释工作；	1. 接到通知后听从客运值班员指挥，做好退票及解释工作；	1. 发现电客车撞人、轧人时，及时按紧停按钮，报车控室； 2. 接到通知后携带备品与值班站长一起前往事发地点，听从值班站长的指挥； 3. 当寻找到目击证人后，记录证人的姓名、地址、身份证号码及联络电话号码，将以上信息转交给值班站长；	1. 接到行车值班员通知后到消防出入口外接支援人员； 2. 听从客运值班员指挥，维持车站秩序，做好乘客解释工作；

续表

值班站长	行车值班员	客运值班员	客服中心	站台岗	保安、保洁
7. 搜索到被撞倒的人之后，与行车值班员联系，将受伤情况汇报行车调度，听从行车调度指挥，需要搬运伤亡者的，应须征得公安的同意或在其指导下进行； 8. 寻找2个及以上目击证人，记录证人的姓名、地址、身份证号码及联络电话号码，将以上信息转交给现场的公安人员； 9. 伤员移走后，在列车开动前，确保线路出清； 10. 用无线电手持台通知值班员和司机线路出清； 11. 用担架将当事人抬到出口外等候120，疏散围观乘客，并安排一名站务人员跟120车送往医院； 12. 通知车控室轨道上已经畅通，得到行车调度列车服务可以恢复，并恢复车站正常运营； 13. 到车站写事件经过并配合公安人员调查	4. 安排一名保洁到消防出入口外接支援人员（120、消防）； 5. 通过广播、乘客信息显示系统（PIS）向乘客发布服务延误信息，建议换乘其他交通工具； 6. 接到行车调度通知接触轨已经停电命令并允许下轨作区，立即通知值班站长； 7. 与值班站长及行车调度联系，确保信息传达； 8. 行车调度授权后按压IBP盘上的取消紧停按钮，取消后报行车调度及值班站长； 9. 列车服务恢复后，恢复车站正常运营； 10. 写事件经过并配合公安人员调查	3. 列车服务恢复后，恢复车站正常运营	2. 列车服务恢复后，恢复车站正常运营	4. 伤员移走后，在列车开动前，确保线路出清； 5. 列车服务恢复后，恢复车站正常运营； 6. 写事件经过并配合公安人员调查	3. 列车服务恢复后，恢复车站正常运营

表7.3.2　车站发现可疑物品应急处理流程

值班站长	行车值班员	客运值班员	客服中心	站台岗	保安、保洁
1. 立即赶赴现场，判断为可疑物品时，组织人员隔离现场，疏散附近乘客，及时向车控室反馈信息； 2. 做好关站清客的准备工作。需要时地铁公安要求清客关站，安排组织乘客疏散，配合地铁公安处理。安排客值在站厅组织疏散工作，张贴告示； 3. 地铁公安处理完毕后，共同确认现场情况，通知车控室，组织恢复车站正常运营工作	1. 接到发现无人看管物品的信息，通知值班站长赶赴现场确认。反复播放失物广播，寻找失主； 2. 接到汇报判断为可疑物品时，报行车调度、地铁公安、（副）站长。通知各岗位做好启动应急预案准备； 3. 实施关站时，做好乘客广播，将闸机设为常开，关闭TVM，组织疏散； 4. 接到值班站长汇报处理完毕，恢复运营的通知，报行车调度、（副）站长。通知各岗位，做好恢复正常运营工作	1. 接到发现可疑物品的信息后，立即赶到现场协助值班站长疏散围观乘客，执行值班站长的工作指示； 2. 接关站的通知，到站厅组织乘客疏散和解释工作，确认乘客疏散完毕后关闭出入口，张贴告示，报车控室； 3. 检查车站AFC、相关设备设施满足运营条件，向车控室汇报。车站恢复正常客运组织工作，开启出入口，揭除告示	1. 关站时，收好票款、票据、车票，锁好客服中心，在站厅协助客值做好乘客疏散及安抚工作； 2. 检查客服中心相关设备使用正常后报车控室，恢复车站正常运营工作	1. 询问周围乘客，确认是否是附近乘客遗失物品。若无人认领，汇报车控室； 2. 配合值班站长隔离现场，疏散围观乘客，做好乘客安抚工作，组织站台乘客乘降，执行值班站长的工作指示； 3. 接到恢复车站正常运营的通知后，组织恢复车站正常运营工作	1. 发现无人看管物品信息，通知站台岗，并询问周围乘客是否是附近乘客遗失物品； 2. 确认为可疑物品时，保安协助疏散围观乘客，做好站台乘客乘降组织工作； 3. 实施清客关站时，听从值班站长指挥协助组织乘客疏散，关闭出入口并张贴告示； 4. 恢复运营时，执行值班站长的工作指示，开启出入口，揭除告示

表7.3.3　错开车门事件应急处理流程

值班站长	行车值班员	客运值班员	客服中心	站台岗	保安、保洁
1. 带站务人员赶赴现场，到达后通知司机打开正确侧车门，协助站台维持现场秩序，做好应急工作的准备。及时向车控室反馈信息。 2. 得到行车调度已经停电并同意下轨的通知后，听从现场处置负责人指令，带站台人员进入轨行区分别查看有无乘客或物品掉入轨行区，两人分别在车头、车尾处使用应急灯探照查看，每人负责三节车厢。 3. 出清轨行区后，将检查情况报告现场处置负责人及行值，如有伤者应按照《发生乘客伤亡应急预案》处理	1. 接到车站汇报后，立即通知值班站长赶赴现场确认，告知行车调度，并按信息汇报流程通知相关领导。（若为侧式站台，则立即按压紧急停车按钮）。 2. 利用CCTV对站台做好监控，做好车站广播，提醒乘客请勿乘坐本次列车；并对相关时间点进行记录；做好信息的传递。 3. 接到停电命令后告知值班站长，并向行车调度请求下轨行区，行车调度同意后告知值班站长。 4. 记录车站人员下轨行区的时间点。 5. 将人员出清及检查情况报告给行车调度，记录人员出清时间点，如有伤者应按照《客伤处理流程》处理。 6. 如为司机人为原因造成错开车门，则接行车调度送电及恢复正常运营的通知后，通知各岗位轨行区送电，恢复正常运营。 7. 如非司机人为原因造成错开车门，则听从行车调度指令，通知各岗位开始清客	1. 接到信息后，立即赶到现场协助值班站长疏散围观乘客，执行值班站长的工作指示。 2. 配合司机负责检查后三节车厢车上有无人员或物品掉入。 3. 将检查结果反馈给司机与行值	收好票款、票据、车票，锁好客服中心，在站厅协助做好乘客引导工作	1. 及时汇报车控室，并维持后站台秩序，安抚乘客情绪（若为侧式站台，则立即按压紧急停车按钮）。 2. 配合值班站长疏散围观乘客，做好乘客安抚工作，执行值班站长的工作指示。 3. 配合值班站长，进入轨行区分别查看有无乘客或物品掉入轨行区，两人分别在车头、车尾处使用应急灯探照查看，每人负责三节车厢	1. 听从车站人员指挥，配合车站工作人员工作。 2. 维持好站台秩序，疏散围观乘客

表7.3.4　站台火灾应急处理流程

值班站长	行车值班员	客运值班员	客服中心	站台岗	保安、保洁
1. 接到行值通知后，立即到现场确认情况，并及时将确认结果通知行值，指挥现场处理，组织相关岗位人员立即疏散周边乘客，在确保人身安全的情况下尝试初期灭火。 2. 初步判断火灾原因、是否可控、是否有人员受伤，报车控室，并及时抢救伤员。 3. 确认火势不可控时，下达疏散乘客命令，戴好防毒面具，安排人员向乘客发放防护用品（湿巾）；下达疏散乘客命令，安排人员在出入口拦截乘客进站、张贴停运告示及在出入口接应消防队员。	1. 收到火警信息后，通知就近人员到报警点确认火警，并将情况报告值班站长，将CCTV摄像头对准事发现场，时刻关注车站动态，并记录各个时间点。 2. 确认发生火灾后，确认ISCS是否自动执行火灾模式（如系统未自动执行，人工执行火灾模式），并报OCC、地铁公安（110、119、120 待定）。 3. 及时将乘客疏散和灭火情况报告行车调度，并与行车调度、值班站长保持联系。	1. 按照值班站长指示组织车站乘客疏散工作。 2. 必要时到车控室协助行车值班员相关工作。	1. 听从值班站长安排，保护好票款、车票和票据，打开闸门，利用手提广播到站厅拦截进站乘客并作好解释工作。 2. 接通知确认站厅相关设备运行状态后并报车控室	1. 第一时间确认火情位置、是否可控，汇报车控室，疏散事发区域乘客，合理选用灭火工具，尝试灭火，并报车控室。	1. 按照值班站长指示帮助疏散车站乘客。

续表

值班站长	行车值班员	客运值班员	客服中心	站台岗	保安、保洁
4. 确认站厅、站台所有乘客已疏散完毕，及时将现场情况报车控室，如火势较大，组织车站人员撤离。 5. 消防队到现场后，将有关信息通报给消防负责人，协助控制火情。 6. 火灾扑灭后，确认无安全隐患，组织车站员工进行恢复运营的准备工作	4. 检查火灾时各设备运行状态：通过ISCS、IBP盘确认电梯、AGM、TVM、广播等是否是紧急模式，无法实现自动广播时使用人工广播，并使用CCTV确认电梯无困人，并对站内的设备执行情况进行确认，安排人员手动操作未执行到位的设备；站台排烟情况汇报环调。 5. 火灾结束后按行车调度指示做好恢复运营工作	3. 火灾处理完毕后，组织票务相关运营恢复工作	3. 听从值班站长安排，疏导乘客出站	2. 确认火灾不可扑救后，立即组织站台乘客向站外疏散	2. 按照值班站长指示到站厅帮助拦截进站乘客并做好解释工作

表7.3.5　站厅火灾应急处理流程

值班站长	行车值班员	客运值班员	客服中心	站台岗	现场发现人员
1. 接到行值通知后，立即到现场确认情况，并及时将确认结果通知行值，指挥现场事故处理，将火势大小、区域、性质、是否需要疏散乘客、是否影响行车等汇报车控室、(副)站长，组织相关岗位人员立即疏散周边乘客，确保自身安全的情况下尝试初期灭火。 2. 初步判断火灾原因、是否可控、是否有人员受伤，报车控室，并及时抢救伤员。 3. 确认火势不可控时，下达车站疏散命令，组织疏散乘客，安排人员在出入口拦截乘客进站、张贴停运告示及在出入口接应消防队，接到空车疏散站台乘客时，做好现场组织工作。 4. 消防队到现场后，将有关信息通报给消防负责人，协助控制火情。 5. 确认站厅、站台所有乘客已疏散完毕，及时将现场情况报车控室，如火势较大，组织车站人员撤离。 6. 火灾扑灭后，确认无安全隐患，组织车站员工进行恢复运营的准备工作	1. 收到火警信息后，通知就近人员到报警点确认火警，并将情况报告值班站长，将CCTV对准事发现场，时刻关注车站动态，并记录各个时间点。 2. 确认发生火灾后，确认ISCS是否自动执行火灾模式（如系统未自动执行，安排人工执行火灾模式），并报OCC、(副)站长、地铁公安。 3. 及时将乘客疏散和灭火情况报告行车调度，并与行车调度员、值班站长保持联系，行车调度员安排空车至车站疏散乘客时应及时通知车站各岗位，并做好相应广播。 4. 影响行车时，按压紧停按钮，阻止后续列车进站。 5. 检查设备执行状态：通过ISCS及IBP盘确认电梯、闸机、TVM、广播等是否是紧急模式，并使用CCTV确认电梯无困人，并对站内的设备执行情况进行确认，安排人员手动操作未执行到位的设备。 6. 火灾结束后按行车调度指示做好恢复运营工作	1. 按照值班站长指示组织车站乘客疏散工作。 2. 必要时到车控室协助行车值班员相关工作。 3. 火灾处理完毕后，做好票务相关运营恢复工作	1. 发现（或被告知）站厅起火，立即保护好票款、车票和票据，现场确认火情，将情况报车控室，疏散周围乘客，使用灭火器尝试灭火。 2. 听从值班站长安排，打开边门，确认相关设备运行状态后报车控室，协助灭火或组织乘客疏散	1. 听从值班站长安排，确认相关设备运行状态、协助灭火或组织乘客疏散。 2. 维持站台秩序，听从值班站长指令行动，引导乘客有序组织出站	1. 第一时间确认火情是否可控，疏散事发区域乘客，合理选用灭火工具，尝试灭火，并报告车控室。 2. 确认火灾不可扑救后，立即组织站厅乘客向站外疏散

表7.3.6　站台列车火灾应急处理流程

值班站长	行车值班员	客运值班员	客服中心	站台岗	司机
1. 接到行值通知后，立即赶往现场组织疏散乘客、抢救伤员，司机无法打开站台门时，通知车控室IBP盘打	1. 接通知后，将情况报值班站长，将CCTV对准事发现场，时刻关注车站动态，并记录各个时间点	1. 按照值班站长指示组织车站乘客疏散工作。	1. 听从值班站长安排，保护好票款、车票和票据，打开边门，	1. 应现场确认并报告车控室火灾位置、大小、火灾性	1. 迅速判明火情，立即打开车门、站台门，并

续表

值班站长	行车值班员	客运值班员	客服中心	站台岗	司机
开站台门,若仍无法开启,立即组织人员手动打开站台门;判断是否启动预案。 2. 组织灭火,在使用水进行灭火时,要先确认有关设备已停电,并将现场人员伤亡情况报车控室。 3. 安排人员张贴告示。 4. 安排站务人员或保安到紧急出入口等候和引导消防、救护人员进站,确认所有乘客撤离后,报车控室。 5. 消防队到现场后,将有关信息通报给消防负责人,协助控制火情。 6. 当事件转由上级部门进行处置时,配合事件的处置及调查等相关工作。 7. 火灾扑灭后组织车站员工进行恢复运营的准备工作	2. 确认发生火灾后,检查ISCS是否自动执行火灾模式(如系统未自动执行,可在AIS人工执行火灾模式),并报OCC、(副)站长和地铁公安(110、119、120待定)。 3. 及时将乘客疏散、人员伤亡、灭火情况报告行车调度,并与行车调度、值班站长保持联系。 4. 通过ISCS及IBP盘确认电梯、闸机、TVM、广播等是否是紧急模式,并使用CCTV对站内的设备执行情况进行确认,安排专人手动操作未执行到位的设备并向值班站长汇报。 5. 将消防队灭火情况及时向OCC汇报。 6. 火灾结束后按行车调度指示做好恢复运营工作	2. 必要时到车控室协助行车值班员相关工作。 3. 火灾处理完毕后,做好票务相关运营恢复工作。 4. 火灾结束后按值班站长指示做好恢复运营工作	利用手提广播到站厅拦截进站乘客并做好解释工作。 2. 接通知确认站厅相关设备运行状态后并报车控室。 3. 听从值班站长安排,疏导乘客出站。 4. 火灾结束后按值班站长指示做好恢复运营工作	质等,第一时间组织并引导乘客疏散。 2. 尝试灭火,确认火灾不可扑救后,立即组织站台乘客向站外疏散,确认站台乘客疏散完毕后报车控室。 3. 听从值班站长安排,组织乘客疏散。 4. 火灾结束后按值班站长指示做好恢复运营工作	报告行车调度现场情况。 2. 广播安抚乘客,引导其使用灭火器自救,并组织乘客疏散。 3. 配合车站灭火或者引导乘客疏散

表7.3.7 区间列车火灾应急处理流程(列车无法前行)

值班站长	行车值班员	客运值班员	客服中心	站台岗	司机
1. 接到列车发生火灾在区间被迫停车的信息后,立即通知各岗位员工执行车站紧急疏散程序,组织车站乘客疏散,准备好消防器材。 2. 接到行值转发行车调度关于列车发生火灾并停在区间需疏散的通知后,佩戴好防护用品,立即带领站务人员进入区间按照相关规定疏散乘客,并指定相关人员负责组织车站乘客的疏散。 3. 安排站务员/保安到紧急出入口等候和引导消防、救护人员进站。 4. 确认和线路出清、乘客疏散完毕后,报告车控室行车值班员,组织乘客向站外疏散。 5. 消防队到火场后,将灭火工作交给消防队员。 6. 当事件由上级部门进行处置时,配合进行事件的处置及调查等相关工作	1. 接到火灾报告后,立即报告值班站长,并详细记录下各时间点信息。 2. 闸机设置为紧急模式状态,广播引导乘客疏散。 3. 接到进行区间疏散的通知后,立即通知值班站长执行。 4. 若在高架区段,接到行车调度空车前往疏散的命令后,立即通知车站各岗位。 5. 及时将乘客疏散和灭火情况报告行车调度,并与行车调度、值班站长保持联系。 6. 联系地铁公安到车站维持秩序	1. 携带无线通信设备、手提广播组织乘客疏散。 2. 必要时到车控室协助行车值班员相关工作	1. 听从值班站长安排,保护好钱和票,打开边门,利用手提广播到站厅拦截进站乘客并作好解释工作。 2. 听从值班站长安排,疏导乘客出站,必要时随同值班站长前往区间疏散。 3. 确认站厅乘客全部疏散出站后报车控室	1. 引导乘客疏散,如区间疏散时立即打开疏散侧的端墙门按要求佩戴防护用品。 2. 听从值班站长安排,疏导乘客出站,必要时随同值班站长前往区间疏散	1. 列车发生火灾在区间被迫停车后,司机须迅速判明火情,立即报告行车调度。 2. 广播安抚乘客,引导其使用灭火器自救,并组织乘客疏散。 3. 配合车站灭火、疏散乘客

表7.3.8　垂直电梯困人应急处理流程

值班站长	行车值班员	客运值班员	现场发现人员	保安、保洁
1. 发生电梯困人时，立即到现场了解情况。 2. 安抚乘客，缓解乘客情绪。 3. 告知被困乘客不要倚靠轿厢门，不要擅自扒开、撬砸轿厢门。 4. 设置电梯停用标志和隔离带，禁止乘客乘坐故障电梯。 5. 维修人员到后，提供协助。 6. 乘客救出后，安抚乘客，了解其受伤情况。	1. 接到乘客被困电梯信息时，立即查看CCTV，用电梯应急电话安抚被困乘客，并报值班站长、维调，记录好各时间点信息。 2. 做好与维调、车站各岗位、维修之间的信息传递，密切监视被困人员情况。 3. 视被困乘客出现伤亡情况，报维调。	1. 协助值班站长处理，维持现场秩序。 2. 准备好应急药箱，必要时使用。	1. 发现乘客被困电梯，立即汇报车控室。 2. 疏散围观乘客，协助值班站长做好隔离防护。	1. 发现乘客被困电梯，立即汇报车控室。 2. 疏散围观乘客，协助值班站长做好隔离防护。

表7.3.9　扶梯客伤应急处理流程

值班站长	行车值班员	客运值班员	现场发现人员	保安、保洁
1. 接报后，立即赶往现场，了解乘客受伤情况，安抚乘客。 2. 如乘客有明显外伤，做简单包扎处理。 3. 乘客伤势较重时，立即派人送往医院或拨打OCC电话，并设法与其家人取得联系，按《车站运作规则》中客伤处理流程进行处理。 4. 安排人员寻找目击证人，拍照，了解事发经过。 5. 设置停止使用扶梯标志牌和铁马，疏散围观乘客。 6. 乘客有生命危险或发生多人同时受伤或有迹象显示事发时扶梯发生故障时，立即隔离、保护现场。	1. 接到报告后，立即汇报值班站长、维修调度，地铁公安记录好相关时间点，加强CCTV监控。 2. 后续工作视乘客受伤情况，按《车站运作规则》中客伤处理流程进行处理。 3. 负责后续维修的登记、销记。	1. 接报后，立即赶往现场，了解乘客受伤情况，安抚乘客。 2. 如乘客有明显外伤，做简单包扎处理。 3. 乘客伤势较重时，立即派人送往医院或拨打OCC电话，并设法与其家人取得联系，按《车站运作规则》中客伤处理流程进行处理。 4. 安排人员寻找目击证人，拍照，了解事发经过。 5. 设置停止使用扶梯标志牌和铁马，疏散围观乘客。 6. 乘客有生命危险或发生多人同时受伤或有迹象显示事发时扶梯发生故障时，立即隔离、保护现场。	1. 发现扶梯有夹人、乘客跌倒等情况，立即停止扶梯运行，停止运行前须提醒其他乘客注意站稳。 2. 汇报行车值班员、值班站长。 3. 了解乘客受伤情况，安抚乘客。	1. 发现扶梯有夹人、乘客跌倒等情况，立即停止扶梯运行，停止运行前须提醒其他乘客注意站稳。 2. 汇报就近的车站工作人员，让其汇报行车值班员、值班站长。 3. 了解情况，安抚乘客，并疏散周围无关乘客。

表7.3.10　车站大面积停电应急处理流程

值班站长	行车值班员	客运值班员	客服中心	站台岗	保安、保洁
1. 通知各岗位执行大面积停电应急处置程序。指挥疏散乘客。 2. 组织人员在楼扶梯等关键点摆放应急照明灯。 3. 接关站通知后组织关闭各出入口，安排员工检查电梯是否困人。 4. 收集各岗位情况，做好停运安排。 5. 接到供电恢复的通知后，做好运营恢复工作。 6. 接到恢复运营的通知后，组织撤除告示，开启出入口。	1. 向行车调度了解停电的原因及恢复时间，并及时汇报值班站长。 2. 接到行车调度发布大面积停电、列车停运、车站关闭的命令后，立即通知值班站长。 3. 按值班站长指示，操作执行AFC紧急模式，广播引导乘客出站。 4. 确认站内乘客疏散完毕后报行车调度。 5. 接到供电恢复的通知后，通知各岗位做好恢复运营准备。 6. 检查车控室设备情况，向行车调度报车站运营准备工作，并向行车调度了解列车运行及恢复情况。	1. 携带照明灯具，至站厅疏散乘客。 2. 确认疏散完毕后，报车控室。 3. 接到关站通知后组织保洁到出口张贴停止服务的告示，阻拦进站乘客（留一个出入口疏散人员）。 4. 与车控室保持联系，做好站内乘客疏散与解释工作。 5. 收到供电恢复的通知后，检查AFC设备、各种服务设备设施是否正常，并报车控室。	1. 收好钱和票、关闭客服中心，打开门岗。 2. 做好站厅乘客疏散和解释工作。 3. 收到供电恢复的通知后，关闭边门，协助客值检查AFC设备、各种服务设备设施是否正常，并报车控室。	1. 疏散站台乘客，做好乘客解释工作，确认站台疏散完毕后报车控室。 2. 接到供电恢复的通知后，检查站台扶梯、站台门等设备设施情况是否具备运营条件，报车控室。	1. 按照值班站长指示协助客运值班员做好乘客疏散工作。 2. 按照值班站长指示协助客运值班员做好出入口张贴停止服务的告示，阻拦进站乘客。 3. 按照值班站长指示协助做好站厅乘客解释工作。

表7.3.11　站台门故障应急处理流程

值班站长	行车值班员	客运值班员	站台岗
1. 接车控室报告站台门故障后，启动本方案，携带故障贴纸至现场了解情况。 2. 两对及以下站台门故障（打不开或关不上）时，做好站台乘客引导，加强站台安全防护。 3. 两对以上门打不开时，按行值指示，协助站台打开并隔离每节车厢第2扇车门对应的滑动门，加强站台巡视，配合站台岗将故障门手动打开并张贴故障贴纸；列车出清后拉安全线做好防护。 4. 两对以上门关不上时，加强站台巡视，列车出清后配合站台岗张贴故障贴纸并拉安全线做好防护。 5. 确认故障修复后，通知各岗位终止本方案	1. 发现或接站台汇报站台门故障时，立即报OCC、值班站长，做好各时间点的记录。 2. 两对及以下门打不开时，安排站台岗将故障门手动打开，张贴故障贴纸。通过CCTV加强对站台监视，并做好广播引导工作。 3. 两对及以下门关不上时，安排站台岗将故障门隔离，张贴故障贴纸。通过CCTV加强对站台监视，并做好广播引导工作。 4. 两对以上门打不开时，若PSL手动开门失败，根据OCC命令，操作IBP盘开门，做好应急广播，若IBP盘开门失败，报OCC；安排站台岗打开并隔离故障侧相应滑动门。通过CCTV加强对站台监视，并做好广播引导工作；安排站台岗待车门关闭，确认车门与站台门之间无异物后向司机显示"好了"手信号，列车出清后张贴故障贴纸并拉安全线做好防护。 5. 两对以上门关不上时，安排站台岗加强站台巡视，若PSL手动关门失败，根据OCC命令，操作IBP盘关门，做好应急广播，若IBP盘关门失败，报OCC。通过CCTV加强对站台监视，并做好广播引导工作，安排站台岗故障处理后，确认车门与站台门之间无异物后向司机显示"好了"手信号，列车出清后张贴故障贴纸并拉安全线做好防护。 6. 维修人员到达现场后，负责向行车调度请示，并根据车站的客流情况，安排维修人员进行抢修，通过CCTV加强对站台监视，并做好广播引导工作。 7. 后续列车加强车站站台乘客广播，引导乘客从正常门上车。 8. 接维修人员故障修复通知后，利用下一列车进行一次相应侧的站台门开关门试验，报OCC、值班站长	1. 两对及以下站台门故障（打不开或关不上）时，配合站台岗将故障门手动打开并张贴故障贴纸；列车出清后拉安全线做好防护。 2. 两对以上门打不开时，按行值指示，协助站台打开并隔离每节车厢第2扇车门对应的滑动门，加强站台巡视，配合站台岗将故障门手动打开并张贴故障贴纸；列车出清后拉安全线做好防护。 3. 两对以上门关不上时，加强站台巡视，列车出清后配合站台岗张贴故障贴纸并拉安全线做好防护。	1. 发现站台门故障，引导乘客从其他门上下车并报行值。 2. 两对及以下门打不开时，将故障门手动打开并张贴故障贴纸，完成后向行值汇报，待车门关闭，确认该处车门与站台门之间无异物后向司机显示"好了"手信号，加强故障门处乘客引导；列车出清后拉安全线做好防护。 3. 两对及以下门关不上时，立即至现场排故（主要查看故障门是否卡有异物，车门、站台门是否夹人夹物，故障无法及时排除，将故障门隔离，完成后向行值汇报，待车门关闭，确认车门与站台门之间无异物后向司机显示"好了"手信号，加强故障门处乘客引导；列车出清后拉安全线做好防护。 4. 两对以上门打不开时，按行值指示打开并隔离每节车厢第2扇车门对应的滑动门，待车门关闭，确认车门与站台门之间无异物后向司机显示"好了"手信号，加强故障门处乘客引导。列车出清后张贴故障贴纸并拉安全线做好防护。 5. 两对以上门关不上时，加强站台巡视，故障处理后，确认车门与站台门之间无异物后向司机显示"好了"手信号，加强故障门处乘客引导。列车出清后张贴故障贴纸并拉安全线做好防护。 6. 配合做好安全防护，后续列车自后方站开出后，通知维修人员停止抢修

表7.3.12　站台门/车门夹人夹物应急处理流程

值班站长	行车值班员	客运值班员	站台岗
1. 接车控室报告站台/车门夹人夹物后，立即赶赴现场，启动本方案。 2. 加强站台安全巡视，做好乘客疏导；列车离站后，通知各岗位终止本方案。 3. 列车离站后，通知各岗位终止本方案	1. 发现或接站台汇报站台/车门夹人夹物后（若此时车门已关闭司机返回驾驶室，应先按压相应紧停按钮），通知司机、站台岗，报OCC、值班站长。 2. 使用CCTV加强现场监控，视情况做好应急广播。 3. 做好与OCC、车站各岗位之间的信息传递；做好时间点的记录工作。 4. 若站台门/车门夹人夹物后，如此时车门已关闭司机返回驾驶室时，根据OCC命令，通知站台岗配合司机开关门作业，疏导乘客或清除异物。 5. 确认车门与站台门之间异物清除，车门与站台门关闭后（若为站台门/车门夹人夹物后，且车门已关闭司机返回驾驶室情况应先取消相应紧急停车按钮），布置站台岗向司机显示"好了"手信号，通知司机	加强站台安全巡视，协助清理障碍物，做好乘客疏导	1. 发现站台门/车门夹人夹物后（若此时车门已关闭司机返回驾驶室，应先按压相应紧停按钮），报车控室。 2. 若站台门/车门夹人夹物后常开，应按行值指示，疏导乘客，清理障碍物，在车门、站台门关闭，确认该处车门与站台门之间无异物后，报行值，按行值指示，向司机显示"好了"手信号。 3. 若站台门/车门夹人夹物后车门已关闭司机返回驾驶室，应按行值指示，配合司机开关门作业，确认乘客安全或清除异物，报行值，接行值通知后向司机显示"好了"手信号

表7.3.13 恶劣天气应急处理流程

(1) 大雪天气

值班站长	行车值班员	客运值班员	客服中心	站台岗	保安、保洁
1. 启动该应急预案，合理布置各岗位应急工作，做好安全预想。 2. 迅速带领站务员前往轨行区（高架站）将道岔区段积雪清理干净（若持续大雪则不定期地进行积雪的清理），在运营结束后将硬板纸或纱布等铺设在道岔区段，并在夜间与信号专业联动防护。 3. 清除出入口、通道等区域的积雪，并在出入口、楼梯、站台门出入处等关键位置设置防滑垫，（并视情况在关键位置撒盐）。 4. 根据需要不间断地加强出入口、站厅、站台的巡视，注意出入口地面的冰雪情况。 5. 做好各出入口、通道的乘客疏散工作	1. 及时向行车调度汇报车站受冰雪影响的情况以及道岔区段（高架）积雪情况、行车条件。记录发现下雪开始点，采取该应急预案点等各项重要事件的关键时间点。 2. 做好信息传递工作。 3. 循环播放大雪天气、防滑倒等广播。 4. 利用CCTV加强对站台、站厅以及出入口的监控，时刻关注行车情况，发现险情立即报告值班站长，并视情况报行车调度。	1. 做好出入口、通道滞留乘客的疏导工作。 2. 列车因大雪延误或停运时做好相关退票和乘客解释工作。 3. 协助值班站长清除积雪	1. 协助客运值班员做好乘客引导工作。 2. 协助客运值班员在特殊情况下的退票及乘客解释工作	1. 随时注意乘客的动态，如发生意外情况上报车控室。 2. 注意列车运行，随时观察岔区情况。 3. 做好协助值班站长铺设防滑垫、清理积雪等监督工作	听从值班站长的指挥做好设置"小心地滑"牌、铺设防滑垫、清理积雪等工作

(2) 大风天气（高架站）

值班站长	行车值班员	客运值班员	客服中心	站台岗	保安、保洁
1. 启动该应急预案，合理布置各岗位相关应急工作，做好安全预想。 2. 做好车站实施防风应急措施，如在出入口设置防风帘等。 3. 将车站外一些移动、不固定的器具、设备等固定牢，将一些暂时不用的站外设备；（如标识牌等）回收到车站内。 4. 必要时做好关站工作，做好启动公交接驳应急预案的准备	1. 及时将情况及已采取的措施汇报给行车调度。 2. 记录关键时间点。 3. 循环播放大风天气注意安全的广播。 4. 利用CCTV加强对站台、出入口等被大风影响的区域的监控，发现险情立即汇报值班站长，视情况报行车调度	1. 做好车站滞留乘客的疏导工作。 2. 乘客因大风无法登乘时做好相关退票及乘客解释工作。 3. 协助值班站长做好防风措施	1. 协助客运值班员做好乘客疏导工作。 2. 协助客运值班员在特殊情况下的退票及乘客解释工作。 3. 协助值班站长做好防风措施	1. 随时注意乘客的动态，如发生意外情况上报车控室。 2. 注意列车运行，随时观察岔区情况。 3. 协助值班站长做好站台设备固定工作。 4. 在PIS正下方做好围闭防护工作	协助值班站长、站台岗固定工作

表7.3.14 大客流应急处理流程

客流级别	值班站长	行车值班员	客运值班员	客服中心	站台岗	备班人员	保洁、保安
三级	1. 值班站长收到突发大客流情况的汇报后，通知启动大客流应急处理流程。 2. 安排备班人员去客值处领取预制单程票及找零钱款，加开售票窗口。 3. 安排保安在进站闸机处引导乘客进站。 4. 安排客值改变电扶梯运行方向，将扶梯统一改为上行方向。 5. 安排人员做好临时导向标志、告示牌、等客运设施的准备、设置工作	1. 接到值班站长开始售卖预制单程票的通知后，立即报行车调度，并通知车站各岗位人员；将喇叭等备品发给相关人员。 2. 通过CCTV不断监控车站客流情况，播放相应的广播，以疏导客流。 3. 记录相关时间点，做好各岗位间信息传递	1. 接报后给售票员配备足够的零钞；给备班人员配好足够的应急纸票与找零钱款，并与其做好交接工作。 2. 到站厅检查AFC设备的状态和引导乘客。 3. 接到值班站长通知后，将车站扶梯均改为上行方向，改换扶梯运行方向前须确认扶梯上无乘客	做好票卡处理和乘客服务工作，及时引导疏散客流，加快乘客事务处理速度	接报后加强对站台乘客的监控，维持站台乘客上下车秩序	1. 接报后立即前往票务室领取预制单程票与相应找零钱款，做好预制单程票售卖准备工作。 2. 至临时售卖窗口开始售预制单程票	1. 至车控室领取喇叭，听从值班站长指挥，至TVM、GATE、站厅、站台、电扶梯等处疏导客流。 2. 听从值班站长指挥，做好临时导向标志、告示牌等客运设施的准备、设置工作

续表

客流级别	值班站长	行车值班员	客运值班员	客服中心	站台岗	备班人员	保洁、保安
二级	1. 若客流持续增大，车站客流过多，凭本站人员难以应对时，立即通知行值申请邻站支援；支援人员到场后，安排其相应工作。 2. 此时通知客值关闭部分或全部进站闸机、TVM，减少进站客流；并安排人员在进站闸机处发布通告，让行值通过广播告知乘客进站闸机、TVM关闭的原因。 3. 通知客值关闭车站扶梯。 4. 派保洁保安设立指示牌及铁马以控制客流的方向，进出分流来控制乘客进入车站及延长乘客进入车站时间	1. 接到值班站长申请邻站支援命令后，立即向邻站申请支援。 2. 接值班站长通知，播放广播告知乘客进站闸机、TVM关闭的原因	1. 接值班站长通知后，关闭部分或全部进站闸机、TVM，减少进站客流。 2. 接值班站长通知后，关闭车站扶梯，关闭扶梯前须确认扶梯上无乘客	做好票卡处理和乘客服务工作，并及时引导疏散客流；加快乘客事务处理速度。	接报后加强对站台乘客的监控，维持站台乘客上下车秩序	1. 接报后立即前往票务室找客值领取预制单程票与相应找零钱款，做好预制单程票售卖准备工作。 2. 至临时售卖窗口开始售预制单程票	听从值班站长指挥，设立指示牌及铁马以控制客流的方向，进出分流来控制旅客进入车站及延长乘客进入车站时间
一级	1. 若客流继续增大，车站长时间逗留大量客流，车站运营秩序受到严重影响，凭本站及邻站支援力量已不足以应对时，立即将情况汇报相关领导，提出运营调整（AFC系统降级、关站、公交接驳等）的建议。 2. 如得到AFC系统降级指令后，通知客值操作，安排客服岗及备班人员做好相关票务工作，安排人员做好乘客指引工作，提醒行值播放相应广播及对各岗位进行通知。 3. 若得到关站指令，则让行值通知各岗位执行只出不进直至关站；指示保安待所有乘客离站后将出入口关闭。 4. 得到启动公交接驳指令后，通知各岗位启动公交接驳应急处理流程；做好乘客的劝阻工作，防止事态的进一步扩大。 5. 客流缓解，恢复至正常水平后，通知客值开启全站的进站闸机、TVM和电扶梯，通知保安将关闭的出入口开启，让乘客进站，恢复正常运营；通知停止售预制单程票	1. 得到值班站长AFC系统降级指令后，通知车站各岗位人员，并播放相应广播，提示及引导乘客。 2. 收到值班站长关站通知后，通知各岗位，执行只出不进直至关站。 3. 得到值班站长通知后，通知各岗位启动公交接驳应急处理流程。 4. 做好广播工作，安抚乘客情绪，防止事态的进一步扩大。 5. 接值班站长通知后，告知各岗位恢复正常运营；通知客服中心停止售卖预制单程票及恢复正常运营情况报告行车调度	1. 接值班站长通知，执行AFC系统降级操作。 2. 收到关站通知后，配合值班站长执行只出不进直至关站；并确认站厅无乘客遗留。 3. 接到行值通知后，启动公交接驳应急处理流程。 4. 做好乘客的安抚工作，防止事态的进一步扩大。 5. 按值班站长的要求开启关闭的AFC设备及关闭的电扶梯，并对相关设备进行检查，确认性能良好。 6. 回票务室准备结算临时售票情况，恢复正常运营	收到关站通知后，配合值班站长执行只出不进直至关站；并确认站厅无乘客遗留	1. 接到AFC系统降级运行通知后，做好相关票务工作。 2. 收到关站通知后，配合值班站长执行只出不进直至关站。 3. 接到行值通知后，启动公交接驳应急处理流程。 4. 做好乘客的安抚工作，防止事态的进一步扩大。 5. 接到通知后，协助客值对AFC设备进行检查，做好恢复正常运营准备	1. 接到AFC系统降级运行通知后，做好相关票务工作。 2. 收到关站通知后，配合值班站长执行只出不进直至关站。 3. 接到行值通知后，启动公交接驳应急处理流程。 4. 做好乘客的安抚工作，防止事态的进一步扩大。 5. 接到通知后，整理相关应急纸票、票款，回票务室与客值进行结算清点，做好恢复正常运营准备	1. 收到关站通知后，配合值班站长执行只出不进直至关站；并确认车站无乘客遗留后将车站入口关闭。 2. 接到行值通知后，启动公交接驳应急处理流程。 3. 做好乘客的安抚工作，防止事态的进一步扩大。 4. 接到通知后，开启关闭的车站出入口，回收临时导向标志、告示牌、指示牌及铁马等客运设施，做好恢复正常运营准备

表7.3.15 车站应急疏散、关站、开站应急处理流程

值班站长	行车值班员	客运值班员	客服中心	站台岗	保安、保洁
1. 值班站长接到汇报后，通知各岗位启动车站清客关站应急预案。 2. 担任疏散现场的负责人，组织做好乘客疏散及安抚工作。 3. 担任车站疏散负责人。 4. 确认车站无乘客滞留，确认除紧急疏散通道外其他出入口关闭并张贴告示。 5. 通知站内所有工作人员迅速到紧急疏散口集合。 6. 根据情况选择逃生通道，到达紧急疏散口点数车站人员。 7. 接到可以开站恢复运营的通知后，通知各岗位组织恢复运营。 8. 检查确认车站环控系统、照明系统、广播系统、AFC系统、电扶梯等设备正常开启。 9. 安排人员开启出入口，撤除告示。	1. 接到行车调度指令启动清客关站应急预案，及时汇报值班站长、站长（副站长）、如有需要及时要求驻站公安支援。 2. 在SC上开启应急疏散模式，释放所有闸机。 3. 反复播放车站清客、关站广播及客流指引广播，指引乘客出站。 4. 使用CCTV监控关键点客流情况，及时汇报。 5. 乘客疏散完毕，使用CCTV确认站内无乘客滞留。 6. 汇报行车调度车站疏散情况及联系电话。 7. 到紧急疏散口集合。 8. 接到行车调度恢复运营的通知后汇报值班站长。 9. 检查确认正线施工结束、线路空闲；正线道岔扳动试验正常；站台无异物侵入限界，站台门开关正常；行车设备正常、备品齐全。 10. 开启环控系统、照明系统、广播系统、电扶梯等设备，并确认运行正常。 11. 确认所有卷帘门开启完毕。 12. 确认所有设备正常后，汇报行车调度。	1. 听从值班站长指挥前往站厅做好乘客疏散、安抚工作。 2. 协助值班站长确认车站乘客疏散完毕，并汇报行车值班员。 3. 根据情况选择逃生通道到紧急疏散口集合。 4. 接到值班站长开站通知后，在SC上执行开站模式。 5. 开启电扶梯等设备。检查车站AFC、相关设备设施满足运营条件，向车控室汇报。 6. 确认客服中心备用金、备品齐全。清点后配给客服岗。 7. 确认出入口卷帘门正常开启，且停止服务告示已撤。	1. 收好票款、票据、车票，锁好客服中心。 2. 在站厅协助客值班员做好乘客疏散及安抚工作。 3. 根据情况选择逃生通道到紧急疏散口集合。 4. 接到值班站长开站通知后，协助客运值班员检查AFC设备、客服中心相关设备使用正常，汇报车控室。 5. 与客运值班员清点票款，做好开站准备。	1. 配合值班站长做好乘客疏散安抚工作，确认站台乘客疏散完毕后报车控室。 2. 在站厅与站台楼梯处防护，阻止乘客进入站台。 3. 根据情况选择逃生通道到紧急疏散口集合。 4. 接到值班站长开站通知后，协助做好运营前检查，确认车站设施设备满足运营条件。	1. 前往出入口拦截进站客流，引导乘客出站。 2. 待乘客疏散完毕后协助关闭出入口。 3. 粘贴车站关闭（停止服务）告示。 4. 对紧急疏散口进行看管，确保无乘客进站。 5. 根据情况选择逃生通道到紧急疏散口。 6. 接到值班站长开站通知后撤除停止服务的告示后，开启卷帘门。 7. 检查车站环境卫生（协助驻站公安检查治安条件）。 8. 检查后汇报车控室。

表7.3.16 车站设备房（无高压细水雾）发生火灾应急处理流程

值班站长	行车值班员	客运值班员	客服中心	站台岗	保安、保洁
1. 接到设备房发生火灾通知后立即携带灭火器具及房间钥匙前往事发房间确认火势，并组织灭火。 2. 现场火势不可控时，关闭发生火灾房间的防火门，宣布启动乘客疏散应急预案。 3. 指定保洁人员到相关出入口迎接消防队员，并向消防队员交接清楚站内情况。 4. 负责各方面的协调沟通。 5. 视情况组织员工疏散。	1. 看到火灾报警信息，在设备上确认是否为误报警，如果是误报进行复位操作。如果不是误报警立即通知值班站长。 2. 确认发生火灾后报行车调度、环调、119、120、地铁公安等，根据情况申请列车越站。 3. 启动车站火灾联动模式，并确认各系统已联动。 4. 根据值班站长指令启动车站乘客疏散指令。 5. 及时将火势汇报给行车调度，传达行车调度命令。 6. 听从值班站长指令疏散。	1. 接到发生火警通知后，立即赶到现场确认火势、如果可以控制进行初期灭火。 2. 现场火势不可控时，关闭发生火灾房间的防火门，汇报车控室。 3. 在发现火势不可控后，回到车控室确认火灾模式已开启，配合值工作。 4. 按照值班站长命令启动乘客疏散应急预案。 5. 听从值班站长指令疏散。	1. 接到启用设备房发生火灾应急预案的通知后，保管好现金和票款，关闭客服中心。 2. 确认所有闸机已启动紧急模式，开启边门。 3. 听从值班站长指挥启动乘客疏散应急预案。 4. 根据值班站长命令疏散。	1. 协助值班站长做好灭火工作。 2. 确认电扶梯、AFC等设备已启动联动模式并汇报车控室。 3. 听从值班站长指令启动乘客疏散预案。 4. 听从值班站长指令疏散	1. 听从值班站长指挥到指定出入口迎接消防队员（保洁）。 2. 协助值班站长做好灭火工作（保安）。 3. 听从值班站长指令启动乘客疏散预案。 4. 听从值班站长指令疏散。

表7.3.17 车站设备房（有高压细水雾）发生火灾应急处理流程

值班站长	行车值班员	客运值班员	客服中心	站台岗	保安、保洁
1. 接到设备房发生火灾通知后立即携带灭火器具携带钥匙前往事发房间。 2. 将有保护设备房控制模式打到手动，通过闻和触摸房门判断是否发生火灾。 3. 初步判断无火灾时，打开房门确认。 4. 确认发生火灾后，立即关闭房门，手动操作启动高压细水雾（手动不能实现时通知行车值班员在IBP上操作）。 5. 当火势不可控，通知各岗位启动车站乘客疏散应急预案。 6. 指定保洁人员到相关出入口迎接消防队员，并向消防队员交接清楚站内情况。 7. 负责各方面的协调沟通。 8. 视情况组织员工疏散。	1. 看到火灾报警信息，在设备上确认是否为误报警，如果是误报进行复位操作。如果不是误报警立即通知值班站长。 2. 确认发生火灾后报行车调度、环调、119、120、地铁公安等，根据情况申请列车越站。 3. 手动控制不能操作时在IBP盘启动相应房间的高压细水雾。 4. 根据值班站长指令启动车站乘客疏散指令。 5. 及时将火势汇报给行车调度，传达行车调度命令。 6. 听从值班站长指令疏散。	1. 接到出现火警通知后，立即赶到现场确认火势，如果可以控制进行初期灭火。 2. 现场火势不可控时，关闭发生火灾房间的防火门，汇报车控室。 3. 回到车控室上确认火灾模式已开启。 4. 确认高压细水雾已正常启动，如未启动协助行值按照环调指示操作设备。 5. 按照值班站长命令启动乘客疏散应急预案。 6. 听从值班站长指令疏散。	1. 接到启用设备房发生火灾应急预案的通知后，收好现金和票款，关闭客服中心。 2. 确认所有闸机已启动紧急模式，开启边门。 3. 听从值班站长指挥启动乘客疏散预案。 4. 根据值班站长命令疏散。	1. 协助值班站长做好灭火工作。 2. 确认电扶梯、AFC等设备已启动联动模式并汇报车控室。 3. 听从值班站长指令启动乘客疏散预案。 4. 听从值班站长指令疏散。	1. 听从值班站长指挥到指定出入口迎接消防队员（保洁）。 2. 协助值班站长做好灭火工作（保安）。 3. 听从值班站长指令启动乘客疏散预案。 4. 听从值班站长指令疏散。

表7.3.18 车站防汛抢险应急处理程序

值班站长	行车值班员	客运值班员	厅巡岗	票亭岗	站台岗	保洁、保安
1. 接到气象预警的信息后，安排人员每半小时出入口巡视一次。 2. 接到通知后，立即到现场确认发生险情后，通知行车值班员，并组织抢险，安排各岗位人员搬运抢险物资至各出入口。 3. 安排保安、保洁在各出入口摆放沙包，立即组织保洁清理，必要时用沙袋进行控制，组织做好现场的控制，疏散现场的乘客，指引乘客从安全的通道行走。 4. 根据水位情况，安排各岗位使用水泵抽水。	1. 接到洪水倒灌的报告后通知值班站长及到现场确认，第一时间报行车调度、环调。 2. 及时通知值班站长调配抢险物资，并通知客运值班员、厅巡岗/售票岗搬运沙袋，广播通知保洁等驻站人员协助抢险；报告行车调度，要求派出抢险队。 3. 广播安抚乘客，提醒乘客小心滑倒，指引出站的乘客从安全的出口出站。 4. 接到行车调度清客、封站的通知后，通知值班站长，播放应急广播。 5. 接到值班站长清客完毕的报告后报告行车调度，进行抢险。	1. 根据值班安排做好清客、封站准备工作。 2. 根据值班站长安排进行清客。 3. 清客完毕后报告值班站长。 4. 安排厅巡、站台、票亭、保安、保洁张贴告示。 5. 除应急出入口外，关闭其他出入口。	1. 发现洪水倒灌入车站，及时报告车控室。 2. 发现洪水倒灌到出入口最后一个台阶时，及时通知车控室，维持现场秩序，做好乘客指引，防止乘客滑倒，保持和行车值班员的联系，严格按照安排进行应急处理。 3. 本区域范围内清客完毕后报告客值。 4. 根据客值安排关闭出入口。	1. 根据客值通知后，做好应急准备。 2. 当接到疏散乘客的通知时，关闭票亭中心电源，锁好票务中心门，按照疏散程序组织疏散，根据值班站长安排进行清客、封站。 3. 本区域范围内清客完毕后报告客值。 4. 根据客值安排关闭出入口，拿"安民告示"，到出入口进行张贴，并疏导乘客出站。	1. 接到险情通知后，做好应急准备。 2. 根据值班站长安排进行清客、封站。 3. 本区域范围内清客完毕后报告客值。 4. 根据客值安排关闭出入口。	1. 听从值班站长安排前往出入口观察水位。 2. 根据值班站长安排在出入口摆放沙包，协助清客、封站。 3. 根据值班站长安排使用水泵抽水。

续表

值班站长	行车值班员	客运值班员	厅巡岗	票亭岗	站台岗	保洁、保安
5.根据水位情况，如果水位无法控制，必要时关闭出口；现场不可控制时，接到行车调度清客、封站的通知后，疏散站内乘客、关闭车站，并根据实际情况组织人员逃生。 6.如果水位可控制，抢险完毕后，报告行值。 7.接到行值清理现场的通知后，安排各岗位清理现场，恢复运营	6.当利用列车疏散时，做好疏散完的确认并报行车调度。根据值班站长安排报告行车调度水位无法控制，请求关闭出口或车站人员逃生。 7.根据值班站长通知，如果水位可控制，抢险完毕后报告行车调度。请求恢复运营。 8.接到恢复运营的通知后，通知值班站长清理现场，准备开站。 9.报告行车调度运营准备完毕，接行车调度命令后通知各岗位恢复运营	6.根据值班站长安排使用水泵抽水。 7.若水位无法控制，根据值班站长安排逃生。 8.根据值班站长安排清理现场，准备恢复运营。 9.恢复正常运作时，配合AFC等专业人员对闸机等设备送电并确认相关设备投入正常运作	5.根据值班站长安排使用水泵抽水。 6.若水位无法控制，根据值班站长安排逃生。 7.根据值班站长安排清理现场，准备恢复运营。 8.接到恢复正常运营通知后，回到岗位进行正常运营	5.根据值班站长安排使用水泵抽水。 6.若水位无法控制，根据值班站长安排逃生。 7.根据值班站长安排清理现场，准备恢复运营。 8.接到恢复正常运营通知后，回到岗位进行正常工作	5.根据值班站长安排使用水泵抽水。 6.若水位无法控制，根据值班站长安排逃生。 7.根据值班站长安排清理现场，准备恢复运营。 8.接到恢复正常运营通知后，回到岗位进行正常运营	4.若水位无法控制，根据值班站长安排逃生。 5.根据值班站长安排清理现场，准备恢复运营。 6.接到恢复正常运营通知后，回到岗位进行正常运营

 任务拓展

筑牢安全防线，助力"平安中国"建设

昆明地铁始终贯彻"安全第一，预防为主，综合治理"的工作方针，全面落实安全生产责任，建立安全风险分级管控和隐患排查治理体系，扎实开展安全生产检查和安全生产教育培训，强化应急管理，推进安全生产科技和互联网信息化应用，加强安全管理队伍业务能力建设。

坚持安全生产，共建平安地铁。未来，昆明地铁将持续优化完善公司安全双重预防机制信息系统智能分析功能，对全局风险隐患分布、管控治理情况进行显性化管理。建设一套集成安全风险和隐患管理、风险预警提示和应急指挥调度等功能的安全生产管理系统，为安全风险管控和隐患治理提供重要支撑。建立有效的综合交通枢纽站点间的应急协调机制，形成有效的应急沟通渠道，提高地铁保障公共安全和处置灾害及突发事件的能力。探索智慧安检模式，融合互联网、大数据平台、人脸识别、图像识别等多种技术，实现智慧可靠、快速便捷的安检。夯实地铁运营安全基础，力争到"十四五"末，公司安全法规标准体系更加系统完备，安全预防控制体系更加科学有效，安全信息化智能化水平大幅提高、安全隐患治理能力得到较大进展，安检安保能力进一步增强，以新安全格局保障新发展格局。

 任务操作

完成表7.3.19实训工单。

表7.3.19 实训工单 车站应急处置演练

任务训练一：车站应急处置演练
（说明：通过分组以某城市地铁为例，分岗位演练车站应急处置。）

任务考核

一、单选题

1. （　　）是指事态比较简单，运营秩序受到一定影响，依靠公司应急救援力量能够处置的突发事件。
   A. 重大级　　　　　B. 一般级　　　　　C. 较大级　　　　　D. 特别重大级

2. （　　）是指事态非常复杂，运营秩序受到特别重大影响，已经或者可能造成特别重大人员伤亡、财产损失等后果，需要上级应急指挥机构统一协调指挥各方面力量处置的突发事件。
   A. 重大级　　　　　B. 一般级　　　　　C. 较大级　　　　　D. 特别重大级

二、多选题

1. 城轨运营过程中常见的突发事件分为（　　）。
   A. 运营生产类　　　B. 行车事故　　　　C. 公共安全类　　　D. 自然灾害类

2. 各类突发事件按照其性质、严重程度、影响范围和可控性等因素分为（　　）四级。
   A. 重大级　　　　　B. 一般级　　　　　C. 较大级　　　　　D. 特别重大级

三、判断题

1. 车站突发事件应急处置原则的指导思想是先处置、后控制，救人第一。（　　）
2. 恐怖袭击是运营生产类事件。（　　）

四、思考题

1. 举例说明城市轨道交通突发事件的类型。
2. 举例说明车站应急处置流程。

附表

地铁行业常用术语缩写与中英文对照

简称	英文全称	中文全称
ACC	AFC Clearing Center	轨道交通 AFC 清算管理中心
AE	Assistant Equipment	辅助设备
AG	Auto Gate	自动检票机/闸机
AFC	Automatic Fare Collection	自动售检票系统
AC&CA	Administration Console &Certificate Authority	管理控制台和认证授权
ADM	Administrator	管理员
API	Application Programming Interface	应用程序接口
AR	Audit Registers	审计注册
ARP	Address Resolution Protocol	地址解析协议
AS	Archiving Server	归档服务器
BAS	Building Automation System	环境与设备监控系统
BNA	Bank Note Acceptor	银行票据接收器
BOM	Booking Office Machine	半自动售票机
BO POST	POST/Booking Office	预定/售票亭
BMACS	Beijing Municipal Administration & Communications	北京市政交通一卡通结算系统
CAD	Card Acceptance Device	卡读写设备

续表

简称	英文全称	中文全称
CRC	Cyclic Redundancy Check	循环冗余码校验
COC	Communication Controller	行车信息助理
CC	Chief Controller	值班经理
CCTV	Closed Circuit Television	闭路电视监控系统
CUC	Customer Service Center	乘客服务中心
CCS	Central Clearing System	清分系统
CD-RW	Compact Disk-Readable Writable	刻录机
CLI	Command Line Interface	命令行界面
CPS	Central Processing System	中央处理系统
CPU	Circuit Printed Unit	电路印刷单元
CSC	Contactless Smart Card	非接触式智能卡
CSC R/W	Contactless Smart Card Reader/Writer	非接触式智能卡的读头/写头
CST	Contactless Smart Token	非接触式智能 Token
DCU	Door Control Unit	闸门控制单元
DES	Data Encryption Standard	数据加密标准
DC	Data Center	数据中心
DSM	Data Security Module	数据安全模块
ECU	Equipment Control Unit	主控制单元
E/S or ES	Encoder/sorter	数码分拣机
EED	Emergency Escape Door	应急门
EF POST	POST/Excess Fare	人工售票机/售票亭
EMM	Electronic Main Module	电子主模块
EOD	Equipment Operating Data	设备运行数据
FAS	Fire Alarm System	火灾自动报警系统
FAQs	Frequently Asked Questions	常见问题
FTP	File Transfer Protocol	文件传输协议
GUI	Graphical User Interface	图形用户界面
GED	Gate End Display	闸机末端显示器
GSM	Group Station Manger	站区长
ID	Identification	身份
I/O	Input /Output	输入/输出
IDC	Inter-modality Data Center（Metro Multimodality Center）	数据交互中心（地铁多路交互中心）
IOS	Integrated Office System	集成办公系统
ISAM	Issuing SAM	发行 SAM
IBP	Integrated Back Up Panel	综合后备控制盘
LC	Line Center	线路中心

续表

简称	英文全称	中文全称
LCB	Local Control Box	就地控制盘
LAN	Local Area Network	局域网
LCD	Liquid Crystal Display	液晶屏
LED	Light-Emitting Diode	发光二极管
LRU	Line Replacement Units	线性替换单元
LPMS	Lost Property Management System	失物管理系统
MAC	Message Authentication Code	信息校验码
MCBF	Mean Cycles Between Failure	正常运行平均次数，即两次损坏之间的平均次数
MMC	Maintenance Management Center	维修中心计算机系统
MMI	Man Machine Interface	人机界面
MS	Middleware Server	中间件服务器
MTBF	Mean Time Between Failure	正常运行平均时间，即两次损坏之间的平均时间
NTP	Network Time Protocol	网络时间协议
NTH	Non-Traffic Hours	非运营时间
N/A	Not Applicable	不可用
NMC	Nanjing Metro Corporation	南京地铁公司
NSA	Network Supported Accounts	网络账号
OCT	One Card Through	一卡通
OID	Object Identifier	对象标识符
OPER	Operator	操作员
OS	Operating System	操作系统
OW	Operator Workstation	操作工作站
OCC	Operation Control Center	运营控制中心
ODMS	Operation Data Management System	运营数据管理系统
OD	Origin Destination	客流起止点，是在轨道交通联网条件下系统采集、统计和分析的客流数据
ODBC	Open Data Base Connectivity	开放式数据库接口
OM	Operation Manger	站务经理
PCA	Portable Card Analyzer	手持检验票机
PIN	Personal Identification Number	个人身份证号码
PC	Personal Computer	个人电脑
PCB	Printed Circuit Board	印制电路板
PCM	Passage Control Module	段控制模板
PID	Passenger Information Display	乘客信息显示
PLC	Passage Logic Controller	乘客逻辑控制器
POST	Point Of Sales Terminal	售票亭
PUS	Package Support Updater	包支持更新器

续表

简称	英文全称	中文全称
PVU	Portable Verifying Unit	便携式验票机
PISAM	PICC（Proximity Integrated Circuit Card）Issuing SAM	票卡发行母卡
PS	Personalization System	记名车票发行系统
PSAM	Purchase SAM	消费 SAM 卡
PTCM	Portable Ticket check Machine	便携式检票机
PA	Public Address	公共广播系统
PED	Platform Edge Door	端门
PESB	Platform Emergency Stop Button	站台紧急停车按钮
PIS	Passenger Information System	乘客信息显示系统
PSD	Platform Screen Door	站台门
PSL	PSD Local Control Panel	安全门就地控制盘
RF	Radio Frequency	射频
R/W	Reader/write	读头/写头
RAM	Random Access Memory	随机读写储存器
RMON	Remote Monitor	远程监视器
SJT	Single Journey Ticket	单程票
SLE	Station Level Equipment	站级设备
SNMP	Simple Network Management Protocol	简单网络管理协议
STP	System Test Plat	系统测试平台
SVT	Stored Value Ticket	储值票
SO	Station Officer	站务员
SS	Station Supervisor	车站督导员
SC	Station Controller	值班站长
SCR	Station Control Room	车站综控室
SOMS	Station Operation Management System	车站运作管理系统
STMS	Station Ticket Managment System	车站票务管理系统
SM	Station Manger	站长
SC	Station Computer	车站计算机系统
SMA	Smart Media Acceptor	智能卡接收器
SMD	Surface Mounted Device	不成熟设备
SMT	Surface Mounted Technology	不成熟技术
SMTP	Simple Mail Transfer Protocol	简单邮件传输协议
SMV	Smart Media Validator	智能卡刷卡机
SPS	System Processing System	系统处理系统
STN	Super Twisted Nematic	超级扭曲排列的向列相畸变
SUP	Supervisor	监督人/监控

续表

简称	英文全称	中文全称
SV	Stored Value	存储价值
TC	Training Center	培训中心计算机系统
TPU	Ticket Processing Unit	车票处理单元
TAC	Technical Assistance Center	技术支持中心
TCP	Transmission Control Protocol	传输控制协议
TDS	Time Distribution System	分时系统
TVM	Ticket Vending Machine	自动售票机
TC	Traffic Controller	行车调度员
TCM	Ticket Checking Machine	自动查询机
UPS	Uninterrupted Power Sou	不间断电源
UDP	User Datagram Protocol	用户数据报协议
USB	Universal Serial Bus	通用串行总线
VSM	Visual Switch Manager	可视转换管理器
WAN	Wide Area Network	广域网
WOL	Wake-on-LAN	远程唤醒
ZIF	Zero Insertion Force	无缝嵌入

参考文献

［1］ 永秀．城市轨道交通车站运作管理．2版．北京：机械工业出版社，2022．
［2］ 李力．城市轨道交通运营与管理综合应用．北京：中国电力出版社，2019．
［3］ 阎国强．城市轨道交通概论．3版．北京：人民交通出版社，2021．
［4］ 上海申通地铁集团有限公司轨道交通培训中心．城市轨道交通车站客运服务．2版．北京：中国铁道出版社，2019．
［5］ 慕威．城市轨道交通导论．北京：人民交通出版社，2012．
［6］ 仇海兵．城市轨道交通车站设备．3版．北京：人民交通出版社，2021．
［7］ 刘奇，徐新玉．城市轨道交通应急处理．北京：人民交通出版社股份有限公司，2015．
［8］ 刘莉娜．城市轨道交通客运组织．3版．北京：人民交通出版社，2022．
［9］ 高蓉．城市轨道交通客运服务．3版．北京：人民交通出版社，2022．
［10］ 张新宇，王富饶．城市轨道交通安全管理．2版．北京：人民交通出版社，2021．
［11］ 耿幸福，宁斌．城市轨道交通运营安全．2版．北京：人民交通出版社，2012．
［12］ 于涛．城市轨道交通票务管理．3版．北京：人民交通出版社，2021．
［13］ 张洪满．城市公共交通运营管理．北京：北京大学出版社，2014．
［14］ 上海申通地铁集团有限公司轨道交通培训中心．城市轨道交通概论．北京：中国铁道出版社，2009．
［15］ 王转建，李亚．地铁新员工培训体系研究．郑州铁路职业技术学院学报，2013，（6）：50．